存在の一義性を求めて

存在の一義性を求めて

ドゥンス・スコトゥスと13世紀の〈知〉の革命

山内志朗
Yamauchi Shiro

岩波書店

目　次

目　次

序章　中世哲学と存在の問題

存在とは何でしょうか。それこそ、中世哲学の中心課題ですし、この本で問おうとしていることです。存在とは、単純なもののはずなのに、妖しげに光り続け、そして無限の多様性と産出力を有しているように見えます。しかし同時に、摑んだと思ったとたん手から蒸発して消えていくものにも感じられます。

近代哲学はデカルトの「我思う、ゆえに我あり」という宣言によって始まりました。この宣言の背後にある暗闇がいかに複雑であろうと近代人・現代人は入門していくことができます。しかし「存在」となると、急に人間を寄せつけなくなります。ギリシア哲学以来、存在は中心問題でした。あれほど豊かに語られ、理解も容易なものが、難解かつ衒学的で高尚な議論で論じられているとなると、さまざまな意味で敬遠したくなります。身近であるはずのものが我々を裏切るのです。存在概念は現代人を排除します。もちろん、存在を現存在として身近なものに置き換える道筋もあります。しかし、分かることを究極目的とするのではなく、中世の人々と同じ途を歩むことは、巡礼の本質となりますが、そのように研究することは意味がないのでしょうか。四国巡礼のときには「同行二人」と記します。私もまたドゥンス・スコトゥス※と一緒に中世哲学を巡礼したいと思ったのです。

中世哲学には大思想家がたくさん登場します。アウグスティヌス（三五四―四三〇年）、アルベルトゥス・マグヌス※（一二〇〇—八〇年）、トマス・アクィナス※（一二二五—七四年）などなど。そして通史や入門書も数多く存在しています。この本は、ヨハネス・ドゥンス・スコトゥス（一二六六—一三〇八年）に入門することで、中世哲学全体への入門を目指そうというものです。

　そういう道筋は踏みならされたものではありません。中世の哲学の中で、ドゥンス・スコトゥスは、中心を占めるわけではありません。そして大きな街道に歩みを戻して、トマス・アクィナスが中心だと言いたいのでもありませんし、そういうトマス主義的な見方に反対しようとしているのでもありません。中世哲学に関心を持つ人で、スコトゥスの思想から入る人は少ないでしょう。ジル・ドゥルーズ（一九二五—九五年）の著作を読んで、スコトゥスに関心を持った人ぐらいで少数のはずです。私にとって、ドゥルーズは中世哲学への先達でした。茨の小径を導く先達でした。この本は、中世哲学の姿を伝えるために、いや姿というよりも、中世哲学の「心」を伝えるために、概説的にではなく、一人の人に限定することで、そこを掘り進めようとするものです。それによって全体を垣間見ようと考えています。

　さて、スコトゥスといえば、「存在の一義性」が中心的思想となりますが、その思想を解説する前には準備が必要です。私自身も卒然と入り込んでいって、見事なほどに突き飛ばされました。花井一典さんと一緒にスコトゥスの基本テキストを翻訳し、『存在の一義性』（哲学書房、一九八九年）という本を出しました。それは翻訳というよりも、ラテン語のテキストと格闘した残骸といった体のものでした。日本語でもラテン語でもないものが残りました。私自身、あの訳書に記されていることを理解できるようになったのは、ずいぶん時間が経ってのことだったのです。翻訳することと理解することとの間には大きな落差があります。分かりやすく訳したと思える箇所でさえも、訳した時に燦めいていた意味の連鎖を、訳した本人も時間が経つと再現することができなかったほどなのです。にもかかわらず、いや正確にはだからこそ、私が中世哲学にこだわり続けることになったのです。それは、「存在の一義性」のためなのです。これが分からない間は近世哲学研究に戻ることはできないと思い定めてしまったのです。そして長い旅が始まりました。

1　存在の一義性を求めて

なぜ中世哲学なのか。そういう疑問に答えるために、『存在の一義性』の翻訳に引き続いて、一九九二年に私は『普遍論争――近代の源流としての』（哲学書房、一九九二年。平凡社ライブラリー、二〇〇八年）という本を書きました。入門書として書き始められたのですが、第三冊になるはずが、第一冊で止まっています。結局、なぜ中世哲学なのか、という問いに答えられないまま、止まってしまったというのが実情です。立ち止まってしまった理由の一つに、スコトゥスのテキストを、いくら読んでも理解できなかったことがありました。そして、スコトゥスの哲学を理解するには、イスラーム哲学を勉強する必要があると思って、アラビア語の勉強を始めてしまい、そちらにずいぶん時間がかかったこともあります。ただ、イスラーム哲学に入り込んでも、アヴェロエス※、アヴィセンナ※、ファーラービー（八七〇―九五〇年）、イブン・アラビー（一一六五―一二四〇年）など主要な思想家の概略を把握するだけでも大変ですし、さらにその源流を知りたければ、プロティノスなどの新プラトン主義の系譜を知らねばならないことが分かりました。

スコトゥスの哲学についても、その全体が分かったとはいえません。五年ぐらいかければ分かるのではないかと、傲慢にも考えていたことがあります。しかし振り返ってみると、スコトゥスを学び始めてから二〇年経ちましたが、まだ理解は途中で止まっているというほかないのです。理解するだけでなく、それを体系的な研究書にまとめるためには、さらに少なくとも一〇年はかかります。それを完成してから、入門書を書くのが本来は正しい道でしょう。そうは思いながらも、人生の残された日々も心許なくなり、悠長なことも言っていられなくなったのです。日暮れて道遠く、予定していた道を踏破するには、一生をかけても足りないことに今さらながら気づきました。そこで、スコトゥスの一人の愛好者として書けるうちに書いておくべきだと思いました。自分の苦労を敷石として提供することは、泥沼の途を渡る人の一助になるかと思ったのです。

なぜ中世哲学なのか、その点について、今でも記しておく意味はあると思います。現代哲学は、たとえ概念や用語が難しくても理解しやすいところがあります。ところが少し時代を遡るだけずいぶん分かりにくくなります。一七世紀の哲学となると、近代とは言いながらも、宗教的問題との関連が濃く、かなり異質な感じがします。デカルト、スピノザ、ライプニッツなど、理解はできても、問題意識を共有したり、共感したりするということはずっと少なくなってきます。

さらに遡って中世哲学となると、さらに縁遠くなります。中世哲学はカトリック神学の牙城です。今でも高く、厚い壁が立ちはだかり、内部は暗い世界のままです。西欧とは正反対の大陸の東の島国で、七〇〇年ほど時間を隔て、キリスト教浸透とその名残の少ないところで、中世哲学と取り組むことは、ほとんど奇特なことなのです。

中世哲学は開かれた哲学でなければなりません。中世哲学では神の問題が中心ですが、神の問題は中世哲学の専売特許ではありません。トマス・アクィナスの哲学が最もよく知られ、翻訳も揃っていますから、そこから入るのが常道ですが、トマスだけが中世の哲学を代表するわけではありません。入口や登り道はたくさんあるべきです。

ここでも「なぜ中世哲学なのか」について、私の考えを記しておきましょう。中世哲学は聖書や教父の思想を踏まえており、そして、ペトルス・ロンバルドゥス(一一〇〇―六〇年)の『命題集』への註解や、アリストテレスの著作への註解や問題集という形で著作が記されていますから、アリストテレスについての知識もずいぶん必要になりますし、アヴィセンナ（イブン・シーナー、九八〇—一〇三七年）やアヴェロエス（イブン・ルシュド、一一二六—九八年）といったイスラーム哲学への理解も必要になってきます。

学ぶべきことが多すぎますし、研究が進めば進むほど、個々の対象の理解も難しくなってくるのです。資料の蓄積は自らの死を準備することです。学問も文明も、成熟は死への接近なのです。

入門書は爛熟に対してイノセントであるべきです。ですから、思想の細部よりも、その「心」を伝えられる道はないのか、それを試してみることにしました。そして、私にとって「中世哲学の心」は存在の一義性でした。

「存在の一義性」については、第Ⅱ部で詳しく説明しますが、まずごく表面的な説明を掲げておきましょう。まず基本テキストとなるものを紹介します。

正確を期して、スコトゥスのテキストをそのまま翻訳してみます。なお、邦訳の『存在の一義性』は、スコトゥスの『オルディナチオ』第一巻第三篇と第八篇の翻訳です（引用はこの邦訳から）。少し特殊な訳語が使われたりしていますが、その訳語を決めた花井一典さんへの敬意を込めてそのまま使用します。分かりにくい箇所には〔＝　〕として解説を付すことにしました。少し煩瑣ですがご勘弁ください。

「一義性」の用語が議論を縺れさせるといけないから、ここで「一義的概念」を次のように定義しておく。すなわち、同一の主語について同時に肯定されかつ否定されるとき自己矛盾を来すに足る（意味の）統一性を有する単一の（unus）概念がそれである。さらに言い換えれば、三段論法の媒辞として大・小両辞を統一するとき、「媒概念二義の虚偽」を犯すことなく、これら両辞を結合して結論を生ぜしめるに足る単一の概念である。

（スコトゥス『オルディナチオ』第一巻第三篇第二問＝訳書三八頁、以下『存在の一義性』と表記）

余談にわたりますが、この本の訳者の一人である花井さんは国内で手に入るスコトゥスの研究書をほとんど入手し、すべてに目を通していました。主要なものは私にも読めと手配して、送ってくれました。その花井さんも亡くなりました。

ここでのスコトゥスの叙述はとても無味乾燥に見えます。少なくとも、ここに秘められた革命的な声や響きをすぐに聴き取れる人は少ないと思います。私にも長い間その響きは聞こえませんでした。

実は、ここに込められた内実の奥の深さと、革新性は戦慄を引き起こすほどなのです。存在の一義性の思想とは、「存在」は、神と被造物、つまり無限存在と有限存在とに、一義的＝同名同義であるということなのです。名前は同じですが、意味が異なる場合には「多義的＝同名異義」となり、一義性と反対のことになります。その声は延々たる反復に陥る一つの声などではありません。

では、一義性とは何でしょうか。一義性と対照的な「多義的＝同名異義」の方は、比較的分かりやすいでしょう。意味が複数ある、つまり多義的であれば、曖昧な表現になりますから。言葉が一義的に用いられるというのは当然のことです。もちろん、文学表現や情念を表現する場合に、一つの語が複数の意味を帯びる場合もありますが。

存在という最も基本的な語が一義的であるというのは、当たり前のことのように見えます。存在が一義的であることは、哲学や存在論の成立条件のようにも見えます。基本概念が多義的であっては学問として成り立つことは難しそうですから。存在の一義性として、ごく当たり前の思想が述べられているようにも見えます。

ここではまず「存在」という概念の持つ肌理を感じ取っておくことが大事になってくると思います。それを感じ取れないと「存在」は空虚な概念になってしまいます。存在は、アリストテレスでは多義的に語られ、中世では基本的にはアナロギア的に語られるのです。これが哲学的伝統であり、一義性の現れ出る哲学的環境なのです。決して、一義的には語られないというのが存在の基本条件なのです。それをあえて破ろうというのですから、ほとんど革命的な暴挙なのです。

ギリシアの哲学者アリストテレスは、形而上学の対象は「存在である限りの存在」であると述べました。ここで、形而上学とは何か、哲学とは何か、という疑問が湧いてきます。

「形而上学(メタフュシカ)」というのは迷子のような言葉でした。「自然学(フュシカ)」の後におかれた書物群(メタ・タ・フュシカ)がその名前の由来だったのです。内実を示すためにつけられた名前ではなく、分類のため便宜的につけられたものだったということです。

しかもその考察対象が、「存在である限りの存在」であるとすると、初学者に好意的な学問とはとても見えません。同じことは「哲学(フィロソフィア)」という言葉にも言えそうです。「知を愛すること」が哲学だとして、何を学ぶ学問なのかは見えてきません。「哲」とは、知識に満ち、思索力を有した状態です。フィロソフィアとは、自分が無知(不哲)であることを知り、その上で知を求めることですから、「不哲学」とは言わないまでも、「希哲学」が正しい訳語となります。

さて、存在を問うことの不可解さは、古代・中世・近世を貫いてずっと残り続けていたはずですし、それはアラビア世界でアリストテレスを学ぶ人々にも共通していました。イスラームの早熟の大天才アヴィセンナにしても、形而上学がどういう学問かを理解するのに苦労したほどですから。そこには、存在を狂おしく追い求め、存在に狂う、太く静かな流れが見られるというほかありません。

さて、存在の一義性に話を戻しましょう。「一義性」とは、ある名称と概念について、それが同じものとして用いられるというのが、名目的な説明です。このような事柄は、言葉の使用に関する基本事項で、誰でも認めそうなことでありながら、アリストテレス以来、「存在」については一貫して否定されてきました。その伝統に反抗するのが、「存在の一義性」説なのです。革新なのか、そうではないのか、それはこれから確認することですが、いずれにしても大きな転回点となりうることは、ここでも確認しておきたいことです。

ここで、「存在」の語義について触れておきます。「存在」はラテン語で〈エッセ（esse）〉となりますが、それは、存在動詞の原形で、存在の作用のことであり、「存在すること」と訳すことができます。トマス・アクィナスの存在論はこの〈エッセ〉を対象にしています。そして、この〈エッセ〉は「存在の現実態（actus essendi）」を表し、多様な事物・事象を包み込む器、動きのある姿を表しています。

他方、スコトゥスが存在の一義性という場合、その「存在」は、〈エッセ〉ではなくて、抽象名詞である〈エンス（ens）〉です。これは「存在者」と訳すこともできます。ただ「存在者」というのは、あまり適切な訳語ではありません。この世に存在する事物はそれぞれ〈エンス〉なのですから、きわめて緩やかな意味での「もの」です。形式名詞で「もの」というのがありますが、それに近い、縮小された存在性を有したものなのです。日本語で「存在者」というと、日常用語ではありませんし、過剰表現となります。存在しないものも立派に〈エンス〉なのです。

そこで、私は、〈エッセ〉の存在から区別しようとして、〈存在〉というように、山カッコで括る工夫をしてみたことがあります。確かに、〈エッセ〉の存在と〈エンス〉の「存在」が、区別される文脈では、両者を明確に分ける必要があります。しかし、〈エッセ〉と〈エンス〉が同時に用いられることは少ないのです。ほぼ同義で用いられていたということもあります。そこには本来、重要な差異はありません。日本語で、存在と〈存在〉を区別することは、哲学的訓練を受けた人にとっても煩瑣です。トマスではもっぱら〈エッセ〉が用いられ、スコトゥスでは〈エンス〉が用いられていることは、重要な差異ではないと考えてよいと思います。

〈エンス〉を〈存在〉、〈エッセ〉を存在と訳す方針を守ると、とても文章が「うるさく」なってしまいます。どうしても、区別の必要な場合は原語を付すというようにして区別し、基本的には両方を存在とすることにしました。そして、カッコをつけるのは、引用や強調の場合で、それ以上の意味は持たせないことにしました。

存在の一義性が問題となる場合、「存在」という一語のことが問題となっているのではなく、動詞、名詞など周辺のさまざまな派生語を巻き込んでの話なのだということを確認しておきましょう。

さて、トマスは、存在は一義的ではなく、アナロギア的に語られると述べています。存在が一義的でないのは、形而上学や神学の大前提なのです。それを批判して、一義性を敢えて主張するのが大言壮語ではないとすれば、大きな改革を目指したものと推察されます。中世哲学は存在を忘却していたのではありません。

それに加えて、スコトゥスは一義性を論理学での用法に限定することなく、拡張した意味で使用しています。これは途方もないことなのです。「一義的」とは、正しい論証の手順において言葉使用の基本前提です。一義的であれば、矛盾が成立しますから、帰謬法を使用して論証が可能になるのです。一義性が妥当しないのは、論証が成り立たない領域であり、理性的な議論が成り立たない領域です。

一義性の領域と可知性・合理性の領域は重なります。これは重要な論点です。一義性の意味を変えるということは、一義性の論証における位置を変えないとすれば、可知性の領域を変更することになってしまいます。

ところで、「存在」とは、論理学の内部に収まる概念ではありません。論理学の中で操作される概念であるというよりも、むしろ存在概念が説明されることで、形而上学と論理学という学問が分節され成立することができたのです。形而上学も論理学も存在を扱いながら、そこではそれぞれに異なるものなのです。「存在」は論理学が成立するための条件なのであり、論理学の手前にあるといってもよいでしょう。「私がある、私が存在する」ということほど戦慄すべきことはないのです。もちろん、言葉や理性を越えたことであっても、言葉や理性の中で守り育てるしかありませんが。

「一義的」とは、論理学の内部での用語の使用法に関わっています。ですから、「存在」について、一義性を適用するのは奇妙で、そもそもそんなことを考えることは、アリストテレスの伝統に反するばかりでなく、無茶なことなのですし、そのような変革を行うほどの効用は見出しにくいことです。

ところが、スコトゥスはここで大きな改革を行います。論理学の改革というよりは、形而上学の改革です。存在は一義的であると述べることで、伝統からの離脱と伝統の破壊、そして誤解に基づく多くの批判への答弁、新たな体系の構成など、実に多くの課題を背負ってしまうことになります。

スコトゥスの改革には、アヴィセンナの形而上学の流入が大きな要因となっています。スコトゥスは、アヴィセンナの基本的発想を取り入れながら、大きく形而上学を変更しようとしているのです。ですから、スコトゥスが近世哲学を準備したというのは何ら誇張ではありません。弟子のオッカムは唯名論をたて、近世哲学への道を切り開いたといわれたりしますが、オッカムに先立って、スコトゥスもやはり近世への道を開いたといえるのです。

2　普遍論争について

先にも触れた『普遍論争——近代の源流としての』という本を、私は中世哲学への入門書として書きましたが、表題に「普遍論争」を冠したことには理由がありました。中世哲学の中に、いくつかの筋道を見つけて整理する場合、普遍論争が一番分かりやすいと考えたのです。あくまでも、分かりやすい道標のつもりで選びました。しかし、ことはそれだけでは済みませんでした。この本と翻訳『存在の一義性』は私がスコトゥスに入り込む機縁となったものです。私は、そこにとどまることを宿命づけられてしまったわけです。

従来の哲学史では、普遍論争は分かりやすく整理するための図式ではなく、むしろ中世哲学の空虚さを喧伝するためのツールだったのです。普遍論争については、世界史の教科書にすら、実在論（実念論）、概念論、唯名論という分類が載っていて、実在論（アンセルムス、一〇三三―一一〇九年）、概念論（アベラール、一〇七九―一一四二年）、唯名論（オッカム※、一二八五年頃―一三四七年）と紹介されています。私もまた、当初はそういった伝統的な整理の説明から入ろうと思ったのです。ところが、少し調べてみると、そうした図式はきわめて危ういもの、いや間違っていることに気づいたのです。要点だけを述べると、次のようになります。

普遍論争とは、普遍が個物の前にあるのか、個物の中にあるのか、個物の後にあるのか、ということで大きく三つの立場に分かれ、それをめぐって中世哲学では盛んに議論が交わされていた、とされてきました。しかし、その真相は普遍に関する理論が三つの立場に分かれるということではなく、普遍を分類すると、「個物の前」、「個物の中」、「個物の後」という三つに分かれるという話だったのです。普遍に関する分類を、理論上の立場と誤解したところに普遍論争が現れます。

普遍論争を紹介しただけで、中世哲学への入門が済んでしまうわけではありません。中世哲学といっても、長い時代に跨ります。ボエティウス（四八〇―五二四年）やアウグスティヌスから始めて、スコラ哲学を集大成したスアレス（一五四八―一六一七年）まで含める途もありますが、バウムガルテン（一七一四―六二年）やカント（一七二四―一八〇四年）まで含めて考える人もいます。

中世哲学を一三世紀初頭で分け、それ以前を教父哲学、それ以降をスコラ哲学と区分することもありますが、スコラ哲学に関していえば、それは現代でも残っているといえます。スコラ哲学とは神学校や神学部で教えられる学問ですが、今でもラテン語の教科書で教えている神学校があるほどなのです。

「中世(medium aevum)」という名称も、古代とルネサンスに挟まれた何もない「空っぽの、中間の時代」という、時代把握に基づく名称で、反カトリックの立場から形成された概念です。概念としては「中間の時代(media tempesta)」として一四六九年に使用され、medium aevum としては一六〇四年に初めて使用されたとされています。近世の人々が用いた蔑称が「中世」なのです。

しかし、中世が空虚な時代だったわけではありません。「中世」という名称・概念は、あまりにも多くのものを隠してしまいます。何よりも、その概念は、ヨーロッパのアイデンティティが形成された一二世紀への考慮を含んでいません。一二世紀は、ヨーロッパが政治・軍事・文化・商業などにおいて著しく発展し、世界文明にデビューした時代で、騎士という理想的男性像やロマンチックラブが確立しもしました。ヨーロッパが帰るべき原風景がそこにはあったのです。メンタリティを構成する基本的物語群が成立するのも、一二世紀です。古代ギリシア・ローマにヨーロッパのアイデンティティの源泉を見出すか、またはキリスト教の中に見出すかではなく、アルプス以北のヨーロッパの民族にアイデンティティを見出そうとするのは、ロマン主義の特徴でしょうが、それが中世に探求されるというのは当然のことです。「中世」という概念の成立に関わる事情は、古代に理想を設定し、古代を持ち上げすぎているのです。

注意してほしいのは、存在の一義性は、一三世紀末いやより正しくは一四世紀の冒頭に現れたものだということです。一二世紀と一三世紀では、西洋中世の成熟の度合いがまったく異なっています。別の時代といってもいいほどなのです。一二世紀が少年期であるとすれば、一三世紀は自己を確立し、独り立ちした青年期であり、一四世紀は成熟、いや破壊の時期なのです。この本の舞台は、一三世紀末から一四世紀初頭の時代です。それは截断の時期なのです。このことは頭に入れておいてください。

「中世哲学」という語が、そもそもバイアスのかかった名称なのです。自己の空虚性と非中心性を喧伝する概念として成立し、機能してきた、という事情があります。その名称は、それ自体の名称の中に、デカルトによって乗り越えられてしまうものという運命が刻まれているのです。

中世哲学は入門しにくい領域でもあります。普通には、存在する多くの哲学者・神学者たちの一人一人について列伝的に紹介されることが多いのですが、それだけでは頭に残りません。

近世哲学でしたら、それが多くの誤解の種になっているとしても、大陸合理論、イギリス経験論、啓蒙主義、唯物論、ドイツ観念論、百科全書派、実存主義などなど、さまざまな党派に分類されます。思想にレッテルを貼って決めつけてしまえば、それなりに呑み込みやすくなります。

中世哲学では事情は異なります。時代の変遷を踏まえ、思想の対立を表すような分類は存在していませんでした。これは大いに困難さを招きます。主意主義と主知主義、アウグスティヌス主義とアリストテレス主義、オックスフォードとパリ、ドミニコ会とフランシスコ会など、いくつかの対立軸はあります。存在と本質をめぐる議論、能動知性についての議論、可知的形象と照明説など、論題はいろいろありますが、どれも関係の構図を作りにくいところがあります。その点で普遍論争の実在論、概念論、唯名論という分類は分かりやすく便利でした。しかし、それも一九世紀に作られた枠組みでしかなかったのです。

必要なのは、中世哲学を分かりやすくするための分類図式なのです。時代ごとに分ければ、カロリング・ルネサンス、シャルトル学派、アンセルムス、アベラール、ドミニコ会学派（アルベルトゥス・マグヌス、トマス・アクィナス）、フランシスコ学派、唯名論などなど、いろいろと考えられもします。しかしながら、これでもなお中心的問題の軸が見えてきません。

たとえば、普遍論争はある意味では便利な分類基準であったのですが、困ったことに、中世哲学の盛期である十三世紀については、ほとんどすべての思想が穏健な実在論に分類されてしまい、対立の姿が見えてきません。また、普遍論争が基本的には論理学の問題であるために、かならずしも中心的問題とはならないということもあります。

やはり「存在」について、対立の軸が設定されるべきなのです。ただ存在は、普遍的で、自明で、空虚なものとして考えられています。どこにでもあり、誰もが分かっていて、中身がないとなれば誰も真面目に考えようとはしません。それが哲学の中心問題であるとすると、捉えどころが無いようにも見えます。

「存在するかどうか」という問いから、事物との関わりが始まるということは分かります。しかし、それは一つの出会いでしかありません。出会った時からすでにして、「存在しているか(an est)」という問いを越え、「何であるか(quid est)」に関わっていきます。しかも、「何であるか」は定義や概念規定に留まるものではありません。存在がこちらに迫りくる作用という側面を有しています、そしてそのことは、さまざまに表現されてきました。その最たるものが、存在の現実態(actus essendi)ということでしょう。

確かに、存在はそれ自体では、何もない、空虚で、無地の、無規定的なものとして現れます。そのことは、ある程度は認めてもよいでしょう。しかし、存在は砂漠ではありません。存在の顕現としてのこの現実世界は、あまりに多様で劇的で、偶然性と非合理性に満ちた領域です。痛みと眩暈をもたらします。存在は多様性の別名でもあるのです。形而上学や存在論は、比較的少数の概念によって、そういった現実世界を哲学的言語に絡め取ろうとする枠組みですから、捉えうる多様性の範囲は限られています。そこではあまりにも多くのものを捕らえ損なっています。しかし、だからといって目の細かい網では大きい獲物を捕らえられなくなりますから、できるだけ多様性を切り捨てないように世界を捕らえようとする場合には、目の疎大な網の方がよい場合もあります。目の細かい網では対象が重すぎて、しかも他の事物が数多く入り込んできてしまい、網はすぐに破れてしまいます。世界を捕らえる網は途方もなく粗いものでなければならないともいえます。形而上学とはそういうもので、一見無地に見えた世界の肌理も、一つの概念を打ち込むことで、多様な模様が出現したりすることもあります。では、どういう概念を打ち込むとよいのでしょう。そして、そこにはどのような模様が現れてくるのでしょうか。

存在と本質、アナロギアと一義性、必然性と偶然性、普遍と個物、こういった概念対を挙げることができます。そして同時に、言葉を通して、つまり定義と本質、主語と述語、特有性と偶有性といった枠組みの中に現れる姿を通して、そういった概念対に迫るしか途はないということも重要な論点になってきます。

しかし、存在をめぐる多様な思考を、いわば数珠玉のようにつなげて、叙述するのは難しいことです。とりわけ、スコトゥスの存在論に関していえば、私は何度も挑戦してそのつどはねかえされました。スコトゥスの存在論をいかに理解すればよいか、この課題の手前で私は躊躇を禁じえなかったのです。たとえそれが誤解であろうとも、見極めたという思いがなければ一歩も先には進めません。スコトゥスが説いた「存在の一義性」について、理解することができなければ、私は中世哲学の全体について何も語れないはずだ、とすら思い定めていたのです。この本で取り上げるのは、まさにその中世における存在論の一つの典型としての、スコトゥスの存在論なのです。いまやっと、私なりの「誤解」を語ろうという蛮勇が湧いてきた、といってもいいのです。

存在の一義性、それは一見すると分かりやすそうで、いったん中に入ると難解至極な体系です。しかしそこには同時に、概念の複雑さとは相反するような、フランシスコ会士らしい激しい情熱が秘められています。単に難解な概念体系でしかないとすれば、これほどにもスコトゥスにこだわり続けることもなかったでしょう。私なりのそうした思い込みが、この本の原動力でもあります。

繰り返しになりますが、普遍論争と実在論について、付言しておきます。スコトゥスは実在論に分類されますが、そのことと「存在の一義性」説とは密接に結びついています。詳しくは第Ⅱ部で論じるとしても、概略ここで触れておく必要があるでしょう。普遍論争とは、ポルフュリオスが『イサゴーゲー（アリストテレス論理学入門）』で提起したように、普遍は知性の内にしかないものなのか、事物の中にあるものなのか、と問題設定され、存在性格の決定されたものが、どこにあるのかを問うという問題として考えられてきたように見えます。しかし、普遍とは、どこにあるかということよりも、どのような仕方であるかを探求すべきなのです。たとえば、普遍が事物の中にあるという考え方が、五〇〇円玉性が五〇〇円玉の内にあるというのと同じように考える立場だとすれば、それはナイーブすぎます。普遍とは、河原の小石のように転がっているものではありません。人間の側からの関わりの中でしか現れてこないものなのです。

仮に、「内に存在する」ということは認めるとしても、「内」ということについても「存在」ということについても考えるべき論点がたくさんあります。そして、それとは対立する唯名論が「人間性とは名のみのものである」、「人間性は人間の内にはない」と主張する立場であるとすると、これもまたとても奇妙な主張に見えます。ある意味で、奇蹟的な奇妙さの上に普遍は成立しているのです。述語は多なるものについて語られるので、多なるものの間で類似性か同一性かが成立し、それを音声としてではなく、言葉として語ることで普遍は成立します。普遍の実在論は、普遍を〈もの〉の如く表象していた一二世紀においてはいざ知らず、一三世紀に入ると、アヴィセンナなどを介して入ってきた高度の存在論の影響下に、もっと洗練された普遍理解を持つようになります。「馬性は馬性であって、馬性以外の何ものでもなく、一でも多でもない」という抽象的なあり方を、具体的にリアルな存在様態として捉えられるようになるには、洗練された存在論を持つしかないのです。

現代においては、実在性は〈もの〉としてのあり方に拘束されてはいません。近世以降、経済行為にしろ、都市文明にしろ、情報化社会にしろ、次第に〈もの〉に裏打ちされないようになる道を歩んできたはずです。そして、そのことは、既に中世において気づかれていたのです。「実在性の〈もの〉からの脱却」と呼びましょう。そういった「脱却」の先頭に立つのが、アヴィセンナの存在論だったのです。そして、それを自覚的に受容したのがドゥンス・スコトゥスでした。普遍の実在性については、また章を改めて語ることにしましょう。

3　形而上学の運命

存在を問うことは、哲学の基本問題です。アリストテレスの『形而上学』に始まり、そしてハイデガーにおいては、西洋の形而上学が存在忘却の歴史と整理されてしまったにしても、存在を問うことは基本問題であり続けました。ハイデガーの『存在と時間』は巨大な哲学書で、いつまでも戦慄すべき書物です。そしてそれ以降、ハイデガーによって繰り広げられた西洋存在論への批判は傾聴すべきものです。もちろん、私に西洋存在論に荷担しなければならない義理はありません。しかし、さしあたってはその手前に、スコトゥスの足許に留まって私は考えたいのです。

存在の問題は、いかにも茫漠としています。存在が最も一般的で、自明で、空虚なものであるとすれば、そこに近づくことは、難しいことです。しかし、存在を生々しく感じない哲学は、私には縁遠いものだというほかないのです。

存在について、その自明性が引きはがされれば、歩むべき道が現れます。スコトゥスもまた存在の問題に媒介すべき剝離を見出した人です。その最大の剝離は、無限存在と有限存在の間にあります。

無限存在(神)と有限存在(人間)との絶対的隔離と、にもかかわらず両者を仲介する媒介の存在とは大問題です。そして、神と人間の関係をめぐる思索の流れからすると、スコトゥスの思想は注目されにくいものでした。というのも、存在の問題は、隔離や落差としてあるからこそ、存在が一義的ではないからこそ、厳然と現れているのではないか、もし存在が一義的であるならば、存在は平板なものとして、論理的に解決がついてしまうのではないか、というように思えてしまうからです。一義性の解釈はこれからですが、存在を一義的だと語りながら、それをいかにも煩瑣で複雑な哲学にしてしまうスコトゥスが、いや正確にはその弟子たちがdunce(愚か者)と呼ばれたのは、理解できないことではありません。落差が難解さを生み出すというのは分かりやすいのですが、平らな草原が思想の絶壁を生み出すというのは考えにくいことです。

形而上学とは何か、とは答えにくい問いです。そして、目に見えるものしか信じられずに形而上学を憎む人は、今も昔も少なくありません。これからも憎まれ続けるのでしょう。ギリシア語において、形而上学という名称はもともと「自然学の後の書物」というように、場所ないし編集上の順番を示すものであって、内実を表現するものではないということもあります。言葉そのものが、漢字にして見ても分かりにくく、その字義を説明されても分かりにくいのですが、ギリシア語にしても、ラテン語に訳されても、漢字表記を通して経験されるのと同様の難解さが呪詛の如くまとわりつきます。形而上学は自己韜晦する学問ともいえます。いや、自己韜晦するのは、存在そのものの本質かもしれません。存在が自己を隠すというのは、ハイデガー存在論の一つのモチーフですが、そのモチーフは伝統的存在論にも潜在的に存在していたといえるかもしれないのです。

ここで「形而上学とは何か」にそれほど拘る必要もないのかもしれませんが、存在を探求するのが形而上学であるとすれば、存在を問うこととは結局何を問うことなのか、それを確認しておきたいのです。

「形而上学」という語の由来はともかくとして、形而上学は「最高の学知(maxime scientia)」、「最も可知的なもの(maxime scibilia)」を扱うとされています。どちらの語もおなじ意味なのですが、それらもまた説明の必要な言葉です。両者は二つの意味で捉えられるとあります。一つは、「あらゆるものの中で最初に知られ、それなしには他のものが知られないようなもの」という意味、もう一つは「最も確実に認識されるもの」という意味です。

「最初に知られる」というのが、形而上学の対象の要件となるものでした。そしてこれが、「存在である限りの存在」なのです。するとここで、二つの宿題が提出されます。

イスラームの哲学者アヴィセンナは、形而上学の対象は「存在としての存在・存在である限りの存在」としましたが、アヴェロエスは「神」であるとしました。スコトゥスは、アヴィセンナの説を取り入れ、アヴェロエスの説を拒否します。神は、最初に知られるもの、最も確実に知られるものという規定とは馴染まないと考えるからです。

「存在としての存在」とはどういうことか。それは存在が最初のものであるというのはどういうことか、を問うことです。「としての・である限りの(inquantum)」という表現は、とても重要なものです。この表現には留意する必要があります。

「としての」という表現を使用すると、たとえば「延長したものとしての存在」を扱うのが幾何学で、「生きたものとしての存在」を扱うのが生物学というように、対象の考察様式を限定することができます。これは、学問区分論でよく用いられます。重要なのはA inquantum Aというように、同じ言葉が繰り返される場合です。「重化・反復(reduplicatio)」などといわれる場合もあります。

「人間としての人間」という場合を考えましょう。「人間は脚を持っている」というのは正しい命題ですが、「人間としての人間は脚を持っている」というのは正しい命題ではありません。そして、「人間としての人間は理性的である」、こちらは真なる命題です。

「としての」という表現は、A inquantum Aという場合、Aの本質だけを取り出す機能を持っています。問題は「存在としての存在」が存在の本質を表すということはどういうことなのか、という点です。何らかの事物について、存在と本質とを別々に語ることはできます。しかし、存在について、その本質を取り出すということはできるのでしょうか。「存在は……である」というように語ることができるとすれば、「……」のところが、本質です。しかし、存在とは述語にはなるけれども、主語になることはない概念なのです。存在とは語られるものというよりも、語ることを成り立たせるものです。存在は事実の地平の一光景ではなく、語りの地平の中に現れるものというよりも、語りの地平を成り立たせるものです。存在は事実の地平の一光景ではなく、その根底にあるものなのです。

「存在としての存在」は、「在りて在るもの」と訳すこともできますから、旧約聖書に記されている、神の自称、「在りて在るもの」と重ねることもできますが、その場合には、一人称の名乗りとして自己関係性を読み込むことができることになります。そうだとすれば、「存在としての存在」という単純な事柄の中にいろいろな道が現れることになります。言葉(ロゴス)でもよいのですが、別の契機が取り入れられない限り、話は「存在である限りの存在」で止まってしまいそうにも思えます。

その際、「最初」ということに注目するのが、一三世紀後半の主要な傾向でした。アヴィセンナは『形而上学』(第一巻第二章)において、「存在と事物は精神に最初の刻印によって(prima impressione)刻み込まれる。それらは、それら自身よりも可知的な他のものによって獲得されることはない」と述べています。

存在が形而上学の対象であるというのは、必ずしも重要な指摘には見えません。しかしながらそこには、第一の対象は、形而上学が知識である限り、「最も知りやすい」ものであるということが含意されてきました。「最も知りやすい(maxime scibile)」とは、(1)それなしには他のものが知り得ないか、(2)最も確実に知られうるもの、というのがアリストテレスの述べたことです。第一の仕方で、最も知りやすいものとは、最も共通なものであり、これが「存在である限りの存在」とされたのです。個々の人間よりも人間一般の方が知りやすいというのです。ここで「知る」ということは、とても強い意味で用いられています。

最も知りやすいものは、実は循環的な論証を通じてしか明らかにされないものなのです。存在としての存在が最も知りやすいものだというのは、とても分かりにくいことです。最も知りやすいものが自己韜晦することは、矛盾ではなく、形而上学が初めに背負うアポリアともいうべきものだったのです。そして、アポリアを背負い続ける……。

最も共通なものは最初に認識されるとは、それらなしには他の知識が成立しないということですから、知識を可能にする条件ということになります。その意味では、知識と同じ次元に立つのではなく、知識を可能にする基盤に関わりますから、知識をその意味では越えるものです。スコトゥスは、形而上学(metaphysica)の meta に「越える」という意味を読み込み、形而上学は transcendens scientia(越える知識)、したがって超越概念(transcendentia)を探求するものであると論じます、これは論証ではなく、一つの表現行為です。さらにスコトゥスは、形而上学を超越概念を探求する学と定式化します。実は、このことの意味を問う必要があるのです。超越概念の学的体系としての形而上学、この理念を呈示したのがスコトゥスでした。このことと存在の一義性との関連を解明する必要があるということです。

「超越概念」については別の章で説明しますが、それは本来「カテゴリーを越えるもの」、「カテゴリーという分類体系には収まらないもの」ということでしたが、論理学的な考察を越えて、論理学的枠組みでは扱えない、高次な存在論的次元に属するもの、したがって神学的事態に接するものと考えられていきました。超越概念が、一三世紀から次第に肉づけされ、豊かな内実を備えていく過程は、中世スコラ哲学がアリストテレスやイスラーム哲学から独立していく過程を表現するものともなっていったのです。その階梯を登り切ってしまうと、もはや必要はないとして捨ててしまうのは、ウィトゲンシュタインが『論理哲学論考』でとった手法ですが、中世ではオッカムが似たようなことをやったといっていいと思います。

「存在の一義性」によって哲学が完成し、終焉を迎えるわけではありません。乗り越えられたのか、そもそも思想を乗り越えるなどということが可能なのかはともかくとして、スコトゥスの思想をハビトゥスの中に受け止めることが、ここでの課題なのです。ハビトゥス（思想が生き延びるための大地）に根を張り、そこから存続し、成長する力を得られない思想は、空虚なのです。

ドゥンス・スコトゥスの「存在の一義性」については、私自身翻訳書も出しましたし、解説の文章も数回著し、論文も何本か書きました。二〇年間、考え続けているのにいまだ道半ばです。ここまでしつこく同じことを何度も反復しながら考え続けるのは、ほとんど病気でしょう。「いつも同じことを書いている」と責められてばかりなのですが、分かるべきことを一割も分かっていないからなのです。

私自身の中で心に引っかかり続けていることがいくつかあります。一つには、存在の一義性がなぜ一見平明なのにあれだけ難解なのか、二つには、スコトゥスが存在の一義性を通して目指していたモチーフは何だったのか、きっと単純平明なはずなのに、それが見えてこないのです。三つには、存在の一義性はトマス・アクィナスの存在のアナロギア説と対比されて語れるが本当にそうなのか、四つには、ドゥルーズの語る存在の一義性はどこまでドゥンス・スコトゥスの考えに迫っているのか、といったことでした。

先にも触れたように、花井一典さんとともに、『オルディナチオ』の存在の一義性に関する主要箇所を詳しい注をつけて翻訳しました。スコトゥスはそこで、何度も何度も手を変え品を変えて存在の一義性を証明しています。証明してもらっても、私にはなぜ証明になっているのかが分かりません。

そして、存在の一義性はのどに刺さった魚の骨のように、私をずっと悩ませ続けました。現代の我々からすれば、概念の一義的使用は当然のことです。その当然のことは詳しく証明されればされるほど、分からなくなってくるのです。自明性の喪失といった状況に陥ったのです。中世哲学に入り込んだのは、魚の骨を取り除きたかったからなのです。いや、哲学こそ、のどに刺さり続けている大きな魚の骨なのかもしれないのですが。

トマス・アクィナスのアナロギア説がヒエラルキー（身分的階層性）の保存にとどまるのに対し、存在の一義性は「戴冠せるアナーキー」であるというドゥルーズの把握は、ノマド論などと結びつき、きわめて魅力的に見えました。ただ、どこがトマス・アクィナスと対立するのか、何がヒエラルキーの破壊なのか、私にはドゥンス・スコトゥスのテキストを読んでも分かりませんでした。

長い回り道の結果見えてきたのは、存在の一義性が担っている課題と射程を、その背景を踏まえて理解しなければ、薄っぺらな問題として素通りしてしまうということでした。大きな壁画も、接近しすぎれば白っぽい平面にしか見えません。適切な始点と相応の準備（ハビトゥス）が必要なのです。存在の一義性は、存在を考えるためのハビトゥスを与えてくれました。

この書の構成は、第Ⅰ部と第Ⅱ部に分かれます。第Ⅰ部では、中世哲学のいくつかのテーマをスコトゥスと結びつけながら描くことで、そのいくつかの相貌を描くことを目指します。直観的認識、主意主義、無限性、個体化、形相的区別というテーマを選びますが、これらはスコトゥスの存在の一義性の前景をなすものです。

存在の一義性へのプロレゴメナ（序論）として、中世哲学の諸問題の概観のそのまた概観の後、第Ⅱ部で、スコトゥスが存在の一義性によって、何を改革しようとしたのか、それを示すという道筋で進んでいきたいと思います。

コラム

ドゥンスへの旅

どんな哲学者にも故郷はあります。私がこの本で扱う西洋中世の哲学者ヨハネス・ドゥンス・スコトゥスは、「精妙博士」と呼ばれるほど、煩瑣な哲学をつくった人です。そういう評価を聞くと、大地の泥臭さとは縁遠い、机上の空論に長けた思想家のように感じられるでしょう。

確かにスコトゥスの思想は難解です。その思想の特徴について語るとして、「存在の一義性、形相的区別、主意主義、このもの性」と概念を並べることはできますが、その全体像は見えにくいのです。ところが、スコトゥスの思想は、ドゥルーズを初めとして多くの研究者を魅了してきました。私もまた彼の哲学に惹きつけられた者の一人です。そして、スコトゥスを入口として私は中世哲学に入り込んできました。難解であるのに、なぜ彼の哲学は人を惹きつけるのでしょうか。

難解さをもって有名な哲学者にも故郷はあります。彼の故郷は、スコットランドの小村ドゥンス(ダンス)でした。スコトゥスへの旅、中世哲学への旅は、そこから始まります。

ここでスコトゥスの話に入る前に、彼の呼称について決めておきましょう。彼を簡単に「スコトゥス」と呼ぶことにします。ただし、それはあまり正しいやり方ではありません。スコトゥスは「スコットランド出身」ということです。彼の名前は「ヨハネス」でした。

後の時代になって中世哲学の歴史が整理されるようになると、名前だけでは区別がつきにくいので、「ヨハネス・ドゥンス・スコトゥス」と呼ばれたのです。この本では「スコトゥス」を用います。そして必要に応じて、哲学者としてではなく、人間そのものを指す場合、そして彼に呼びかける場合にも、「ヨハネス」と呼ぶことにしましょう。

スコトゥスは、一二六六年の春頃、スコットランドのドゥンス村に生まれました。一二八〇年頃、フランシスコ会修道会に入会します。彼の才能は若くして嘱目され、オックスフォードに送られます。その後、当時の学問の中心地であったパリ大学に留学します。彼がパリに最初に滞在したのは、おそらく一二八五年から八八年の間でした。一二八八年にはイギリスに戻り、オックスフォードで神学を学び始め、ペトルス・ロンバルドゥス『命題集』の講義を始めます。一二九一年三月には叙階を受け、一二九八年から一三〇〇年の間は、『命題集註解』の講義ノートに当たる『レクトゥラ』を著します。一三〇〇年の夏には、この『レクトゥラ』の改訂増補に着手します。この『レクトゥラ』を本人が校訂し、改訂増補して出来上がった決定稿が、『オルディナチオ』と言われるものです。この『オルディナチオ』こそ、スコトゥスの決定版の思想がまとめられているはずのものですが、残念ながら完成させることはできませんでした。

『オルディナチオ』の全体を包括的に扱う必要があるのですが、欠落している部分や、手がけはしたが途中で終わってしまった箇所も少なくありません。それは一カ所に腰を落ち着けて思索する余裕がなかったからということもあるでしょうし、パリに移ってからは、また新たに初めから考え直してまとめ始めたりした、ということもあったのでしょう。

とにかく、事情はよく分かりませんが、スコトゥスは一三〇二年パリ大学に移り、そこで『命題集』の講義を行います。そこでの講義の記録が、『パリ講義録』としてまとめられています。これは本人の校訂を十分に経ていませんので、講義録(『レポルタチオ』)と呼ばれます。そうこうするうちに、スコトゥスは一三〇三年、フランス国王フィリップ四世と教皇ボニファティウス八世の権力闘争に巻き込まれてしまいます。彼は教皇側についたために、パリから一時追放されましたが、翌年またパリに戻り講義を再開します。しかし、同年の一三〇四年にはオックスフォードに赴き、討論を行ったと考えられています。

一三〇五年に、神学のマギステルとなります。一三〇七年、ケルンに新設されたフランシスコ会学校に派遣され、一三〇八年一一月、四二歳の短い生涯を閉じました。ケルンでのスコトゥスの事跡は何も残っていません。スコトゥスの実現しようとしていた大きな革新を理解できた学生は少なかったでしょう。カリキュラムの設定と管理職の忙事の中で身を空しくしていったのでしょう。スコトゥスの最期の眼に、ケルンの街並みはどのように映じていたのでしょうか。スコトゥスは、ケルン大聖堂のそばにあるフランシスコ会教会に葬られ、いまでもそこに眠っています。彼の哲学上の活躍時期は一〇年ほどしかなかったのです。そして、その間に哲学史上の高峰を築き上げたのことになります。

その墓碑銘には、「スコットランドわが身に生を授け、イングランド我を育てたり、パリ我に学知を与え、ケルンわが身を受け容れたり(Scotia me genuit, Anglia me suscipit, Gallia me docuit, Colonia me tenet.)」とあります。哲学者らしい簡素な生涯といえます。

さて、私がスコトゥスの故郷を訪れたのは二〇〇二年の夏のことでした。ロンドンのヒースロー空港で飛行機を乗り換え、エジンバラに降り立っても、その先の道はまだまだ遠いものでした。エジンバラからガラシールズまで一時間三〇分、ガラシールズからドゥンスまで一時間です。しかも、スコットランドのバスは牛と羊の群れを背景としながら気持ちが悪くなるぐらいに揺れました。

スコットランドの夏は肌寒く、厚いコートが似合うような気温でした。北海道より北にある地域ですから不思議なことではありません。ドゥンスは、エジンバラから東南の方向に一〇〇キロほど離れたところにあります。それほど離れてはいないのですが、バスを何本か乗り継いでいく必要があるので、ずいぶん時間がかかりました。

ヨハネスが生まれたドゥンスは、中世の景色を彷彿とさせる石垣づたいの道が残る村です。人口も少なく、産業もなく、観光客も少なく、過疎化が進み、周りは荒涼たる原野が広がる村です。電車も通らず、バスの本数も少なく、町のはずれを通る自動車道路を大都市間を走る貨物運搬の大型トレーラーが昼も夜も通り過ぎるような村なのです。日本の東北地方によくあるような閑散とした、見捨てられた村でした。

日本を代表する哲学者、西田幾多郎が生まれた宇野気村（現石川県かほく市）という小さな農村も似たような気配を漂わせていました。哲学にはやはり辺境や荒野が似合います。何もない場所なのです。哲学には荒野が似合うのです。

ヨハネスはドゥンス城に生まれたといわれています。ドゥンス城は今もなお中世の名残を伝えています。しかし、その周りに広がる風景は、夏には放牧地となる草原と、奥深く広がる森林でした。こういう景色を見て、ヨハネスは育ったはずです。雪に変わるかと思うほど寒い霧の中で、私はドゥンス城のまわりを散策しました。視界を遮る一面の霧は、冬の北国の吹雪を思い起こさせるほどでした。

風景の中に、彼の哲学を解明する手がかりをそれほど期待していたわけではありません。風景はテキストではありませんし、テキストにはなりえないのですから。とはいいながらも、ほんの少しは何かがあるのかもしれないとは思っていました。ところが、そこには哲学的な気配は漂っていませんでした。

スコトゥスの足跡を辿って、オックスフォードにも、パリにも、ケルンにも行ってみました。しかし、そこにはスコトゥスは存在していませんでしたし、スコトゥスの何かがあったわけでもありませんでした。

哲学的な気配が漂う場所があってもかまいませんし、それを霊場と呼んでもよいでしょうが、偉大な哲学者が生まれたり、育ったり、眠っている場所は、必ずしも哲学的な気配を漂わせているわけではありません。戦場や刑場や大きな事故の現場にも霊気は漂いませんし、霊的現象も起きはしません。人は死後に、いかなるオドロオドロしさも怨念も残すことはできません。魂が不滅であったとしても、何も残せないのです。そういうことを何度も確認するために、私は哲学者の墓に詣でたり、霊場に足繁く通ったりします。テキストを読むことと霊場巡りは、私にとって同じ行為なのです。

私はそういう行為を「不在の確認」と呼んでいます。不在であるがゆえに、現前よりも強い何ものかを感じさせてしまうことがあります。不在であることは、非存在の証明にはなりません。存在と非存在の手前にあるものを求める行為は何と呼ぶべきなのでしょうか。

私がスコトゥスの哲学に初めて出会ったのは、一九八六年頃だったと思います。最初から私の心を惹きつけたわけではありませんでした。中学生の頃から哲学に関心を持ち始めたにしては、それまで哲学書をちゃんと読んではいませんでした。田舎の神童にありがちの傲慢さとナイーブさの塊りのまま、ガラスの哲学園に住んでいました。大学に入った後、東京にも大学にもとけ込めないまま、半ば引きこもりながら、終わった実存主義に関心を持ったり、終焉しかけていたマルクス主義に関心を持ったり、構造主義の流行が終わってから、構造主義を読み始めるといった、乗り遅れてしまう青年でした。雑然と哲学に戯れていました。

八六年頃はドゥルーズが流行し始めていた頃で、『差異と反復』(一九六八年)でスコトゥスについて言及され、そこで「存在の一義性」が話題になっていました。不思議にもこのときは、流行に遅れ気味の体質のままに乗ってしまい、ドゥルーズに幻惑されて、スコトゥスの哲学に入っていきました。

その頃、存在論といえば、何といってもハイデガーの時代でした。中世哲学は少数者のための辺境でした。新進気鋭の哲学者ドゥルーズは、スコトゥスに注目し、存在の一義性を軸に据えましたが、「存在の一義性」とはどうやら、存在はすべてのものに同義的に語られるということらしいと見当はつけたのですが、はなはだ当然のことを述べている思想のように思えたのです。なぜ常識的なことを述べる思想が、高く評価されているのか、不思議でした。

ドゥルーズはトマス・アクィナスのアナロギアの思想を、ヒエラルキー(階層関係)を維持する思想として、目の敵にして、その対抗思想となるスコトゥスの存在の一義性を持ち上げているということは分かりましたが、存在のアナロギアとはどういう思想なのか、それがなぜヒエラルキーの思想になるのか、どのように存在の一義性と対立するのか、自明な思想のように見える存在の一義性がなぜ革命的で、目新しいのか、分からないことがたくさん出てきました。

当時、私は近世の哲学者ライプニッツに関心を持っていました。ライプニッツに入っていったのも、実は偶然でした。大学二年生のときに、坂部恵先生が開講していた哲学演習で取り上げられたのがライプニッツの『形而上学叙説』だったのが最初のきっかけで、そして洋書屋でたまたまライプニッツの『未刊著作集』(クーチュラ編)を手に取り、興味を持ち、購入してしまい、読み始めたことが第二のきっかけでした。『未刊著作集』にはさまざまの断片が収められていましたが、それらの断片を読むのは無謀な企てでした。ライプニッツの姿を捉え損ねたまま、暗い大海を漂っていました。

ちょうどそのころ、近世初頭の哲学辞典を復刻する出版社がいくつかありました。しかし、そういったものは注目されることなく、雨ざらしのバーゲン本として叩き売りされていました。店先の捨て犬でした。雨ざらしの私が、そこに打ち捨てられていました。私はそういった辞典を買い集めました。そして、彼らは小さな明かりとなって、私を照らしてくれました。

そういったものを手がかりとして、ライプニッツが受けた教育内容を踏まえ、彼の哲学を理解しようとしました。ライプニッツのテキストの中にも、当時の教育を反映するスコラ哲学の用語が多数登場します。そして、それらは小さな躓きをいくつも提供します。当時の人であれば、誰でも理解できるような概念を、彼がその度に改めて説明するはずもないのです。当時の教科書や哲学辞典は無味乾燥ではありましたが、謎だらけだったテキストも表面的な意味だけは分かるようになりました。

ところが、すぐにスアレスに突き当たります。スアレスは歯が立ちませんでした。大きな躓きです。とにもかくにもスアレスを読むと、トマスとスコトゥスに突き当たります。さらに大きな躓きです。トマスとスコトゥスを読むと、今度はアリストテレス、アヴェロエス、アヴィセンナなどに出会います。哲学史とは躓きの永劫回帰なのです。どこまで掘っても底はありません。

中世哲学の歴史については、コプルストンやジルソンの中世哲学史があります。しかしそういった本には、数多くの哲学者たちが時代順に登場し、それぞれについて代表的な思想が取り上げられています。列伝体の歴史は肖像画が並ぶ画廊のようなものです。

ところが哲学史の画廊は、「中世哲学とは何か」という問いに答えてくれるヴィジョンを提供してはくれませんでした。いかなる問いも、問う人を迎え入れるための入口があるはずです。私も入口を求めました。そして個体性ということに入口を定め、進むべき方向を定めました。それを入口だと思いこんだのです。

ライプニッツは、モナド・個体的実体というものを提出し、近代的個人主義の哲学的基礎づけを与えました。近代の個人概念の中世における源泉としては、いろいろなものがありますが、スコトゥスが提出した「このもの性」という個体化の原理はやはり気になります。中世における個人主義の萌芽として、スコトゥスがいたのではないか。これは、オッカムの唯名論的経験主義の師でもあった以上、考えられないことではありません。この個人主義の源流を探ろうというのが、そのころの私の関心でした。ライプニッツからスコトゥスへという道筋は、そうやって決定されました。ただし、ライプニッツはスコトゥスの個体化論を批判しています。私は両者の思想的関係をまったく理解してはいませんでしたが、直感的に、ライプニッツがスコトゥスを批判しているからといって、両者を対立関係で捉えてはならないと思っていました。

しかし、この個体化の原理についても、まずは存在の一義性を理解しなければ話が始まらないのです。とはいいながらも、スコトゥスは難解です。

しかし、ここで絶望する必要はありません。難解な哲学ほど、基本方針は単純なはずなのです。単純でありながら、いくら言葉を費やしても、表現しきれない事柄を、手を変え品を変え、新しい用語を使用しながら、表現しようとしたらどうなるでしょう。それは表面から見ると難解な哲学になるはずです。しかし、難解に考えたい人は、存在しないはずです。簡単にいえば、偉大な哲学ほど骨組みはシンプルなのかもしれないのです。

スコトゥスは「表現者」であるように、私には思えます。概念の中に彼の思想はなく、概念を越えたところにあるというべきかもしれません。表現という構造の中では、不在と偶然の相が、存在と必然の相と交錯することもあるのかもしれないのです。存在もまた、表現の中でおのれの姿を表してくれるのではないでしょうか。

スコトゥスは「存在」を問い求めた思想家ですが、存在とは当たり前すぎて取りつきにくい概念です。ここで、スコトゥスを供養するために何をすればよいのか、と惑いますが、しかし存在こそ、中世哲学への入口なのです。たとえ狭い門であるとしても。そして、それはアリアドネの糸でもあるはずなのです。

それでは、スコトゥスの哲学に入り込んでいきましょう。

I　ドゥンス・スコトゥスと中世哲学

第一章　個体と直観

中世においては、認識の根拠として、理性や経験よりも、聖典や信仰や権威が重んじられたという整理がよく見られます。宗教と思想の自由がなく、異端審問と魔女狩りの時代というイメージです。しかし、そういったイメージが、敵対するもののイメージを貶めることで、おのれを浮上させるためという機制を秘めているのはよくあることです。そういうイメージは歪んだイメージなのです。中世哲学においても、権威に対する対抗意識は何度も強く表明されました。そこでは典拠や聖典よりも、理性や経験が重視されたのです。その意味では、近世を準備する認識の根拠は中世にも見出されるのです。

この側面は直観的認識の問題に見出されます。直観的認識は、近世における経験的認識に対応するものです。イギリス経験論においては、経験こそ、認識の起源と考えられました。近世であれば、大陸合理論との対比が常套ですから、経験と理性という対立が思いつきます。しかし中世では、典拠(auctoritas)によって知ること、理性によって知ること、経験によって知ること、というように、知識の源泉としては少なくとも三つが考えられていました。そして、そこに照明(illuminatio)によって知ることや、聖霊によって知ることを加えても構わないでしょう。私の考えでは、そこにハビトゥスも加わらねばなりません。ここでは、典拠と理性と経験を三つの源泉として話を進めます。

認識において我々に最初に与えられるものは個別的なものです。アリストテレスは本性において先なるものと、我々にとって先なるものとを対比しましたが、一般的なものは我々にとって後なるものであり、個別的なものが我々にとって先なるものです。アリストテレスの立場は基本的に経験主義的なものですが、その傾向は中世哲学の基本的な傾向となります。

ここでの問題は、近世における経験論と合理論へとつらなる流れを中世において確認することではありません。スコトゥスの存在の一義性を探求するための道筋を探しているのです。そして、中でも直観的認識はスコトゥスの独自な概念設定であり、存在の一義性への結びつきだけでなく、スコトゥス哲学の中心点と考えることもできるのです。直観的認識は個体認識と密接に結びつきますが、この個体主義こそスコトゥスの特徴ですし、存在という最も一般的なものと対極的な位置にある個体に目を遣ることで、存在論の階梯の両端を見ることになります。

スコトゥスは、個体を認識する道筋において、直観的認識を考えていたのですから、直観的認識という問題は個体性の原理とも結びつくのです。ただ、予め期待を裏切るようなことを述べておくと、直観的認識は個体を対象にするものであるように見えて、必ずしもそうではない。オッカムでは直観的認識が個体を対象とするものになりますが、スコトゥスではそうではないのです。

アウグスティヌスは『三位一体論』の中で、「私たちは今、鏡を通して謎において見ているが、かの時には顔と顔とを合わせて見るであろう」という第一コリント書一三章12節の一節を何度も何度も引用しています、アウグスティヌスの場合、鏡を通して謎において見るということは、我々自身が神の似姿であって、そこに神の三位一体の似姿が見られるということが基本的論点となっています。

父・子・聖霊の三位一体、これはペルソナ(位格)において三つで、本質においては一つである理解しがたい奇蹟です。これについて、私には何も分からないというほかありませんが、神と人間が一つであって、そこに多様な機能を有した聖霊が重なり、そしてそこにマリアの姿も重なることは、無理難題でありながら、そうした無理難題を踏まえなければ果たせない課題を背負った奇蹟だとはいえると思います。大きな奇蹟も、小さな蕗のとうも、何事もないかのように踏み越えて通り過ぎることが可能ですから。いやそこまでいわなくとも、常識的なことが語られているのかもしれません。ペルソナとは、呼びかける場合の顔か名前のようなものであって、阿修羅の顔が三つあっても、阿修羅は一つだけですから、奇妙なことではないのでしょう。

ともかく、ユダヤ教もイスラム教もキリスト教も、皆同じアブラハムの神を奉じていますが(こちらの方が十分に奇蹟的です)、この三位一体の神は、キリスト教に特有の神です。スコトゥスが神の個体本質("haec", essentia,「この本質」とも訳せます)という場合に、この三位一体を考えていたのは当然のことです。

人間が神の似姿であるというのは、外形においてではありません。それでは神と人間の類似性はどこにあるのでしょうか。それは、人間の内なる三位一体として立てられます。アウグスティヌスは、その三位一体をいくつかの相に分けて提示していますが、精神・自己知・自己愛(mens, notitia sui, amor sui)、記憶・知解・意志(memoria, intelligentia, voluntas)というのが代表的なトリアーデです。この三位一体こそ、神が映し出される鏡になります。しかし、我々の内なる三位一体を通してみても、それは謎において＝おぼろげにしか見えません。

かの時には、顔と顔とを合わせて見るということは、挙式の際に花嫁と花婿が初めてベールを介してではなく、直接顔と顔とを合わせることができるように、神との直接的出会いが可能になるということでした。この直観は至福直観(visio beatifica)などといわれますが、中世キリスト教の中心に位置しています。

至福の問題と直観の問題は離れがたく結びついていますが、それが認識の場面では直観的認識として論じられます。これが愛の問題と結びつくのは当然です。直観的認識と対立するのは抽象的認識ですが、この抽象的認識は、抜き出す・抽象するという作用も関わってきますが、現前しないものを媒介を通して認識するという論点が大事になってきます。そして、直観的認識においてはさらに、媒介なしに直接出会うこと、つまり個体との出会いが果たされる場面でもあるということが重要になってきます。

1　直接的認識としての直観

キャサリン・タカウ女史は、その名著にして大著『オッカムの時代における視覚と確実性』（一九八八年）において、「中世の知識論の歴史は、一三二〇年頃以降、抽象的認識と直観的認識という二大区分の発展として跡づけられる」と述べています。抽象的認識／直観的認識に区分したことは、スコトゥスが認識の理論に及ぼした、最も影響力のある貢献と見なされてきました。

スコトゥスにおける直観的認識の説明は、直観的認識／抽象的認識の区別を提出し、認識をめぐる問題の枠組みを根本から変えた点において革新的でした。現前するものを直接に認識するのが直観的認識であるという説明は、それを見る限りにおいては、比較的理解しやすいのですが、しかしながら、それがいかなる認識論になっているかとなると判然とはしません。

直観的認識は、スコトゥスが創始し完成させた理論ではありません。理論において先行する人が存在し、また完成させたのも別の人（オッカム）なのです。※スコトゥスに独自な概念装置でありながら、先行する人と後続する人に挟まれてスコトゥスは位置しています。このことが、スコトゥスの直観的認識の理論をいくらか見えにくくしています。

次のテキストは、直観的認識の由来をある程度示しています。

知性の至福作用（actus beatificus）は抽象的認識ではありえず、必然的に直観的認識でなければならない。というのは、抽象的認識は、存在者と非存在者のいずれにも同じように関わり、もしそうであれば至福は存在しない対象のうちにもありうることになるが、これは不可能だからである。抽象的認識は、対象そのものが獲得されているのではなく、似姿として獲得されている場合でも持ちうるが、至福は、至福の対象がそれ自体で直接に獲得されているのでなければ持ちえない。そしてこのことを、ある人は対面的直視（visio facialis）と呼んだが、適切なことだった（et bene）。これは第一コリント書一三章「今は鏡を通しておぼろげに見ているが、かの時は顔と顔とを合わせて見るだろう」を踏まえている。

（スコトゥス『任意討論集』第六問）

ここに触れられる「ある人」とは、スコトゥスがパリ大学で習った師ゴンサルヴス・ヒスパヌス※のことです。ゴンサルヴスは対面的直観という用語を用い、直観的認識についての基本的枠組みをスコトゥスに教授しているのです。

ゴンサルヴス・ヒスパヌス（一二五五―一三一三年）は、スペインのガリシア地方の生まれで、パリで死去したフランシスコ会の神学者です。バルボアのゴンサルヴス（Gonsalvus of Balboa）ともいわれます。経歴はともかく、一三〇二―〇三年にはパリ大学におけるフランシスコ会の神学正教授、ドゥンス・スコトゥスの師でもありました。カスティーリャ管区長を経て、一三〇四年にはフランシスコ会総長となります。スコトゥスをケルンに派遣したのも、このゴンサルヴスと考えられています。

ゴンサルヴスの生涯についてはこれくらいにして、話を戻しましょう。スコトゥスは、存在の一義性を唱えることで、人間知性は現世において（pro statu isto）、自然的に、存在としての存在を認識できる、という思想を提出しました。しかし、それはさまざまな逡巡の後に辿り着いたものでした。実は、スコトゥスには、ある予想があったと思われるのです。そのような方向を押し進めると、無限存在としての神に関する自然的認識ばかりでなく、三位一体なる神に関する直観的認識をも現世において獲得することができることにつながるのではないか、という予想です。しかし、知性の対象としての神と、意志の対象としての神は離れています。両者を結びつける場面が直観的認識ではないのか、スコトゥスの予想はその辺にあったと思います。

ゴンサルヴスの『討論問題集』第九問は、典拠による認識が科学的な知(cognitio scientifica)となりうるかという問題を扱っています。そこでは、直観的・対面的認識(cognitio intuitiva et facialis)が登場しています。これは、スコトゥスの用語法とほぼ一致します。そこではたとえば、次のように論じられています。

我々が神について有する知識については、我々が自然的理性によって多くのことを神について知るということ、そして神について知識を持つことは明らかである。そこからアリストテレスは神について多くのことを論証したが、しかし神をこの現世において(in via)対面的認識によって本来のあり方で見ることはない。というのも、そうすることができれば我々は至福者(beati)となるであろうし、またアリストテレスの論法によって我々は至福者になってしまうだろう(が、そんなことはない)。(ゴンサルヴス『討論問題論集』第九問)

ゴンサルヴスの議論は詰めが十分ではなく、結論も明確ではありませんが、スコトゥスの問題設定と連続しています。この点は、『形而上学問題集』において、スコトゥスが躊躇するところのものでもあるのです。「(感覚的認識に見出される四段階の内で)最初のもの、つまり直観的認識に関して、現世の知性のうちに見出されるかについては、疑念がある」とスコトゥスは述べます。スコトゥスが目指す方向は明らかに、直観的認識を人間知性が現世において持ちうる、ということです。しかし、この節も、「いかにして〈存在〉は知解されるのか？　固有なる形象によってではありえないのではないか、研究せよ(quomodo intelligitur ens? Numquid per speciem propriam? Stude.)」(Meta. II. q. 2-3. n. 123)というように終わっています。これはスコトゥスの心の叫びです。躊躇しているのです。

直観的認識に基本的概念としての重要性を付与したのはスコトゥスですが、それをどこに位置づけ、何を目指して配置するのか、初めから明確だったわけではないようです。確実な認識の起源という認識論的な問題設定よりも、他者との直接的な対面と、それに基づく歓びとが、当初は重要だったようです。少なくとも、ゴンサルヴスにおいてはそうですし、スコトゥスの『任意討論集』第六問でもそうです。それが現世における神の認識と結びつけられ、そして存在の一義性と関連してくると、問題は複雑になると同時に、認識論としての内実を備えていくようにもなります。しかし、そこでもまだオッカムにおけるように認識論の基礎概念になりきっているわけではないのです。

ゴンサルヴスでは存在の問題との連関は見出されませんが、スコトゥスではそこに大きな関連が措定されています。とすれば、直観的認識というのはどういうものなのでしょう。直観的認識と感覚そして経験とは半ば重なります。ただあくまで半ばまでです。そう整理すると、スコトゥスは、経験的認識を重視し、イギリス経験論の基調となった経験主義を準備したともいえそうです。

経験主義、個体主義、唯名論がイギリス経験論にあるとしても、それらを主立った流れとして理解してはならないでしょう。合理主義と経験主義の対立やそれらの総合という哲学史の図式は、既に古くなった枠組みです。

オッカムは確かにイギリス経験論の祖です。これは認めてもよいでしょう。ですが、スコトゥスとオッカムの間の差異を強調することには問題があります。直観的認識についても、両者は連続しています。ただし、個体性の問題において両者が対立する以上、その関係を組み込んで理解する必要が出てくるのです。

知解作用には二種類ある。一つは、⑴何性に関わるもので、現実存在から抽象する作用である。⑵もう一方は、直視(visio)と呼ばれるもので、現実存在する限りでの現実存在するものを対象とするものである。前者は一般には普遍に関わるものだが、本来的に(primo)個物をも対象とすることができる。知解作用が個物を対象とするときにはいつでも、本来的な意味で個物を対象とする。というのは、個物はそれ自体では現実存在に限定されているのではない。普遍もそうであるように、現実存在から抽象されているからである。第二の種類の知解作用は、個体と現実存在の両者全体、つまり現実存在する限りにおける個物を対象とするものである。アリストテレスにおける同時的全体(simul totum)はそのように解明できるが、そのように捉えると、その全体は、偶有性を含まず、現実存在しか含まない。この現実存在は、いかなるものの本質に属するものでもなく、本質述語(quid)としても、本質述語を分有する個体としてでもない。さて、個物は、第一義的に、第二の知解作用〔＝直観的認識〕の対象でもないし、またその逆も成り立たない。

（スコトゥス『形而上学問題集』七巻一五問）

知性による個体の直接的認識という通路は、スコトゥスが直観的認識という枠組みで開鑿したものでした。ここにスコトゥスの改革の跡が見られます。

稲垣良典先生は『抽象と直観』で次のように簡潔に、スコトゥスの直観的認識を説明しています。

直観的認識とはスペキエスによらず、事物そのものによって生ぜしめられる認識であり、そこでは事物の何性がそれの現実的存在（existentia actualis）に即して捉えられる。すなわち、直観的認識において認識能力を「動かす」のは「それ自体において現存する事物（res praesens in se）」であって、「事物に類似したスペキエス（species similis re）」ではない。（中略）直観的認識は「現実的に実存している限りでの対象に関する限り完全である（perfecta……qualis est de obiecto ut praesentabiliter existens）」とされる。

（稲垣良典『抽象と直観』一五六頁以下）

直観的認識は、スペキエス（形象）といった媒介を経ない、直接的認識なのです。ただ、スコトゥスの立場が直接的実在論なのかといえば、それは微妙です。全面的に形象を否定しているかについては判然としません。ここでのもっと重要な論点は、直観的認識とは何を対象とする認識かということです。この点については、「個体（singulare）」であると解されるのが一般的です。すなわち、スコトゥスは感覚によってと同様、知性によっても個体が認識されると考えていたと解釈するものです。

しかしながら、直観的認識と個体との結びつきを強調することは問題を含んでいます。というのも、スコトゥスは次のようにも述べているからです。

最初に知るべきなのは、現世における人間知性は自体的には個体を知解しないことであり、また感覚もまた個体を自体的には感覚しないことである。第二には、何らかの仕方で我々は個体を知覚し感覚しているが、それはどのような点で成立しているのであり、どういう点で成立していないのかを知るべきである。

（スコトゥス『形而上学問題集』第七巻第一五問）

個体を知解（知性認識）しないと断定されているわけでもないので微妙ですが、ここには解明すべき論点がありそうです。確かに、スコトゥスの直観的認識に、知的認識を可能ならしめる根拠を探求する論点が見出されないというのは、正しい指摘だと思われます。ウォルターなども、スコトゥスの直観的認識には認識論的な枠組みが希薄であると述べています。認識理論としては弱いのです。トマスの抽象理論に取って代わって、スコトゥスの直観理論がその後を継いだなどということは成り立ちません。直観的認識が論じられるのは、現世においてです。身体を離れたという場面は、とりあえず別問題です。

これは本当にそうなのだと思います。認識論としてのスコトゥスの直観的認識は弱い理論かもしれません。しかし、逆からいえば、スコトゥスは、ゴンサルヴスから他者との出会い、対面的認識の理論として直観的認識を受け取りました。至福直観が成立するための条件としての直観的認識が求められたのです。だからこそ、三位一体の神への直観こそが問題だったのかもしれません。すると、直観的認識においては、認識理論は二の次になります。認識理論が求められるとすれば、それは抽象的認識において求められるということかもしれません。感覚的認識と直観的認識との重なりは、オッカム以降、自明視されますが、スコトゥスでは検討の余地があるのです。スコトゥスの直観的認識の眼目はどこにあるのでしょう。

問題の背景を探ってみましょう。

2　直観的認識の系譜

ここで、スコトゥスの一世代上で、スコトゥスに大きな影響を与えたと思われる、ペトルス・ヨハネス・オリヴィ※の思想に立ち寄りましょう。オリヴィの思想は、フランシスコ会の中においても、忠実にフランシスコの精神を実現するような方向性が強く、異端的と見なされてしまいました。「清貧」を文字通り実現しようとしたのです。そして哲学的見解においても、独自の新しい論点を数多く出しています。個体化の理論、直観的認識、主意主義など、スコトゥスの直接的な先駆者ともいえるほどなのです。ただ、両者の関係はそれほど明確ではありません。スコトゥスがオリヴィの講義を直接聴いたり、テキストを読んでいたかははっきりしないのです。しかし、オリヴィの革新性は間接的にしろスコトゥスにも流れ込んでいると考えるほかありません。その直観的認識についての理論も概観しておく意味はあります。

感覚は個体を対象とし、知性は普遍を対象とするというのが、中世の認識論の基本的図式でした。ところが、直観理論はそういった伝統に正面から批判を試みます。しかし、スコトゥスにおいては、個体と直観的認識の関係が入り組んでいました。個体は直観的に認識できるという話に行き着かないのです。この点を解明するためには、直観理論の前史を少しだけ見ておく必要があります。ここでも、オリヴィの直接的知性理解の理論が重要になってくるのです。

オリヴィは、アリストテレスとトマスに対立する見解を主張したことで有名な人物です。特に主意主義と直観的認識と個体主義に関する見解では、きわめて先駆的でスコトゥスの理論の先駆けとなっています、おそらくスコトゥスは、オリヴィの見解をかなり知っていたはずです。

一二八〇年頃、オリヴィの主張のうち一九の命題が、フランシスコ会の長老によって弾劾されます。オリヴィという人物は、フィオーレのヨアキムの歴史観を奉じ、スピリトゥアル派を擁護し、反教皇派の側に立つ急進的な清貧論者でした。

オリヴィの思想はかなり独創的です。存在するのは個体だけであるという個体主義、認識における抽象理論を否定し、可知的形象を半ば否定します。また、照明説も否定しています。そして、意志の能動性を強調する主意主義を主張しています。スコラ哲学では、はっきりものをいう傾向は珍しいのですが、オリヴィはかなりはっきりと旗幟鮮明に主張します。スコトゥス哲学の先駆けと目される面もありますが、トマスに対する激しい反感を読み取った方がよいと思います。ただそこには、彼がフランシスコ会士であったために、トマスへの批判を義務として考えていた可能性もあります。

オリヴィは、激しい論調と敵意丸出しの文章を書きます。「アリストテレスの権威は、いかなる不信仰者や偶像崇拝者の権威とも同じように、私にとってはどうでもよいことだ(mihi est nulla)」と語ったり、「信仰を持たない人間の言葉を、論証もなしに信じることは、キリスト教信仰にとって危険なことだし、理性に反することでもある。そういうことは不信仰の極みであり、狂気の沙汰である(actus magnae infidelitatis et magnae dementiae)」と語ったりしています。卒然と筆を滑らせる思想家に見えます。

言葉は刃物ですから、フランシスコ会の上層部が彼を危険視し、対外的な活動を控えさせたのは当然のことです。オリヴィは「パリの派手好みが身震いするほど嫌いだった(parisienses ambitiones perhorrescens)」と手紙に書いていますし、権威や権勢と、それにつき従う俗物が大嫌いだったように思えます。世間に受け入れられにくい人物、私にはその姿が目に浮かぶような気がします。

中世における個体の認識については、カミーユ・ベリュベの『中世における個体の認識』(一九六四年)という名著があります。この本では、スコトゥスの直観理論に先立つ流れとして、直接的知性理解の枠組みが考えられ、その流れに属するのが、オリヴィやフルノのヴィタリスなどとされています。オリヴィは、認識能力とその対象との間の関係について革命的な考えを提出し、それ以前の伝統と隔絶した理論を提出したと整理されています。

個体の認識に関して、個体の直接的認識という枠組みを提出したオリヴィは、ベリュベの整理によると、伝統的な立場、たとえばアルベルトゥス・マグヌスの理論とは対極的であると位置づけられます。というのも、アルベルトゥスは、アリストテレス主義に立ち、個体を認識するには、普遍を介して、普遍という相において、個体に到達することによってであると考えています。あくまで、認識では普遍が先行するのです。ところが、オリヴィにおいては、個物が先行するために、普遍は第一次性を失うことになってしまいます。知性の直接的対象となるのが普遍でしかないというのが誤りであり、物質的な事物が知性の直接的対象にはならないという考えが誤っているというのです。トマス的抽象理論では、物質的事物―可感的形象―表象像―可知的形象という媒介を経由することで知性へと至るのですが、オリヴィではこういう間接的な経路の唯一性が否定されているのです。

少しだけ、オリヴィの『命題集問題集第二巻』を見ておきます。『命題集問題集第二巻』第五七問は、人間知性はすべての感覚的能力を自らの内に含んでいるかどうか、ということが問われています。知性は肉体機関的(organicus)なのかということなのですが、天使は肉体を持たないので、天使の知性は肉体機関的ではありません。人間知性も天使と共通であるとすれば、そこで問題が起こってきます。

この問いの正しい答えは、正統カトリックだけでなく、異教徒の哲学者(pagani philosophi)にも知られていたし、今も知られている。というのも、すべての人は、人間知性が肉体機関的な能力ではないこと、感覚的能力のいずれにも含まれていないことを確信しているからである。(中略)ところが、この答えのより深い論拠となると種々様々である。というのも、異教の哲学を奉じる人々はその根拠として次のように語る。知性は普遍だけを直接的対象として有しており、そしてこの普遍は普遍性という仕方で(secundum suam universalitatem)可感的事物のうちには存在せず、存在しえないと考えているのである。したがって、普遍を現前化する形象が、あらゆる可感的で個別的な条件から抽象される必要が生じるのである。

ここでは、アリストテレス主義に基づく認識論が俎上に上げられています。ここに登場する「正統カトリック（catholici）」とは、「異教徒の哲学者」と並べられていることからも分かるように、オリヴィはこれに従順な態度を示しているわけではありません。

（オリヴィ『命題集問題集第二巻』第五七問）

こういった議論は、ある程度真なるところを有し、正統カトリックに合致する結論を備えているが、しかし誤った考え、危険な考えに依拠している。(1)その第一のものは、知性は普遍以外には、自体的に直接的に認識するものはない、ということである。(2)第二に、自然的な質料を有する対象に直接的に関連する形象ないし把握作用は、知性的な特性を持ち得ないということである。ここで「自然的質料」と呼ぶものは、そこから物体的運動によって自然的に形相が導出されるようなもののことである。（中略）(3)第三に、想像的な形象は延長・量を有し、物体的に位置を有し、場所を有する諸部分を有し、そして場所的にも区別される諸部分を有していると考えることである。(4)第四に、知性の内に存在する形象は、あらゆる個体的条件を奪われている。

（オリヴィ、同右）

ここに見られるのは、トマス※の抽象理論のようです。ということは、この裏に見えるものがオリヴィの見解になります。つまり、(1)知性は個体をも自体的に直接的に認識できる、(2)質料的な事物から直接生じる形象も知性的な特質を有する、(3)想像的な形象（表象像）は必ずしも空間的なものではない、(4)知性の内に存在する形象は個体的条件を備えている。

ここから示されるのは、知性による個体の直接的認識を、つまり直観的認識を提示していることです。オリヴィは、直観的認識という用語は用いないとしても、ほぼそれに対応する理論を提出しています。とはいいながらも、スコトゥスに比べると理論の精度は高くないように思えます。もちろん、後から来た者の方が優利ですから、オリヴィを難じるつもりはありません。

正統カトリックの信仰とそれを健全かつ正しく理解する人々は、いかなる被造物の内にであれ、実在的普遍性(realis universalitas)が存在することを忌み嫌うのである。（オリヴィ『命題集問題集第二巻』第七二問）

ここでオリヴィが正統的見解として考えているのは、(a)感覚は個物を認識対象とし、知性は普遍を認識対象とする、(b)能動知性が事物の内に普遍性を構成する、というアリストテレス主義の理解だと思われます。アリストテレスの『デ・アニマ』とアヴェロエス※による註解を元にした認識論・抽象理論が当時の主流だったわけですが、それに対する敵対心がオリヴィには見られます。

一三世紀における『デ・アニマ』受容は、アヴィセンナ※の『デ・アニマ』とアヴェロエスによる『デ・アニマ大註解』の両方の受容が絡まってきて、見当がつかないくらい複雑です。「能動知性」という難解きわまりない問題が含まれ、しかも必要なテキストが必ずしも整っていないので地図もない状態だと思います。オリヴィと、その後にくるスコトゥスをその系譜の中に位置づけるために、作業仮説を出しましょう。

被造物の中に「実在的普遍性」を見出したオリヴィは、「太陽の歌(全被造物賛歌)」を唱ったフランシスコの精神を継承しているはずです。被造物の中に普遍が存在すれば、普遍を対象として知識が成立し、尊厳を担うことができるようになります。そしてそれは、物質的事物や個物の存在論的な地位を高めることになりますから、個体主義の側面も担います。

ここでは認識論的な側面にも注目しておきましょう。感覚は個物を対象とし、知性は普遍を対象とし、知識は普遍性に宿り、そして経験は個物を対象とする感覚的認識から始まるとすると、知の営みは個別性から普遍性への推移となります。それは段階を追って、媒介を経て成立していきますが、同時にそれは個体的条件を取り除いていくプロセスであり、それが全体として「抽象」という作用だと考えられます。これは、知性が個別を直接対象とできないために導入されているのです。その際、抽象理論において不可欠となる「能動知性」をどう位置づけるかによって、超越派と内在派に分かれます。超越派とは、アフロディシアスのアレクサンドロス※と、イスラームの哲学者（アヴェロエス、アヴィセンナなど）で、内在派とは古代ではテミスティウスと中世におけるヨーロッパの正統的アリストテレス派です。

西洋中世では、能動知性内在理論が正統でした。これは、事物の中に潜在的に宿っている可知性を可知性たらしめるもの、つまり知性的認識の可能性の条件をどこに見出すかということなのですが、内在理論はそのすべてを人間知性の内に見出すことはできませんでした。ドイツ観念論にはなれなかったのです。それを解決する枠組みが照明説だったと思われます。たとえば、ガンのヘンリクス※は可知的形象を否定し、照明説を採ったとされますが、感覚―個物、知性―普遍という枠組みを残す限り、抽象が行った個物から普遍への上昇を担うものが必要となってきますが、それが照明に割り振られているということです。

しかしこういった理論は、知性による個体の直接的認識という理論的枠組みを前提すれば回避できます。オリヴィが行ったのは、このような改革でしたが、それは初めの一歩でした。二歩目、大きな二歩目を歩んだのがスコトゥスだったと思います。第三歩はオッカムが踏み出すことになります。

オリヴィにおいて確認しておくべきことは、個体に関する直接的認識の理論が明確に打ち出されていることで、そこに直観的認識の一つの源泉があるのは確かですし、そしてオリヴィにおいては、個体の直接的認識を可能にさせる前提が、普遍が被造物の中にあるということです。つまり、実在論と個体主義が緊密に結びついているのです。哲学史の理解では、オッカムの場合のように、唯名論と個体主義を強く結びつけてしまいがちです。しかし、スコトゥスばかりかオリヴィにおいても、個体主義と実在論は緊密に結びつくのです。その結びつきが直観的認識の問題に現れていることは重要ですし、そしてそれがかの能動知性の問題にも結びつくことは確認しておくべき事柄です。先を急ぎましょう。

足を速めながらもここで、個体の直接的認識が問われていることは繰り返し確認しておきたいところです。今日ではメールによる交信がこれほど盛んになりながらも、それでもなお直接に出会うことが求められます。直接に出会わない限り果たせないことがあるのです。この点への考慮なしに、直観的認識を論じても、画餅を食べることになります。

3　個体と直観的認識

さて、スコトゥスの直観的認識は知性による個体の認識に関わるものでしたが、スコトゥスは知性による個体の認識に制限をかけていました。このことは、オッカムの直観的認識との関係で検討しておくべき論点を含んでいます。オッカムでは、知性による個体の認識は認識の基礎を構成するものです。すると、先行者としてのゴンサルヴスとオリヴィ、後継者としてのオッカムに挟まれて、スコトゥスは直観的認識において何を表そうとしたのでしょうか、そしてそれが存在の一義性とどのように関わるのか、考えておく必要があるでしょう。そのことはスコトゥスの哲学史上の位置づけとも関連してきます。

スコトゥスの直観的認識について、かつてセバスチアン・デイの『直観的認識』という名著がありました。邦語でも、稲垣良典先生の『抽象と直観』という名著があります。ただ、稲垣良典先生は、トマスとオッカムに荷担するような方向で、スコトゥスの直観的認識を整理しています。スコトゥスの直観的認識を、認識論の視点から見るということ自体が、オッカムの立場に立っているように、私には思えます。スコトゥスは、認識の理論として、直観的認識を整理したのかどうかは微妙なのです。

スコトゥスが直観的認識を語る場合、きわめて控えめな仕方を採りますし、しかも知識や認識の問題に関しては、周辺的なものとして語っているのです。

知性は普遍を認識するのみならず(これは抽象的知性理解にも妥当する。これについてはアリストテレスも論じていた。というのも、それだけが科学的なものだからである)、感覚が認識するものを直観的に認識する。

(スコトゥス『オルディナチオ』四巻四五篇三問)

この文章は後期中世哲学に途方もない影響を与えたとされています。知性は物質的事物(可感的事物)を直観するというのです。そして、オッカムは二度も、以上の箇所を長く引用し、そして、直観的知性認識についての自分の見解が「新奇なものとして弾劾されることはないでしょう」(オッカム『オルディナチオ』序文)と釈明のための傍証として用いているほどなのです。

知性認識は抽象理論においては媒介的なものです。そして、普遍は媒介的なものとしてあります。知性による直接的認識が可能だとすることは構図を大きく変えてしまいかねません。

照明説や可知的形象に代わって、直観的認識を提出するとき、媒介の問題はどうなってしまうのでしょう。照明説も形象説も媒介を論じていました。直観的認識は直接的な、無媒介の次元に認識の営為の基礎を措定します。一見すると、媒介の問題が跨れてしまっているように見えます。しかし、スコトゥスが見抜いていたのは、照明説や形象説においては、媒介が媒介としての機能を果たしていないことをではないでしょうか。媒介を僭称する媒介は不要なのです。媒介が媒介として機能していなければ、そのようなものは不要であり、直接性を明示すべきではないでしょうか。

スコトゥスは『デ・アニマ問題集』第二二問において、「個物は人間知性によって自体的に知解可能か」という問いを扱っています。そこでは、明らかにトマス説を批判した後で、スコトゥスの直観的認識の理論が展開されています。トマス説は人間知性は現世においては個物を直接認識はできない立場であるとそこでは整理されます。つまり、知性は質料的条件を抽象することで、普遍を認識するもので、このように認識される普遍こそ人間知性の本来的な(primo)認識対象であるというのです。そしてその際、知性は個体を直接にではなく、あくまで反省によって(per reflexionem)認識できるにすぎないと整理されるのです。これはどういうことでしょうか。個物から、質料的条件を伴った表象像(phantasma)を知性は受容します。しかし、そこから質料的条件の抽象を行い、普遍を認識するのですが、質料的条件を除外しなければ、個体を認識できるということです。知性に至る認識の過程において、排去された条件を取り戻すべく、認識の道を戻ることが反省(reflexio)なのです。そして人間知性は、表象像へと振り返ることによって個物を認識する(convertendo se ad phantasma, intelligit singulare)というのが、トマス説による個体認識であるとスコトゥスはまとめています。なお、ここで「本来的(primo)」という用語が出てきました。この用語は決定的に重要でありながら、多義的で分かりにくい用語です、これについては先に送りましょう。

このようにトマスでは個体は媒介物を通して、間接的に認識されるとされます。ところがスコトゥスは、個物は直接的に認識できると考えるのです。この直接的に(directe)というのが曲者です。それは、因果的連鎖を断ち切るということなのでしょうか。あるいは、直接的ということは神の力を借りて、とか照明によってということなのでしょうか。もちろん、そんなはずはありません。直接性は因果連鎖と両立します。それらは相互に必要条件とはしないと考えると分かりやすいでしょう。直観的に理解するためには、次のように考えればよいでしょう。冬がくるのに雪が降る必要はありません。雪が降らなくても降ったとしても冬は冬です。そして、春にも雪は降りますから、雪が降ったことで冬にはなりません。つまり、冬と雪は両立しています。

スコトゥスにおいては、対象が現実存在において現前する場合に成立するのが直観的認識であるとされます。これはオッカムにも継承された考えです。そして、現実存在から抽象されたものとして対象を認識する場合が、抽象的認識とされます。過去や未来にあるもの、あるいは対象が現前していたにしてもそれを現実に感覚していないままで、認識していれば抽象的認識になります。存在しているかどうかとは無関係に成り立つのが、抽象的認識なのです。

対象が現前していれば直観的認識であり、対象が非現前であれば、抽象的認識であるといってもよいでしょう。しかしながら、現前は必ずしも一義的ではありません。後の時代の分類では、物理的現前(praesentia physica)と志向的現前(praesentia intentionalis)というのがあります。物理的現前は、対象が外部に客観的に存在していることです。しかし、対象を無視することもできますから、物理的に現前していても、直観的認識が成立しているとは限りません。心に思い浮かんでいなければならないのです。この心に思い浮かんでいることが「志向的現前」です。スコトゥスは、直観的認識という場合、この両者の契機を双方共に考えていたようです。

スコトゥスは直観的認識を語る場合、直接的に(directe)ということを強調します。トマス理論では、表象像を介したり、振り返り(conversio)などが必要であり、個体の認識は知の根拠にはそれ自体ではなりにくいのです。とすれば、スコトゥスは認識理論の基礎として、直観的認識を立てたのではないのかもしれません。そしてそれは、多くのスコトゥス研究者が指摘することでもあります。至福直観に至るための可能性を示すことを目指す理論であったと考える方がよいのかもしれません。

この「直接的に」ということを、志向的現前＝心的現前と解すれば、オッカムのように、現実に存在していないものについても直観的認識は成立する、ということになります。オッカムは神の絶対的能力を持ちだして、その正当性を主張しますが、それほど大がかりな議論なしにも主張できるように思われます。認識する主観の内部に留まる限り、物理的現前と志向的現前の両方を同じような確実さで知ることは原理的にできません。認識に与えられるのは、物自体ではなく、現象にすぎないという言い方をしてもよいでしょう。オッカムは、認識理論として直観的認識を吟味したがゆえに、そこまで考えを押しすすめたのですが、スコトゥスはその手前で止まっています。

スコトゥスは、『デ・アニマ問題集』第二二問において、テーゼを三つほど提出し、その後で「いかにして個物が認識されるか」を論じています。

a　個物はそれ自体で人間によって知解可能である(Singulare est a nobis intelligibile secundum se)。

b　個物は現世の人間にとって知解可能である(Singulare est a nobis intelligibile pro statu isto)。

c　いかなる人間の認識能力も個体を固有の相において(sub propria ratione singularitatis)認識することはできない。

自体的に認識できないものはいかなる知性も認識できませんが、神や天使の知性は認識できますから、自体的には知解可能であることになります。これは形式的な議論ですが、スコトゥスはさらに、「個物が普遍に付加するものは個体性の度(gradus singularitatis)でしかない。したがって個物は、個物に含まれる普遍性の観点において、知性的存在者から排除されてしまうわけではないし、また個体性の度という観点においても排除されない」と付け加えています。

現世において認識可能だという論点で興味深いのは、ヨハネの第一の手紙の「目に見える兄弟を愛さない者は、目に見えない神を愛することはできません」(四章20節)の箇所が引用されていることです。個体を愛する場合には、普遍的な認識では不十分なのです。

しかしながら、スコトゥスは個体性を現世にあるかぎり本来的な相で認識することはできないと述べます。というのは、見分けられないほど相似たもの、たとえば大きさや色においてそっくりな形が与えられれば、知性も感性も見分けられず、同じ一つのものと判断してしまいます。その場合、固有の相で個体性を認識してはいないのです。

その後に、「個物はどのように知解されるか」が論じられています。ここでは個体認識が三段階で説明されます。第一段階においては、「ある人(aliquis homo)」というように認識し、第二段階では、知性は絶対的な仕方で本性を表現する(repraesentat naturam absolute)ことになります。第三番目には、その絶対的な本性を、個体性に限定する個別的状況へと認識の方向を逆向きにして適用することで(reflectendo considerationem naturae ad circumstantias signatas ad ipsam)、特定の個体を認識することができることになる、とスコトゥスは述べます。つまり、今ここにあるもので、特定の形と大きさと色を持ったものとして認識するというのです。

スコトゥスがここで述べようとしていることは、私の理解では次のようになります。個体としての個体(singulare ut singulare）は作動原理（ratio agendi）ではなく、共通本性こそ作動原理であるということです。つまり、実在的作用において、産出された結果か、産出する原因に類似しますが、それは個体性においてではなく、共通本性においてなのです。認識においては形象（species）が介在しますが、形象は共通本性の類似性であり、個体性の類似性ではないのです。これは、作用において伝達されるのは、類似性であり、個別性は産出されることはあっても、自ら産出する能動的な原理ではない、と言い換えることもできます。さらに、作用者は受動者が自らに類似したものとなることを意図する（agens intendit assimilare patiens sibi）と説明する場合もあります。

「このもの性」を現世の人間知性は認識できませんが、どこまでもそこに近づくことはできますし、このもの性の認識可能性は与えられています。至福者の知性や、神や天使の知性を持ち出すのは、自体的には（secundum se）可能であることを示すため、現実には与えられないとしても、理念のようなものとして与えられ、可能であることを示すためなのです。

トマス的な抽象理論においては、物質的事物―可感的形象―［外的感覚］―表象像［内的感覚］―［能動知性］可知的形象―［受動知性］といったような因果的な連鎖を考えることができます。ヘンリクスは、可知的形象を否定しました。スコトゥスは、ヘンリクスほど極端ではないとしても、形象の存在を必要とは考えずに、直接的認識としての直観的認識を立てました。オッカムもまた、可知的形象を否定し、スコトゥスの直観的認識を押し進めました。この流れは、個体に関する直接的認識に強調点を打つ系譜です。そして、これは因果的連鎖を断ち切る流れと考えられてきました。ここで、形象否定説は因果性の否定なのでしょうか。媒介としての形象が無効であるという説明は、必ずしも無媒介の認識論を主張することにはつながりません。不必要なものを無駄に措定する必要はありませんが、媒介を理論に組み込まないことと、媒介の存在を否定することとは別個のことです。

直観的認識を個体認識との結びつきで捉えるのは、オッカム以降に主流となる経験主義的な認識論への流れを前提しているからです。スコトゥスの直観的認識は、認識論としては詰めが甘いと指摘されることが多いのです。スコトゥスの直観的認識が、何よりも至福直観の理論的説明として立てられていたこと、そしてこの至福直観が、人間本性の内に備わった条件の自然的な享受としてあること、人間の自然的本性を破壊するものでもないことを示すことにあったという点は改めて強調しておくべきことでしょう。直観的認識は、直接的認識の枠組みですが、その際の直接性は因果連関を破壊するのではなく、因果連関を必要条件にしないということだった、と私は思います。

存在の一義性は、神は現世の人間知性によって自然的に認識可能かという問題設定の中で論じられていました。スコトゥスの立場は、人間知性は現世において自然的に神を認識可能とする立場で、そのことの前提となるのが存在の一義性でした。この直観的認識の枠組みも、神の自然的認識、しかも直接的な対面的な認識の可能性を示すためのものでした。これは、フランシスコが人間として聖痕を受けたことと無関係のはずがありません。

存在の一義性が、この世の人間知性による神の自然的認識と関連して論じられていることを見ても分かるとおり、存在の一義性、神の自然的認識、対面的認識、直観、愛、意志などは一つの系をなすものなのです。

第二章　主意主義という問題

スコトゥスの倫理学は、主意主義と見なされてきました。知性に対する意志の先行性ということですが、これは何を意味しているのでしょうか。スコトゥスの直観的認識は、認識論の基礎概念というよりも、愛や享受に結びつくもので、意志的作用とつながります。そして、すぐ後に見るように、一二七〇年と七七年のタンピエによる弾圧は、当時パリ大学に広がっていたアリストテレス主義、論理学重視主義、主知主義的傾向への反撥から、主意主義への傾向を発揮したものでした。トマス・アクィナス※の思想も、主知主義的側面を否定しがたく、強く有していましたから、優勢になりつつあるトマス主義へのさまざまな方面からの反撥もあって、均衡の針は主意主義に傾いたのです。

アウグスティヌス主義は、アリストテレス主義に比べれば意志や愛を重視しますから、主意主義的に思えますが、極端な主意主義が異端に陥りやすいことは目に見えていました。主意主義を盲目的な熱狂に陥れないためには、知性的な抑制が必要でしょう。神秘主義や熱狂は危険なのです。そして、主知主義もまた危険なのです。一二八〇年以降の流れはそういった危うい均衡の中で進んでいきました。スコトゥスもまたそういう流れの中で、一方的な主意主義を主張できるほど、ナイーブな神学者であったはずがありません。

スコトゥスを極端な主意主義者と捉えるのが誤った、一面的な捉え方であることはすぐに分かってくることです。もちろん、スコトゥスの立場が主意主義の対極である主知主義かといえば、それも正しくはありません。実は、彼は主意主義と主知主義の中間に位置しています。スコトゥス自身、自分の立場をそのように述べていますから。では、その中間的な立場とはどういうものでしょうか。たいていの中間的立場とは、曖昧で中途半端なことが多いのですから。

さて、「主意主義(voluntarism)」という語を説明もなしに使い始めました。主意主義に対立するのが、「主知主義(intellectualism)」ですが、主知主義の方は、「合理主義・理性主義(rationalism)」と同じような意味と採れば、少しは理解しやすいでしょう。

理性とは、本来は論理や計算を司る思考能力で、理屈を追求する能力でした。理性は、近代になってこそ評価されるようになりますが、中世ではあまり高く評価される能力ではありませんでした。他方、知性は、理性より高い認識能力でした。知性(intellectus)の語源に見られるintelligereとは、inter(内部)をlegere(読む)ということで、事物の本質を見抜く直観的能力と考えられていました。理性は事物の表面をなぞるだけですが、知性は事物の内部にまで入り込むのです。理性が理念を対象とする高次の能力になり、知性の方が平板な能力に転じるのは、一八世紀のことなのです。

さて、主知主義はともかく、主意主義とは何を意味するのでしょうか。中世において、知性と意志の関係は、知性が事物の善悪や真理を考量し、意志は知性の分別に基づいて、選択し行動にもたらすと考えられていました。意志は、選択し、現実化する能力と考えられていたわけです。

テキストを読んでみれば、スコトゥスは主意主義と主知主義の中間に道を採り、意志を理性的能力として捉えていたことはすぐに分かります。極端な主意主義者どころか、主知主義者といえるようなところがあるのです。

ここでは、スコトゥスのいわゆる「主意主義」——ここではスコトゥスに「主意主義者」の看板を担い続けてもらいます——の具体的な姿と、その「主意主義」の目指す行き先、存在の一義性との関連を突き止めてみたいと思います。そういった全体の連関が見えなければ、「主意主義」という規定だけが浮上することになりかねません。

「主意主義」も「主知主義」もかなり曖昧な言葉で、しかも一九世紀以降の単純化された哲学史的整理が過去に投影されて、仮現しているにすぎない事態のようにも見えます。人間の意志的行為において、知性が先行するか意志が先行するか、というような問いは問題を単純化しすぎているようにも見えます。どちらの選択肢を選んだとしても、賢いとはいえないでしょう。ところが、中世では似たような論題が扱われ、肯定否定の論が戦わされました。ですから、中世では主知主義と主意主義との間の激しい議論があったと整理できそうにも思えます。しかし、現在のディベートでもそうですが、議論の訓練を行う場合には旗幟鮮明にして論じることが必要です。そういう点への考慮なしに、中世の思想家を標本箱に収めるかのように分類するのは奇妙なことです。主意主義と主知主義のどちらが正しいかとか、ある思想家がどちらの立場を選択したかなどは決定的なことではないのです。勝ち負けを決めたい人は、ある思想家の最終的な決断がどこにあったか、白黒をつけようとします。それは勝負史観なのです。

ここで、一三世紀後半の知的状況について予め少しだけ述べておきます。一二七〇年と七七年のタンピエによる弾圧によって、パリ大学ではさまざまな思想動向が抑圧されました。歴史的な評価はいろいろですが、私としては、パリ大学の特定の派閥を狙った弾圧という側面もありながら、それと同時にこれにはパリ大学で生じていたさまざまな望ましくない知的雰囲気への予防的訓戒という側面もあったと思います。

学生の生活習慣の堕落と性的倫理の放縦、神学部を席捲しようとしていたトマス主義への警戒心、占星術好み、神学をないがしろにして論理学に関心を持つ学生の増加、アリストテレスとアヴェロエス※ばかり読もうとする風潮、そういう雑多な傾向への注意書きがあの弾圧だったのだと思われます。ほとんど拙速といえるような短時間で、しかも一貫した方針もないまま、首尾一貫性も欠いたまま集められた諸命題は、ある意味で野合の凝塊だったのでしょう。主知主義と主意主義の目盛りがあるとすれば、その中立的な均衡点で弾圧が生じたのではなく、かなり主意主義の側に針が傾いたところで生じたのです。そこでの主たる典拠となったのが、アウグスティヌスとアヴィセンナ※でした。弾圧命題の作成の中心人物がガンのヘンリクスで、彼が「アヴィセンナ的アウグスティヌス主義」の中心人物とされる以上、これは実に当然のことなのです。我々は天使の営みとして哲学史を学ぶのではなく、勢力争いや、特定勢力の印として用いられる典拠の種類にも注意を払うべきなのです。

さて、このような知的状況の整理を踏まえて、スコトゥスの主意主義を見ていきましょう。スコトゥスの主意主義をめぐるテキストは、その主要なものが、ウォルターが編集・翻訳した『ドゥンス・スコトゥス――意志と道徳について』(一九八六年)に収められています。主だったものは、『形而上学問題集』第九巻第一五問と、『オルディナチオ』第四巻付録第四九篇第九・一〇問です。スコトゥスの主意主義を語る場合には、ウォルターのこのアンソロジーに触れるしかないのですが、テキストの中身まで触れざるをえないのは、スコトゥスの思想の変遷を考える場合に、その主要テキストをいかに配列するかが問題となってくるという事情によります。実は三つの主たるテキストがあります。ウォルターの訳書に含まれているのもその三つです。

a　『形而上学問題集』第九巻第一五問
b　『オルディナチオ』第四巻付録第四九篇第九・一〇問
c　『レクトゥラ』第二巻第二五篇

それぞれ簡単に特徴を述べておくと、aでは、意志が理性的能力であること、最高善が提示されてもそれを必然的に欲求するわけではないこと、そして意志の自己原因性が強調されています。bでは、自然本性としての意志と自由な欲求としての意志の違いが強調され、至福でさえも自由に欲求するのであるという論点が目立ちます。そして、cにおいては、フォンテーヌのゴドフレイ※の主知主義とヘンリクスの主意主義の両者が分析され、両者の中間的な立場を採ることが述べられています。三つのそれぞれが異なったことを主張しているとは限らないのですが、それにしてもそれら相互の関連は見えにくいのです。

『レクトゥラ』第二巻第二五篇における、意志の問題も問題をはらんでいます。テキストに混乱が生じ、ウォディング版に収められたのは、弟子のアニックのウィリアム※によるもので「大増補(Additiones magnae)」といわれました。スコトゥス自身が書いた部分は、「第二増補(Additiones secundae)」といわれるものです。スコトゥスは極端な主意主義者と整理されてきましたが、そうではないのです。ただ、意志を重視していることは確かで、穏やかな主意主義者とはいえそうです。具体的に見ていきましょう。

さて、主意主義とは、意志の知性に対する優位を主張する立場と整理されるのですが、その優位とは何のことなのでしょうか。知性とは、飛行機の自動運転装置のようなものです。自動運転装置の指示に従わないのは特殊な場合です。意志とは、知性に対立したり対立しなかったりする能力なのでしょうか。いや、その程度の役割しか持たないものなのでしょうか。知性だけが合理的で、意志は合理的ではないということなのでしょうか。

意志とは盲目的に働くものではありません。意志は、知性が意志に対象を呈示しないかぎり、自己を動かすことはできません。つまり、現実作用に向かうように自己を決定することができないのです。これは、「予め認識されていないかぎり、意志されることはない(nihil volitum quin praecognitum)」という格率がありますが、スコトゥスもこれに従っているということです。意志作用には必ず知性作用が先行しているのです。

すると、そこから知性作用は意志作用に先行するだけでなく、意志作用の原因であるという立場が現れます。表象像の中の対象がそれだと考えたのが、フォンテーヌのゴドフレイで、知性の中の対象であると捉えたのが、トマスとヘンリクス※でした。これら両者の立場は、スコトゥスによると、意志が外的作用者によって動かされていると考える点では共通しているということになります。

しかし同時に、スコトゥスは意志は自らを動かすことが可能であると考えています。アリストテレスの教義の中には、「動かされるものはすべて他のものによって動かされる(Omne quod movetur, movetur ab alio.)」というのがありました。これは、被造物の自己運動を否定する原理です。これは本来、自然学で用いられていたものですが、中世においては、神学的場面にも拡大適用されて、神以外のものはすべて、究極的に神によって生み出され、神から力を得ているという思想と結びつくようになりました。そうなると、人間に自由は否定されることになります。また、意志は自発的に働くのではなく、知性や何ものかによって決定されているということになります。

1　意志と知性

主知主義と主意主義の間にあるのは、穏やかな知的空間なのでしょうか。「主意主義」という言葉の背後にある激しい敵対心と憎悪を読み取る必要があると思われます。主意主義という構えは、アリストテレスという錦の御旗に守られた潮流への激しい対立なのです。タンピエの弾圧には、そういったものの噴出が感じられます。

争点が、知性と意志の優先権というだけでは、机上の概念パズルにしか見えません。知性と意志を競合させるということ自体が奇妙なことですが、どちらに優先権を与えるかということが論じられてきた、と哲学史では整理されます。アリストテレスにしても、知性と意志は競合し合うものではありませんでしたが、主知主義と整理されることが多いようです。ストア派は、意志によって情念を抑える立場ですので、主意主義に位置づけられたりしますが、情念を認識と捉えるのですから、主知主義の方が正しい整理のようにも見えます。いずれにしても、主知主義と主意主義という図式そのものが近代的なものに思えるのです。

ともかくも、中世における知性と意志の対立は平明な対立のようでいて実に奥が深く、激しい感情が込められていることに気づくべきなのです。一三世紀における自由と意志の問題については膨大な文献があります。ロタンの『一二・一三世紀の心理学と道徳論』(全六巻、一九四二―六〇年)という浩瀚な書物にも、ここの問題をめぐる小さく激しい炎があります。スコトゥスの主意主義を扱った研究書も少なくはありません。にもかかわらず、一三世紀の主意主義をめぐる議論は分かりにくいのです。取り組もうとする意欲をそぐほどの量の文献があることも理由の一つです。

さて、一三世紀後半には意志の役割を強調する立場が続々と現れてきます。ブリュージュのウォルターは最初期に属する思想家で、トマスの主知主義的な傾向に反して、主意主義的な立場を表明します。彼は「意志がすべてを支配する(voluntas omnibus praesidet.)」と述べたり、また精神を宇宙になぞらえて、小宇宙(minor mundus)と名づけ、そして意志こそ普遍的な動者(universalis motor)であるとも語っています。「視覚が純粋に受動的な能力であるのに対し、意志はより能動的で支配的で自由な(activa vel potestativa et libera)ものであり、欲しない限り対象から受容することはない」ともしています。

意志を強調した思想家で、スコトゥスにも大きな影響を及ぼしたのは、直観的認識についての節でもやや詳しく紹介したペトルス・ヨハネス・オリヴィです。ハンナ・アーレントの『精神の生活』にも、オリヴィへの言及がありますが、そこで触れられているものも「意志はすべての被造物を凌駕する(Voluntas transcendit omne creatum)」とか、「自由より高貴なものはない(nihil est nobilius libertate)」といったような、強い主意主義的な言明が目立ちます。一三世紀の後半には、アリストテレス主義の流れをひく主知主義的な傾向もありましたが、意志を強調する立場の方が目立つのです。

主知主義に関して、スコトゥスがこだわった論点には次のようなものがあります。

欲求の対象は欲求の内に運動を引き起こす。意志とは理性的という限定はつくにしろ、欲求であることには変わりがないので、対象によって動かされると考えられる。その際、対象は自ら動いて欲求の運動を引き起こすわけではないので、比喩的に(metaphorice)動かすだけでしかない、という批判が当然考えられる。「愛されるものは愛するものを動かす」というギリシア以来のテーゼでは、「不動の動者」が考えられていたが、そこにあるのは、自らは動くことなく、他者を動かすという発想であった。欲求の対象においても、これと同じではないかと考えられる。

しかし、この点に関しては、たとえば以下のような反論がフォンテーヌのゴドフレイから出されました。

もし、意志が対象によって動かされるのではないとすると、自ら欲求作用へと自分を動かすことになるが、そうなると動かす者と動かされる者が事物として(realiter)同一になってしまう。しかし、同じ者が対立する関係(oppositae relationes)を持つことは奇妙である。ゆえに意志が自らを動かすことはない、と。

意志が知性に優先し、能動的な作用であり、自己運動であるとすることは、そこに自己関係や自己原因を見出すことを意味しますが、この考えは中世ではなかなか受け容れられなかったのです。自己原因であれば、同一のものが動かすと同時に動かされるものである必要がありますが、それは認められなかったのです。これは主意主義をめぐる問題の中心的な論点で、この点の解決のために、ヘンリクスもスコトゥスも独自の枠組みを提出します。

これについてはまた後に詳しく論じるとして、いったん話を戻します。

スコトゥスによれば、主知主義の立場とは、意志作用における作用の全体原因は意志の対象に由来する(tota causa actualitatis in actu voluntatis est ex parte obiecti voluntatis)、または、意志作用についてはすべての力は認識対象のうちにある(tota vis est in obiecto cognito respectu actus voluntatis)とする考え方だということになります。この立場に立てば、認識の対象となるのは、事物そのものというよりも、認識された限りでの対象、表象像(phantasma)などといわれます。そして、この主知主義的な見解への批判は、それでは基本的に意志の自由を損なうことになるというもので、この点においては共通していると思われます。

他方、スコトゥスが主意主義の代表として挙げるのが、ヘンリクスです。既に見たように、ブリュージュのウォルターやオリヴィのような主意主義者はいましたし、スコトゥス自身ほかの主意主義者にも言及していますが、しかし重要なのはヘンリクスだというのです。スコトゥスにおいては、知性と意志の関係をめぐって、主知主義者ゴドフレイへの批判は必ず登場しますが、しかし主たる矛先はヘンリクスに向けられているのです。

ヘンリクスの立場は、意志のみが意志作用に関して起成因(causa effectiva)であり、認識の対象は必要条件(causa sine qua non)でしかない、というものです。知性が行う知解作用とは、障害の除去(amotio impedimenti)でしかないと考えるわけです。もちろん、対象が知性において認識されていなければ、欲求が発動することはありませんが、そこにおける知性の関わりは消極的なものとなります。意志は常に、それ自体で(de se)意志することができるというのです。というのも、意志が王のような位置に、つまり上位にある(superior)とすれば、上位の能力が下位の能力に邪魔されることはない以上、意志が知解作用を行っていないとされることで何ら妨げられることはなく、意志作用を発することができることになります。腐っているから食べない方がよいと知性が命じているものを、食べたらおいしかったというようなことはこの世にたくさんあります。知性的に判断すれば食べない方がよいものを、人類は食べて死んでみたり、またそれに美味を見つけたりしてきました。意志が盲目の欲求であることはよいことかもしれないのです。かつての主意主義では、知性は「相談役」の役割を与えられていたということなのです。

主意主義には、現代的な意味が乏しいようにも思えます。ここで、スコトゥスの主意主義に、半端ではない傾倒を示した現代思想家として、アーレントに登場してもらいましょう（ハンナ・アーレント『精神の生活』佐藤和夫訳、岩波書店、上下、一九九四年）。

人間の精神の中で、それ自身の限界を越えることを可能にしているもの、絶対的有限性を越えることを可能にしているものはいったい何なのか。そしてこの問いに対するスコトゥスの答えは、アクィナスの場合と違って、意志なのである。（邦訳下、一五五頁）

「知る」とは、根拠を持って認識することです。根拠もなしに、対象に関わる典型的な場合に、「信じる」「愛する」「希望を持つ」ということがあります。近代とは、「信じる」ことの暴虐さゆえに、根拠なしには信じようとしなくなった時代なのでしょう。

それはともかくとして、有限性の内部において成立する理法を「自然」と呼ぶのは奇妙なことではないでしょう。そして、アーレントの理解において特徴的なのは「超越」が強調されていることです。人間には、所与のものを超越することのできる、つまり存在という事実さえ超越することのできる精神能力がある、そして人間は自分自身を超越することさえできるように見える、とアーレントは考えます。

人間の知性は、あくまで自然的であり、「自然」の地平に拘束されています。自然ということには、矛盾律や排中律も含まれます。したがって知性は、同時に理解し、かつ理解しないということは不可能なのです。しかし、意志の場合は事情が違います。我々は愛しかつ憎むことも、愛しながら愛さないこともごく簡単にできます。「意志は自然を越えることができる、これが肝心な点なのである」とアーレントが強調するように、スコトゥスにおいて自由に対立するものは「自然」なのであり、このことが要になります。

スコトゥスの主意主義について考える場合、彼が意志を二つに区別していたことを忘れてはなりませんし、これを見過ごすと大いなる誤解に陥ってしまいます。スコトゥスは、自然としての意志(voluntas ut natura)と、自由意志(voluntas ut libera)とを区別していました。前者は、自然的傾向性に従うものであり、欲望だけでなく理性によっても促進されるものです。後者の自由意志は、あらかじめ定められた目的に対する適切な手段を選ぶ自由にすぎない〝自由選択〟(liberum arbitrium)とは異なって、自己目的として追求される目標を自由に定めるものです。

こういった意志の区別は、煩瑣に見えますが、アーレントの「彼の本格的な仕事のすべてを貫いている建設的思考への情熱」だという指摘は重要です。

そして次の一節には、いかにもアーレントらしい響きが感じられます。

> ともかく、意志の自由というからにはすべての対象に対して自由であるということである。人間は「神を憎んでその憎悪に満足する」こともできるのであるが、それはすべての意志の働きには快楽(delectatio)が伴うからである。すでに人間の本性によって与えられているというだけの理由であらかじめ決定されている目的——エウダイモニア(eudaimonia)・ベアティトゥド(beatitudo)・浄福——のために手段を選ぶというこ

とに意志の自由があるのではない。なんであれ目の前のものを自由に肯定したり否定したり憎んだりすることにあるのである。

（邦訳下、一六四頁）

『精神の生活』においてアーレントは、主意主義の方により強く荷担しているように見えます。意志の力を強調し、「人間の精神の奇蹟は、意志の力によってすべてを超越することができるということであり（オリヴィの言い方では voluntas transcendit omne creatum）、人間が神の似像として作られたことの証とはこのことなのである」と主意主義の名にふさわしくオリヴィまで引用しています。

意志する自我が、「あなたを所有したい」とか「あなたを支配したい」と言うのではなく、最高の表現で「私はあなたを愛している。あなたが存在することを私は欲する（Amo: Volo ut sis.）」と言うのであれば、神が人間を愛するであろうように、意志する自我は人を愛することができることを示したことになるであろう。

（邦訳下、一六四頁）

「私はあなたを愛している。あなたが存在することを私は欲する（Amo: Volo ut sis.）」は、アレントの学位請求論文『アウグスティヌスにおける愛の概念』以来、彼女の哲学の中心軸です。ここには半ば以上、ハイデガーへの呼びかけが響き続けています。ハイデガーとの関係はともかくとして、ここでは知性は自然の後につき従い、それを把捉しようと努める。意志は自然と対立し、事実を越えて歩み出るという対比が打ち出されています。

アーレントの読みは、スコトゥス研究としては時代遅れのところもありますが、そのスコトゥスへのオマージュは、私にとって強い推進力となりました。

2　中世における意志の問題

意志と知性の関係を考える上で、主知主義と主意主義という対は、整理としては明確ですが、それぞれの内容が理解しにくいという難点があります。私にとっても、哲学史を学ぶ際、主知主義も主意主義も分かりにくいものでした。辞典で調べても分かりにくく、哲学史においても典型的な主張はなかなか登場しません。意志と知性とで、そのいずれが優勢かという問い方自体、理解できないことでした。どちらが優勢かというより、両者の協力関係において「判断」がなされるのではないかとばかり、私は思っていましたから。

当然、中世においてもいずれが優勢か、などと単純に問題が立てられるわけもありません。討論の題目としてそのように問題が設定されれば、どちらか一方で話を進める必要はありますから、どちらかに傾斜することはあるとしても、単純に一方を選択できるはずもありません。スコトゥス自身、この問題に対しては、中間の立場をとると述べています。普遍論争でもそうですが、中間的な立場しかとりようがないのです。極端な立場で説得力のある理論が提出できるのでしたら、問題として成立するはずがありません。

主意主義の問題を考える場合には、問題状況として、タンピエの大弾圧を考える必要があります。タンピエの大弾圧は、知性と意志の関連に関わる論題を数多く含んでいます。一二七〇年の弾圧の際に登場した審問の項目には、「人間の意志は必然的に意志し、あるいは選択する」、「自由意思は受動的能力であって能動的能力ではない。自由意思は欲求されうるものによって必然的に動かされる」というように二つの項目が含まれています。項目のすべては一三ですから、占める割合を考えてもこの点に大きな比重の与えられていることが分かります。

アリストテレスの格率に「動かされるものはすべて他のものによって動かされる(Omne quod movetur,

movetur ab alio)」というのがあります。これは自然学の原理なのですが、人間にも適用されることが少なくありません。

意志とは自ら動くものです。しかし、全面的にではありません。神の恩寵や摂理や予知などによって動かされるので、人間の意志は完全な自由を謳歌できるはずもありません。もちろん、すべてが決定されていても、完全な自由は可能であるという立場もありえますから(たとえば、スピノザのように)、慎重に表現する必要はありますが、一方で意志は自ら動くということは否定できません。

一二七七年の大弾圧では、審問の項目は二一九に増加し、その中で人間の意志に関するものはほぼ二〇個を数えられます。やはり、意志の問題が大きな比重を占めています。意志に直接関わる項目としては六つほどありますが、特に以下の二つは関わりが深いと思われます。

一五一　霊魂は他のものによって動かされなければ何ものも意志しない。それゆえ、霊魂が自ら意志するというのは誤りである。

一六九　情念と個別的知識とが現実態においてあり続ける限り、意志はそれに反して働くことはできない。

特に問題としたいのは、一五一です。「霊魂は他のものによって動かされなければ何ものも意志しない」という考えが批判されているのでしょうか。これについては、「あらかじめ認識されていなければ何ものも意志されない(Nihil volitum quin praecognitum)」という格率が受容されていましたから、大筋で妥当な主張といえます。また、「霊魂が自ら意志するというのは誤りである」という主張に対しては、「意志は自ら意志する」と主張した人はいますが、そちらの方が誤りであるという主張も成り立ちます。いずれについても異端とは言い難いところがあります。しかしながら、二つの命題が「それゆえ(unde)」で結びつけられると異端になってしまうのです。

精神の意志作用には、精神以外の事物や機能も関わってきます。それを部分的原因(causa partialis)といえば、意志作用には数多くの部分的原因が関与してくることになります。それらは必要条件となっているのです。しかしだからといって、そこから精神の意志作用の自己決定が否定されることにはなりません。意志作用に、精神以外の原因が関与してきたとしても、精神が意志する際に、自ら原因であることを止めることはないのです。

時代の流れにおいて、主意主義が選択されるしかなかったということもあるでしょう。その際、スコトゥスの主意主義は、「意志において、意志作用の全体的原因となるものは意志以外にはありえない」という命題によって理解され、その結果、極端な主意主義として捉えられてしまいました。意志が意志作用の全体的原因であるというのは、意志だけで意志作用を引き起こしうるということですから。

しかし、この命題には続きがあります。「意志において、意志作用の全体的原因となるものは意志以外にはありえない。意志が自由に意志作用を引き起こように自らを決定する場合には(Nihil aliud a voluntate potest esse totalis causa volitionis in voluntate secundum quod voluntas determinat se libere ad actum volendi causandum.)」というようにです。無条件に、意志が意志作用の全体的原因であると述べているのではないのです。「意志が自由に意志作用を引き起こように自らを決定する場合には」ということには、他の部分的原因がないということは含意されていません。

「自由」という言葉と類似したものに arbitrium liberum というのがあります。「自由意思」や「自由決定」と訳されたりします。特に「自由意思」と「意志の自由」という場合、「意思」と「意志」とは、概念としても似ていますし、日本語の読みも同じで、ほとんど同じ問題領域で登場しますから、きわめて混同されやすいものです。しかしながら、「意志」と「意思」では次元も対象領域も格式においてもずいぶん異なるのです。

「意思(arbitrium)」の元になったのは、裁判官(arbiter)の語です。裁判官は圧力に屈することなく自由に決定することができます。しかし、自由といっても、法の内部における自由であって、選択できる範囲はほぼ決まっているともいえます。そこでは「裁量」、つまり適当な量を定めるということが基本となります。「自由意思・自由決定」においては、量的な決定だけが考えられているのではありません。与えられた選択肢の中から選択可能ということであって、すべての中から選択肢を選べるということでありません。意志に与えられた「可能」は、無制約なものではないのです。スコトゥスは、「論理的可能」という概念を提出し、その概念の様相を拡張しました。しかしながら、意志は論理的可能の世界を蓋いはしないのです。

3　スコトゥスの主意主義

スコトゥスの主意主義の理解には、私も実に難渋しました。その狙いが理解しにくいのです。一三世紀後半のアリストテレス主義的な主知主義への反撥、フランシスコ会の伝統としてある愛の強調、意志の自由を損なうことへの反撥、アウグスティヌスの影響などをそこに見出すことはできます。そこまでは理解が容易です。分からないのは、ガンのヘンリクスとの関係です。そして、存在の一義性とどのように関連するのかということでした。存在の一義性との関連は別に述べるとして、ヘンリクスとの関連については、絡んだ糸を解きほぐすことができなかったのです。

ガンのヘンリクスが極端な主意主義者だったこと、そしてそれに対する批判的態度から、スコトゥスは意志は理性的なものだという論点を付加したということは分かります。スコトゥスにおいては、意志こそが理性的なのです。この点は大きな特徴と考えられます。『レクトゥラ』第二巻第二五問において、スコトゥスは、ゴドフレイ流の主知主義と、ヘンリクスの極端な主意主義の対立に関して、両者の中間の立場を選択すると述べています。

ここで分からなくなってくるのは、スコトゥスが意志の問題について、考えを変えたという見方があるということです。当初、主意主義的な立場を取っていたが、後に中間的な立場に移っていったと考えることもできます。テキストの年代確定が明確ではないため、どちらの立場が先行するのかを確定しにくいということもありますが、テキストの内容に幅があり、考えを変えたと解釈できるということもあるのです。考えを変えたのかどうかを知るためには、基準となる指標が必要になりますが、そこではヘンリクスとの位置関係がどのようであったか、それを知る必要が出てきます。スコトゥスとヘンリクスの立場はかなり近いものです。だからこそ、スコトゥスは意識的にヘンリクスとの思想的距離を意識しながら、自分の思想を織り上げたということがあります。この辺りのことも見きわめにくい点が数多くあるのですが、ここでは偶然性の強調と、意志作用における自己原因の強調、そして意志作用の理性的性格の強調を、スコトゥスの主意主義の特徴として挙げておきたいと思います。スコトゥスの主意主義については、暫定的な見通しを提出することできりをつけるしか手がないのです。

既に何度か触れてきた論点ですが、意志と知性という対立において、最初になされるべき区別は、自然本性と意志ということです。能力がそれ自体作用することが決まっていて、それ自体で捉える場合、外部から阻害されない限り、必ず作用に至る場合が、「自然本性(natura)」のあり方です。また、作用するように決定されておらず、特定の作用またはその反対の作用のいずれも実行可能で、また作用をなすのもなさないのも可能である場合、そこに意志のあり方が見られるというのです。

知性と意志という対立ではなく、自然本性と意志とが対立するということは重要な論点です。自然本性とは、直接の結果が現れてくる源泉のことであり、それについて理由や媒介項を探求しても意味がありません。「熱が熱する(Calidum calefacit)」という命題については、その理由を探しても仕方がないでしょう。「意志は意志する(Voluntas vult)」なども、これと同じような命題と考えられます。

知性は自然本性の中に含まれます。というのも知性は、それ自体で知性理解すべく決定されており、知性理解するかしないかを選択する力を持っていませんから。

スコトゥスの主意主義において分かりにくい点は、意志が自己決定する能力であるということなのです。「予め認識されたものしか意志の対象とはならない」というのは、スコトゥスも確認している前提です。にもかかわらず意志が自己決定できるということは、「意志において、意志作用の全体的原因となるものは、意志以外にはない(Nihil aliud a voluntate est causa totalis volitionis in voluntate.)」(『オルディナチオ』二巻二五篇一問)というスコトゥスのテーゼと結びつきますが、これには十分に注意が必要でしょう。

スコトゥスは多くのところで、意志はその自然本性において知性に依存すると語っています。スコトゥスは確かに、意志が自己決定できる能力であると述べていますが、このことを多くの人は誤って捉えてきたのです。自己決定とは、任意の決定とは異なります。自己決定とはただ、意志は決定する際には自由であることを意味しているのです。

スコトゥスの意志についての立場は「意志行為の全体的原因となるのは意志以外にはない」という箇所で代表されてきました。ここは、アーレントの『精神の生活』における意志の考察の文脈に引かれて、スコトゥスの主意主義の特徴を示すものとして言及されています。

この箇所については、弟子のアニックのウィリアムによる「大増補(Additiones magnae)」が残されており、スコトゥスの思想の変遷をうかがうことができます。スコトゥスは、意志以外の何ものかが、意志の原因であるのかについて、パリ大学で講義した頃は、意志こそ意志作用の全体的原因であると考え、対象は必要条件(causa sine qua non)でしかないと考えていましたが、オックスフォードではこの考えを退けたというのです。弟子のウィリアムは明確にそのように報告しています。これは、パリにいたときはヘンリクスに近い立場を取り、オックスフォードでは中間的な立場を取るようになったということでしょう。

意志作用を決定する起成因は表象像であると考える立場がありました(フォンテーヌのゴドフレイ)。また、意志を動かす原因は、知性によって認識された対象であると考える立場(トマス・アクィナス)もありましたが、いずれも意志は外的な作用によって動かされると考えていました。

スコトゥスは、対象が表象像として現前していようと知性の内に現前していようと、意志作用の起成因にはなりえないと論じました。自然的な作用者は、それ自体では、同一の主体の内で、相対立するものの原因とはなりえないと考えていたのです。ここに、重要な論点が隠されています。

自然本性と対立するものは自由です。意志と対立するものは自然本性なのです。自然本性は、それ自体の内に矛盾対立を包蔵することはありません。Aも～Aも両方可能であり、その両者が拮抗している場面で、意志の選択が働きます。～Aの方により大きな実在性がある場合、意志が呻きながら～Aを現実にもたらす必要はありません。

スコトゥスは、トマスやゴドフレイの主知主義的な傾向ばかりか、ヘンリクスの主意主義にも反対します。ですから、「大増補」の結論部分において、スコトゥスは意志作用の起成因を表象像といった対象と捉える立場も、意志作用の起成因は意志にほかならないとする立場も退けて、中間的な立場に立ちます。

> 私は中間的な見解をとる。つまり、意志と対象とが協力して意志作用を引き起こし、したがって意志作用は、起成因として意志と認識された対象との双方に基づく。
>
> (スコトゥス「第二増補」)

しかし、スコトゥスは対象(obiectum)が意志作用の原因であることに注意を払います。というのも、外的な事物が意志作用の原因であるということは、意志の自由と対立しかねないからです。右の引用箇所に続いて、次のように述べます。

しかし、このことは対象に関しては、いかにして成り立ちうるのだろうか。というのも、対象は抽象的存在しか持っておらず、能動的作用者がここにあって現実作用を行っている必要がある。したがって、私は次のように述べる。起成因となる本質のあり方をした意志と、対象を現実的に知性理解する知性とが協力し合って、意志作用を引き起こすのである。要約すると、対象を現実的に知性理解すること、そして同時に自由なる自然本性こそが、意志すること・意志しないことの原因(causa velle et nolle)であり、この点にこそ人間においても天使においても、自由決定(liberum arbitrium)が成り立っているのである。（同右）

意志と知性とが連立して、意志作用を引き起こしていると考えているわけですが、にもかかわらず、意志の方に優先権がある、とスコトゥスは述べます。

意志の方がより主要なる原因(causa principalior)であり、認識する本性はそれほどに主要なるものというわけではありません(minus principale)。というのは、対象を認識する本性は自然的作用者であり、それ自体に基づいても常に作用するものですが、しかしながら意志が協力するのでなければ、作用を発出するのに十分ではないからとされます。他方、意志の方は、他の事物を動かすのとは異なった仕方でだが、自分を動かすことができるから、と語られています。

要点のつかみにくい議論ですが、知性と意志は実在的に区別される二つの能力ではなく、形相的に区別される能力であり、一つの自然本性の別々のあり方と捉えられていて、その際、両者は機能において区別されるが、意志の方がそれ自体で自らを駆動できるという点で、優先性を有している、ということでしょう。

スコトゥスの主意主義を考える場合、「自然としての意志」と「自由なものとしての意志」という対比はやはり重要です。そして、その意志は理性的であり、相対立するもの双方に関わるのです。この意志は理性的であるということこそ、徹底的にこだわるべき点であるように思われます。

意志とは「理性的な欲求」であるというのが伝統的定義ですから、意志が理性的な能動原理であるというスコトゥスの強調は、あっさり通り過ごされてしまいそうです。しかし、そうではないと思います。そこには、Aまたは～Aのいずれについても、知性の側からの勧めに対して意志は中立的な態度を取り、どちらの方への傾きからも独立に選択することができるという立場を読み込むこともできます。こういう理解を、中立主義的理解（indifference theory）といいます。確かに、相対立するいずれに対しても、中立的に振る舞うことができれば、意志の独立性は保たれるように思います。しかし、それではなぜ理性的といえるのでしょうか。

理性的ということには、もちろんいろいろな解釈が可能ですが、ここではある行為に際して規則を与えられ、その規則に合致するように行為を選ぶということをモデルとして考えてみましょう。「朝、散歩をする」と「朝、散歩をしない」という選択肢が与えられ、「朝、散歩をすべきである」という規則が与えられたとします。その場合、朝に目を覚まして、散歩をするかしないかという二つの選択肢において、規則を守り、いや行為に規則を適用して散歩をするということがあります。この場合、規則は外部にあることになります。規則が外部にあるというのは、「散歩すべし」と「散歩する」こととの間に落差があって、それを埋める行為が規則を守ることになります。規則が内部にある場合には、「散歩すべし」は「散歩したい」ということになります。規則は欲求に転じています。「すべき」ことを「したい」と思うのが、社会的場面では「適応」と言われます。「したい」というよりも「せずにはいられない」というようになります。世間の内在化といってもよいでしょう。

意志とは理性的欲求といわれるように、あくまで欲求です。「……したい」という欲求です。生理的な欲求の場合は学習する必要はありませんが、理性的な欲求の場合は学習するしかありません。その際、理性的ということはどのように関わってくるのでしょうか。

そこで考えられるのは、与えられた規則を守るのではなく、自らに規則を与えるということに「理性的性格」を見出すということです。規則に従うことが理性的であるわけですが、自らに規則を与えることも理性的なのです。カントは「自律」をいいましたが、それも自分に規則を与える＝自己立法ということなのです。

自由であるということは、特定の道筋を一つしか選べないというのではなく、複数の道から選択できるということですが、自由と、複数の道からの選択と、理性的と、この三つの契機が合致することは、以上のように捉えるのが分かりやすいと思います。自己立法とは、スコトゥス解釈ではあまり指摘されませんが、「自己運動」というのと同じことです。

スコトゥスは、意志による決定を性格づけるために、二種類の非決定性を持ち出します。一方は、「不十分性による非決定性、言い換えると潜在性と現実性の不足による非決定性(indeterminatio insufficientiae, sive ex potentialitate et defectu actualitate)」で、もう一方は「過剰なる十分性による非決定性(indeterminatio superabundantis sufficientiae)」です。直訳では分かりにくいので、それぞれ簡単に「条件不足による非決定性」と、「条件過剰による非決定性」と言い換えた方が分かりやすいでしょう。後者は、一種の畳長性(redundancy)と考えることができます。スコトゥスが、このような分類を提示することで確認したかったのは、「非決定的なものが自らを限定することができる(indeterminatum potest se determinare.)」ということなのです。意志は「多くの事柄を選択可能な範囲に持っている(multos habere in virtute)のだが、意志はそれらのいずれにも決定されていないのである」(n. 44)。非決定ということが最初にあって、しかもそこでは外部からの決定が否定されているのです。

二種類の非決定があるのだが、第一の非決定に第二の非決定が付加されるならば、それ以上に完全なものは存在しない。そしてこのような種類の偶然性こそ、必然性よりも高貴なのである(Haec nobilior est contingentia necessitate.)。このような意志に帰せられる完全性が、被造的な能動原理に対立しないのであれば、意志こそ至高のものであり、そのような完全性が意志に認められるべきなのである。

(スコトゥス『形而上学問題集』九巻一五問)

スコトゥスは、二種類の非決定性を考えています。とりわけ、その一方の非決定性については、スコトゥスの立場は一貫しています。質料に見られるような非決定性で、受動的能力に読み取れるものです。特定の形相を受容するかしないかについては質料は中立的なのです。しかも、特定の形相によって現実的に存在するようになるといわれます。このような種類の非決定性は、非完全性の印と見なされています。

ところが、もう一方の非決定性については、スコトゥスの論述は揺れています。こちらの方は、ある特定のことを生み出すか、そうでないかが非決定なのではなく、全体として生み出すことは決まっているが、個々の項目については非決定だというのです。こちらの方は現実作用の欠如によるのではなく、完全性の充満によって(ex plenitudine perfectionis)生じるとスコトゥスは整理します。

A＝a＞b＞c＞d＞e＞……

これは、Aをなすことは決まっていても、それぞれについて非決定であることを表します。太陽が虫や植物を育てる場合という例が何度も出されています。これは多義的な作用者(agens aequivoce)に見られるもので、太陽の場合は腐敗によって生じるあらゆるものに、そして神の場合、あらゆる被造物に対して認められるといわれます。後者の場合は、完全性を備えており、しかも必然性と両立するというのです。

このように見てくることでスコトゥスの主意主義の様相が明確になったとはいえないでしょう。これについては、自らの思想を明確にするだけの時間が与えられていなかったという事情も考える必要があります。スコトゥスは四二歳で亡くなったのです。

ただ、意志作用が自己原因であり、同時に理性的なものであるということは、最後に確認しておくべきことだと思います。外部に規範や規則があるのではなく、自らが自身に拘束や強制を課すということは、やはり自らに自分で設定した法則を課す、つまり自己立法ということに近いように思えます。

スコトゥスの主意主義には、内面への眼差しと、無限なるものへの眼差しという二つの方向性が含まれます。この姿勢は、人間精神の心理学的な考察というよりは、自らの哲学の基本精神を表明したものと考えるべきなのです。意志を重視すること、しかも知性との優劣関係という次元を越えて意志を重視することは、主意主義の特徴を弱めながらも、スコトゥスの「心」を強く表現したものだと考えることができます。諸々の個体への直観的認識も、フランシスコ会に特徴的な小さいものへの愛も、無限性への志向も、意志の問題に収斂するところがあります。これは輻輳しているというべきか、中世的な「秩序づけ(ordinatio)」というべきか迷うところですが、意志が一つの要になっているのは確かなのです。知性に対する優劣が問題なのではなく、事実を越える規範性の起源が問題なのです。その意味でも、意志の問題の根底にある自己関係性は重要な論点なのです。自己関係性がすべてを解き明かす魔法の鍵では決してないのですが、そしてスコトゥスではこの問題は十分に展開されなかった論点でもあるのですが、その論点を心に刻むことは大事なことです。ここからは無限性への志向に向けて歩みを進めましょう。

第三章　無限の形而上学

ドゥンス・スコトゥスは、無限と有限の媒介にこだわり続けました。存在は、一〇のカテゴリーに区分される前に、無限か有限かに区分されます。したがって、いかなるカテゴリーの内に入らないものも、無限か有限かであるとスコトゥスはしばしば述べています。

カテゴリーの中で述べられる言葉を「語りの言葉」と呼べば、無限か有限かに先行する場面では語りの次元に先立つ領野、いわば「語られざる言葉」が問題になっているといってもよいでしょう。カテゴリーの中では、物事は「何であるか」という問いへの答えを有するものとしてあります。カテゴリーに先立つ次元では、「何であるか」という問への答えを持たないものとしてあるのです。

「何であるか」という問への答えを持たないことは、「名無し」として顔も名前もないものとしてあるということなのでしょうか。確かに、馬性の格率で示される共通本性のあり方を見ると、それはいかなるものでもありません。「ないないづくし」の存在者のように見えます。それでは、それは無規定性ということなのでしょうか。否定的にしか語りえないものなのでしょうか。スコトゥスはそのようには考えません。

ここでもやはり、アヴィセンナの考えが現れます。Aと～Aのいずれでもないということを、「中立無記性(in-difference)」と呼びましょう。「中立否定性」ということもできます。「……でない」という言葉での否定は、実は事態の一面しか表していません。もちろん「……である」というのも同じように曖昧なのです。スコトゥスは「……である」と語られる述定を形相的述定と自同的述定に分けました。こちらについては後で触れることとしますが、否定についても、排除のために用いられる否定ではなく、受容し吸収し包含する否定もあるのです。私流に整理してよければ、「中立性によるあらゆる否定は包含である(Omnis negatio per indifferentiam est continentia.)」となります。

否定が性質を包含するという論点は、あまり珍しいものではありません。赤いバラがあったとします。赤いバラが咲いているとき、その花は赤いのであって、白くはありません。しかしそのつぼみは赤いのでしょうか、赤くないのでしょうか。それは赤いのでもなく、赤くないのでもないと答えられます。赤いのでも赤くないのでもなく、赤くなりうるのです。「赤くない」ということは、「赤さ」の性質と無関係なのではなく、赤さを可能性において有しているわけです。

「……でない」という否定は、ある時点で現実的には成立していないということでしかないのです。ここからいえるのは、先ほどのバラのつぼみは、可能態においては、同時に赤く、そして赤くないということなのです。

ドゥンス・スコトゥスは、このことにとてもこだわりました。こういった、同時にAと～Aが成り立つことを論理的可能(possibile logicum)と名づけました。この論理的可能は、意志の問題を論じる時にも再び登場します。自由の問題といっても構いません。Aと～Aについては、知性が考量吟味して、優先順位をつけることができます。しかし、その選択肢が意志に呈示されるときに、優先順位がついているわけではありません。意志は知性の考量によって左右されないのです。論理的可能性の次元において、対立両項は中立無記的(indifferens)なのです。ここでも「中立無記」という概念が登場しました。そしてこの論理的可能性は、スコトゥスの「主意主義」の理論的前提となっているのです。

赤いバラのつぼみは、それ自体では赤いのでも赤くないのでもないのです。アヴィセンナは、「馬性はそれ自体では馬性でしかない」と述べましたが、この内容は論理的可能ということです。「馬性の格率」の場合とは少し事情が異なるところもありますが、両者が強く結びついているのは事実です。

つぼみは、赤さと非赤さを同時に潜在的に含んでいます。さきほど見たように、これを「統一的包含(continentia unitiva)」と呼んでも同じことです。この「統一的包含」というのは、晩年のスコトゥスが拘った表現です。一なるもののうちに無限の多様性が宿るモデルが、ここには見られます。そして、この無限性は「内包的無限」なのですが、これについては別のところで論じましょう。

話を戻しましょう。Aと～Aというような対立項は、離接的様態(passiones disiunctae)と呼ばれます。この「離接的」などという言葉は見たこともないという人も多いでしょう。Aと～Aの関係は、両者の中間的なものはないということで、それは直接的である、とスコラ哲学では語られます。しかし、両者は離れています。それがラテン語では結びついている(iuncta)の反対語 disiuncta として表現されます。これを表す日本語として、「離接的」という言葉が考案されました。

この離接的様態を超越概念に含めたことは、スコトゥスの改革の一つでした。離接的様態とは、当時の形而上学からすると新しい枠組みで、それは中世に新しい論点をもたらしました。その一つは、一なる神の本質に無限の多様性を導入できるということです。さらに、形而上学の領域を豊かにできることです。この章で特に注目したいのは、離接的様態が無限と有限という圧倒的な落差を媒介している点です。

さて、無限と有限の関係は、圧倒的な落差として捉えるだけでは不十分でしょう。無限なるものは有限なるものの起源なのです。

1　無限と有限の絆

スコトゥスが行った改革の中に、超越概念の拡張があります。その超越概念は次頁で述べるように四つに分かれますが、その四番目にくるのが「純粋完全性(perfectio simpliciter)」で、これが無限性と深い結びつきを持っているのです。

純粋完全性の話に入る前に、「超越概念」について少しだけ触れておきます。超越概念は、日本語で「概念」の語がついていますが、概念ではありません。誤解を避けるために、「超越名辞」という訳もありますが、定着してはいません。これは、概念としてあるのではなく、事物の中に(in re)あるものです。形而上学の主題なのであり、他のいかなる学問の主題となることもないものなのです。超越概念は、存在の様態(passio entis)です。存在は第一の印象(prima impressio)によって精神に刻まれるものですが、超越概念、例えば「真」「善」などは、存在の様態のようなものとしてあり、様態は基体よりもあとのものですから、存在よりも後にくるものです。しかし、この「後」というのは時間的な意味ではないのです。「第一」ということにも当てはまりますが、この先行性・一次性を説明するのに、スコトゥスは共通性の先行性と潜在性の先行性という分類を呈示します。そして、存在の一義性とは、存在が二つの先行性のその両者を併せ持っていることだとし、それぞれについてどのように先行性が成り立っているのかを説明します。

共通性の先行性とは、より一般的なものが、特殊なものに先行することですから、分かりやすいものです。潜在性の先行性とは、アヴィセンナの馬性の格率に示されているもので、何性の外部にあり、そしてその外部ということが、何性に先行し、何性を予想、いや先行的に措定(praesupponere)することです。そして、何性を構成するさまざまな規定性は、馬性の中に渾然一体となって含まれていますが、しかしながらそれらはお互いに形相的に区別される（distinguuntur ab invicem formaliter）、とスコトゥスは整理します。超越概念も相互に形相的に区別されるのです。

スコトゥスは超越概念として、

ａ　存在

ｂ　一、真、善、事物、あるもの

ｃ　離接的様態

ｄ　純粋完全性（perfectio simpliciter）

の四つを挙げます。

ａｂｃについては、存在の一義性の枠組みを説明した後で、再び取り上げることにします。ここでは、超越概念の中では周辺的なものになりかねませんが、純粋完全性の話を取り上げておきましょう。

純粋完全性の話は、存在の一義性という大きな枠組みがあり、その基本軸として超越概念の理論があり、その最後に純粋完全性があるという関係になります。ですから、存在の一義性を中心と考えれば、純粋完全性は周辺の話です。順番からいえば、存在一義性をまず論じるのが穏当ですが、それでは純粋完全性に行き着きませんし、純粋完全性は重要な話ではないように思われかねません。そのようにスコトゥスの哲学を存在論中心と考えてしまうのも問題ですし、純粋完全性の話は、愛などの倫理的な話題に移行するための重要な概念でもあるのです。

純粋完全性に話を戻します。この概念は、アンセルムスの『モノロギオン』第一五節に由来しています。被造物の中には、さまざまな性質が見出されます。それは、完全性・完全態(perfectio)とも呼ばれます。アンセルムスは、完全性を、簡素な仕方で「持っていないものよりも持っているものの方が善い(in quolibet est melius ipsum, quam non ipsum)」と説明しました。たとえば、「存在する、生きている、知恵ある、力強い、全能な、真なる、正義の、至福な、永遠な」などといったものが挙げられています。「人間」「金」「鉛」というのは完全性を表しますが、純粋完全性ではなく、制限された完全性を表しています。完全性とは何か、純粋とは何かということがここで問題となります。

アンセルムスの説明はとても簡素ですが、深い思索を踏まえています。ここでは「持っていること(ipsum)」と「持っていないこと(non ipsum)」と訳しましたが、「そうであること」と「そうでないこと」と訳すこともできます。一見すると、これは相対的な表現のように見えます。しかし、スコトゥスはまったく逆に、そのように規定した方が、限定された完全性(perfectio limitata)と対比的なものを表しうると考えました。可能な限り最高度に完全なもの、たとえば「最高に完全な天使」というのは、所詮は限定された量の完全性を表しているに過ぎません。文法的に語れば、比較級、最上級よりも、原級の方が高い程度を表現できるということです。「最も大きい人間」でも、「最も大きな金貨」でも、「最も遠い銀河系」でも、特定の事物の領域の中で最大のものでしかありませんから、制限を持っていますし、有限なのです。最も大きな人間でも泰山木の樹にかなう人はいません。どんなに大きな金貨でも車のタイヤより大きいものはありません。これは、存在の一義性の理解にとって欠かせない概念ですので、もう少し畳長に説明しておきます。

アンセルムスのテキストを見てみましょう。アンセルムスの著作では、神の存在証明を行った『プロスロギオン』の方が『モノロギオン』よりも短いし、テーマから言っても馴染みやすいのでよく読まれます。その上、『モノロギオン』は難しいのであまり読まれないようです。そこで展開されているのは、聖書の権威をすべて括弧に入れて、理性によってのみ、神が何であるかを探求しようという試みなのです。書かれたのは、一〇七七―七八年と推定されていますが、これは世界史で有名なカノッサの屈辱（一〇七七年）と同時代になります。

アンセルムスは次のように述べます。

事実、もし一つ一つを綿密に検討したなら、相対的なもの以外のものはすべて、それである(ipsum)ほうがそれでない(non ipsum)よりも無条件によいか、それでないほうがそれであるよりもよいかのいずれかである。しかし、ここで「それであること」そして「それでないこと」と言うとき、私は真実であるか、真実でないか、また肉体であるか、肉体でないか、そしてこれらに類似した表現とまったく同類のものと解している。実際、知恵を持つことと持たないこととを比較する場合のように、あるものであることはあるものでないことよりも、無条件に(simpliciter)よい。すなわち、知恵を持たないことより知恵を持つほうがよい。というのは、知恵を欠いた正義の人のほうが不正な知恵の人よりよいように見えるが、知恵を持たないことは無条件に知恵を持つことよりよいことではない。知恵を持たないことはすべて、知恵を持たないという点では(inquantum non sapiens est)、無条件に知恵を持つことより小である。

（アンセルムス『モノロギオン』第一五章、古田暁訳、中世思想原典集成第七巻、平凡社、一九九六年）

ここでは、神の述語となるものが何であるかを探求しようという流れですが、被造物の中で最も上質の規定を神に帰属させることの妥当性が吟味されています。そこで、相対的によいものではなく、無条件で絶対的に(simpliciter)よいものを取り出します。

「相対的によい」ものは相対的に、つまり比較によってよいものです。しかし無条件に(simpliciter)よいというものは、比較によって、他のことよりよいというのではなく、比較を絶してよいのです。ipsumとnon-ipsumというのは、何でもよいのですが、ある規定性・性質をFと置けば、Fとnon-Fということです。Fとnon-Fを比較しているではないか、という批判ができそうですが、要点となるのは、Fとnon-Fを見比べて選択するのではなく、ア・プリオリに選択がなされているということです。経験的に選択がなされるのではないということです。選択の根拠は経験に先行しているのです。

さらに、ここで述べられている「純粋完全性」とは、一見すると神にのみ帰属するような絶対的な性質のようにも見えます。たとえば、「善なる」「知恵ある」がそうですが、ただしここでは神にのみ該当する規定を取り出すという議論の中で進められているわけでありません。そしてここには、存在の一義性につながる重要な論点があります。純粋完全性の論点は、存在の一義性が倫理学の基礎づけに関連することを包含しているのです。

先の引用に先立つ第一四章を見てみましょう。その表題は、「この最高の本質はすべてのもののうちに、またすべてのものを通して(in omnibus et per omnia)存在し、そしてすべてのものはこの本質からまたこの本質を通して、この本質のうちに(ex illa et per illam et in illa)存在すること」となっています。ここで神と被造物の関係が、五つの前置詞で示されていることに注目しておくべきでしょう。神は被造物の中に(in)被造物を通して(per)存在し、被造物の方は、神から(ex)神を通して(per)神の中に(in)存在しているというのです。それぞれの前置詞が示す内容は簡単ではありませんが、誰にでも分かる前置詞で示されていることは重要なことです。これらの前置詞の意味を知るのに、聖書もアリストテレスもスコラ哲学もアウグスティヌスも必要はないのです。

この本質はどこにも、またすべてのものを通して、そしてすべてのもののうちに存在する。しかし、創られたものはそれを創造しまた育成しているものの無辺性を超越することができないように、創造しまた育成しているものが、被造物のすべてをどのような仕方でも超越することは絶対に不可能だということは不条理である。それゆえ、この本質が他のすべてのものを担いながら超越し(portat et superat)、包含しながら浸透する(claudit et penetrat)ものであることは明白である。そこで、もしこれらのことをすでに判明している結論に加えると、すべてのもののうちに存在し、またすべてのものを通して存在する本質は、同じくそれからまたそれを通して、そしてそれらのうちにすべてのものが存在する本質であるということになる。

（アンセルムス、同書第一四章）

ここには神の被造物への「超越的内在」が、簡素に美しく欠けるところなく表現されています。ここにあるのは不即不離の関係であり、分離することなどできないような合一なのです。これに対してアナロギアの思想は、言葉と論理によって切り分けてしまおうとします。

一四章において展開される超越的内在の後に置かれた、一五章において展開される純粋完全性の議論が、神にのみ該当する規定だけを論じているとは考えにくいことです。ガンのヘンリクスは、アンセルムス『モノロギオン』を重視し、そこから純粋完全性の論点を取り出しながら、アナロギアによって神と被造物を切り分ける道を選びます。もちろん、両者の間の懸隔は否定神学によって媒介されるのですが。ヘンリクスは否定の道によって神と被造物の関係を考えます。スコトゥスはこの点ではヘンリクスとは対極的に肯定の道を追求します。

スコトゥスは、超越概念の中に純粋完全性を組み入れるという大胆な改革を行いましたが、そのことによってスコトゥスにおける超越概念の性格は鮮明なものになります。超越概念は、神と被造物に共通するものと見える規定を扱うものでした。アナロギア説では、両者は名前は同じでも内実においては異なっているとされました。

ただ、一なるものへの秩序づけ（ordinatio）において統一を有するとされていました。スコトゥスでは、超越概念は、神と被造物に共通な領域を示すものでした。そして、その一つとして純粋完全性が挙げられているのです。その示すところは明らかです。

存在の一義性を採り、アナロギアを捨てざるをえなかったのには、聖痕を受けたフランシスコ、神の直観的認識を持ったフランシスコが、人間であるのか人間ではないのか、という問題があったのです。至福者という特別な地位を設定すれば、その問いを避けられますが、そうではなく、フランシスコを人間としてみるということ、そこに存在の一義性の狙いがあったと思います。

否定と肯定の間にある差異を架橋不可能な奈落と捉えるのか、両端が無限に離れていようとも一つの階梯とするかで物事の捉え方は異なってきます。

偽ディオニュシオスは、超実体（super substantia）、超知恵（supersapientia）、超善（superbonus）とすべて、純粋完全性について super という接頭辞を付しました。超知恵と知恵の関係は、神と被造物の関係に対応しますが、それを肯定と否定の関係として捉えてはならないのです。否定神学はそのような道を歩みます。もちろん、その否定を越える道を否定神学は用意していますが、それはどうしても秘教的なものになりがちです。鳥や魚に説教した人（フランシスコ）に発する教団が、そのような道を歩むことはできないのです。そして、存在の一義性もそのような精神を継承しています。

2　純粋完全性と無限

話を戻しましょう。純粋完全性は神にのみ限定される規定ではなく、神と被造物に共通するものです。これをスコトゥスは意識していました。そして、『オルディナチオ』の第一巻第三篇や第八篇でこの論点を展開しています。スコトゥスは、『形而上学問題集』でも、存在の一義性を扱っていますが、そこに純粋完全性の論点を組み込むことでより完成した姿が現れてきます。

純粋完全性とは、「いかなるものにおいても、それでないことよりもそれであることが無条件によいもの(tale quid quod in quolibet simpliciter melius est esse ipsum quam non ipsum)」というアンセルムスの格率　(regula Anselmi)によって規定されるものでした。

無条件に(simpliciter)ということは、一見すると神の超絶した、比較を絶したあり方と捉えることができますが、そうすると純粋完全性は神にのみ該当する規定ということになりそうです。しかし、純粋完全性は神にのみ占有されるのではなく、被造物にも解放されるべきものです。そして、この解放はアヴィセンナの格率によって果たされるのです。これは逆向きに考えれば、被造物の中に見出される純粋完全性を基礎として、神の認識に至る道が開かれることを意味します。

純粋完全性の「純粋(simpliciter)」とは、固有の領域に限定されず、特定の尺度や基準によって測られず、制限されない性質です。「それ以上に大きいものがないもの」です。それは、数学的な無限論からすれば、消極的な無限でしかないという議論もありますが、それについてはここでは措きましょう。純粋完全性とは、いかなる意味でも制限されない完全態です。純粋完全性は項目としては、複数挙げられますが、いずれの場合も「至高の本質である単純なる実体(simplex summae essentiae substantia)」から万物が創造される場面が考えられていますから、その実体はあくまで単純・単一なものです。

純粋完全性は、被造物に見出されるもののうち、神を表現するのにふさわしいもので、見えるものを通って見えないものに至ろうとする場合に重要な道筋となるものです。純粋完全性は数多くあるように見えても、末端に現象するものとしては被造物に見出されながらも、純化されることで一なるものに帰するものですし、とりわけ倫理的な諸規定を覆う枠組みといえるものです。ここに存在の一義性に直結する理論構造がありますし、存在の一義性が単に存在論の枠組みではなく、倫理的なものでもあることの証左が見出されます。

ここで純粋完全性の理論構造を見ておきましょう。純粋完全性は、『任意討論集』第五問で集中的に論じられ、そこでは次のような性質を有すると整理されています。

1　あらゆる純粋完全性は相互に両立可能である

2　純粋完全性は、無限性というあり方と両立可能である

3　純粋完全性は、完全性一般と同様に、一つ以上の人物や基体が分有可能であるという意味で交通可能(communicabiles)である

4　それらは還元不可能なぐらい単純、ないし「端的に単純である」

純粋完全性は、人間の内にも見出されるようなさまざまな完全性を純粋化したものであり、それらが集まって、一なる人物を構成することができます。神の構成要素となるといってもよいでしょう。それらは無限に集まることができます。そしてそれらは、無限性というあり方を持ちうるのです。

単純性の側面も指摘されていますが、純粋完全性において重要なのは、両立可能性の方です。そして、それが無限性の内在的様態(modus intrinsecus)と両立することです。

「内在的様態」もスコトゥス哲学の基本用語で、きわめて重要なものです。内在的様態とは、強度や内包量と置き換えることもできる概念です。内在的様態は、概念規定においては何も新しいものを付加していません。そ

れは、連続的なスケールをなし、その最高度の状態、無限性に達した状態が、あくまでそのスケールの内部にとどまるものなのです。たとえば、純白(albedo intensa)とは、可視的な白(albedo visibilis)のような偶有的な結合からなる概念を表しているのではなく、純度(intensio)において、白それ自体の内包量(gradus intrinsecus)を示しているのです。「純白」は、二つの概念からなるものではなく、単純なものです。実体と偶有性でしたら、実体は偶有性なしに存在しますし、偶有性は実体に付加された存在です。しかし、基体と内在的様態の場合、基体は内在的様態なしには成り立たず、両者は分離されません。内在的様態は基体に浸透し、不可分なのです。内在的様態ということは、無限存在の場合にも当てはまります。無限存在は、存在の外部にあるものではなく、存在の内部にあるのです。そしてここに、存在の一義性の中心的な姿の一つがあります。無限存在において、無限が内在的様態であることは、無限存在の単純性、無限存在の内在性を示しているのです。

純粋完全性の多くが、倫理的な性格を示していることにも注意を向けておいてよいでしょう。神と被造物が、無限存在と有限存在として、無限の落差を介在させながらも、両者は乖離したものではないのです。

純粋完全性が、無限性という論点とどう関わるのかは、『オルディナチオ』の方に詳しく論じられています。そこでは、存在の一義性の具体的内実としての超越概念が分析され、その超越概念の一つとしての純粋完全性について、それがいかなるものか、神と被造物に一義的なものかが語られる文脈で論じられています。純粋完全性が神と被造物に一義的なのは当然のことです。被造物に見出される規定のうち、それにふさわしいものを神を表現するのに使用するのですから、そこに一義性が成り立っていない限り、役には立ちません。

「無限存在」の完全なる所以は以下のように示される。第一に、この概念はわれわれに思惟可能な概念の内でもとりわけ多くの意味を潜在的に内含している。すなわち、存在がそれ自身の内に潜在的に〈真〉〈善〉を内含しているように、「無限存在」も「無限の真」「無限の善」など、「無限」の意味を宿すべての〈純粋完全性〉を内含しているからである。（スコトゥス『存在の一義性』邦訳七六頁）

アンセルムスの議論を、スコトゥスは存在の一義性を説明する文脈で使用しています。アンセルムスが存在の一義性を主張していたと整理する必要はありませんし、それは誤りですが、スコトゥスが伝統的神学の課題を押し進め、完成させるために存在の一義性を語っていることは確かです。存在の一義性の主張には、アンセルムスの議論を補強はしても、それを破壊する傾向は全く見られないのです。存在の一義性は第Ⅱ部で主題化されますが、ここでも十二分に登場しています。とはいえ、第Ⅱ部を前提する必要はありません。存在が究極的な仕方で媒介となっていることに注目すれば十分ですから。

『オルディナチオ』の議論を紹介しましょう。上位の概念（Aで表示します、たとえば「動物」です）、と下位の概念（a、b、cで表示します、たとえば、「キジ、サル、イヌ」です）があった場合、下位概念において最高であることから、上位概念において最高のものになるというのは、下位概念が最も品格の高い場合（perfectissimum）です。「最高品格のロバである、ゆえに最高品格の動物である」という推論は成り立ちませんが、「最高品格の人間である、ゆえに最高品格の動物である」という推論は成立します。というのも、人間は動物の中で最高品格だからなのです。

この議論では、何を導き出そうとしているのでしょうか。この議論に従えば、「最善の存在である、ゆえに存在に含まれるものの内で最善のものである」という推論は必ずしも成り立たないことになります。「最もおいしいリンゴ」「最もおいしい饅頭」「最もおいしいソバ」、それぞれを定めることは論理的には可能かもしれませんが、そこから「最もおいしい食べ物」を選び出すことは論理的にできません。部分となる領域において最高であることから、全体において最高となるのは、その当該部分が予め最高度であるということが分かっている場合です。

この下位概念や部分というのは、カテゴリーですが、存在は超越概念であり、カテゴリーを越えています。カテゴリーを越える事象においては、複数のカテゴリーに跨る共通の尺度は成立しません。カテゴリーの中で優劣関係をつけることはできないのです。

「人間」と「動物」の場合であれば、共通の尺度を設定できます。しかし、複数のカテゴリーにまたがる尺度は設定できません。すると、「最善の存在」という場合、最善が最善である根拠は示されないことになります。換言すれば、「最善」は一義的には適用できないということです。

ここでスコトゥスが提出するのは、比較によって最高なのではなく、本性において陵駕されない（excedi）ものとしての、つまり端的に（simpliciter）完全なもの、純粋完全性なのです。量的なものは、量が特定の尺度で測定されるものである以上、カテゴリーに制約されたもの、限定されたものです。スコトゥスが考えているのは、量では測られない、類（カテゴリー）の内にはないものにおける無限性なのです。

有限な存在は、何らかの点で最高でしかありませんが、ここでは比較を越えて、端的に無限であるものが考えられています。こういった完全性こそ、スコトゥスのいう〈純粋完全性〉なのです。そして、こうしたものとしての完全性が一なるものとして融合して存在する「海」こそ神である、とスコトゥスは考えました。海もまた媒介や絆のあり方を指します。

純粋完全性についてのスコトゥスの言及はそれほど多くはないのですが、スコトゥスの弟子であったペトルス・トマエ※（一二八〇—一三五〇年）は、『任意討論集（Quodlibet）』の第一問で、「純粋完全性とは何か」を論じ、スコトゥスの議論を説明しています。面白いのは、そこにおいて「純粋完全性はそれ自体では一でも多でも、必然でも偶然でも、永遠でも時間的でもない」と語られ、純粋完全性をアヴィセンナの馬性の格率と結びつけて論じていることです。馬性の格率で示されていたのは、純粋完全性のことだったのです。すると、馬性の格率は、神と被造物の絆を示すものとなります。やはりスコトゥスの弟子であったアニックのウィリアム※も『任意討論集』で、馬性の格率を取り上げ、スコトゥスの議論の補強を目指していますが、そこでは統一的包含(continentia unitiva)を説明するために用いていました。いずれにしても、スコトゥスの弟子たちは、馬性の格率に重要な論点を見出していたのです。馬性の格率で示される事態の呼び名が安定しないということは考えてみれば不思議なことです。トマスでは「単独で考えられた本性(natura absolute considearata)」でしたが、スコトゥスでは安定した呼び名は登場せず、「純粋完全性」では倫理的なものに限定されてしまいます。「純粋本質(essentia simpliciter)」のような用語を造ればよかったような気もしますが、どうだったのでしょうか。

ともかく、神が無限存在であることの確認は、有限存在である被造物に対し、両者の懸隔を強調するためではなかったのです。「純粋完全性」というあり方は、神と人間に共通するものである以上、そこでは被造物から神に至る道が示されているのです。神が「無限なる実体の海」と捉えられたのも、内在的様態の理論も、超越概念の拡張も、存在の一義性も、ある統一的な目論見の下でなされたことだったのです。スコトゥスの一見さまざまに見える理論は、一つのヴィジョンに対する秩序づけを有しています、言い換えれば秩序づけられています(ordinantur)。おそらく、至福直観に向けて。

存在の一義性と純粋完全性とが、いかにして結びつくのか示すのが次の一節です。

神の形而上学的探求は総じて以下の手順を踏む。すなわち、あるものの本質規定(ratio formalis)を主題的に考察しつつ、その本質規定から被造物ゆえに随伴する不完全性は度外視し、その本質規定の純粋結晶を得る。そこでこれに「最高度の完全性」を付加し、かくして神の規定に算えるのである。「知恵」「知性」「意志」の本質規定を例にとろう。これらの概念をそれ自体として純粋に考察するわけであるが、その概念は形相的には（本質規定としては）不完全性や制限を含まないから、被造物ゆえに随伴する不備不足はこれから度外視して「知恵」ないし「意志」の意味内容そのものを純粋結晶させたうえで、これらを完全なものとして神の規定に算えるに至る。以上より明らかなように、総じて神の探求の成立には、知性の操作する概念が、被造物世界から得るのと同一の一義的な概念であることが前提となる。

（スコトゥス『存在の一義性』邦訳五二―五三頁）

純粋完全性を神に適用するのには、存在の一義性が前提されるというのです。存在の一義性は証明されるというよりは、前提されるのです。もちろん、それは単純な論理的前提ではないでしょう。反省的に前提されるのであり、そのことの意味は、この書全体を通して展開されるべきことです。直観的認識についても、神の自然的認識についても、神学と形而上学の関係についてもそうです。このことについてはこれから論じるべきことも含まれていますが、存在の一義性を証明することはできないのです。存在のアナロギアも証明はできません。前提として措定されるのです。証明できないということについて、ここで注意したいのは、探求のまなざしの方向を正しく向けていなければならないということです。もし存在の一義性が結論として導き出されるものであれば、探求においては議論の流れに即していけばよいのですが、もし前提されているものであるとすれば、可能性の条件に関わりますから、まなざしの方向を逆に向けておく必要があります。可能性の条件となるものは、「分かる」というものよりも、それによって他の事柄が分かるものです。自分の足場を持ち上げようとするものは賢明ではありません。足場とは、立って足を踏みしめるべきものです。哲学的議論でも同じでしょう。存在の一義性も足場であり、手をもって把握されるべきものではないということです。

ここで純粋完全性の話に戻りましょう。純粋完全性は無限性を宿しています。この無限性について論じるのが次の課題です。その際、純粋完全性の無限性とは、被造物からの断絶よりも、諸完全性の凝集の濃度のことなのです。

3　内包的無限について

スコトゥスの無限性についてさらにこだわっておきましょう。スコトゥスの無限性概念において、その中でも独自なものに「内包的無限(infinitas intensiva)」があります。これは先走りして説明してしまえば、「力における無限性」「度における無限性」なのです。これを神に認めるのが、スコトゥスの独自性です。

存在の一義性を語ることは、ほぼ必然的に内包的無限性に至りますし、無限なる実体の海というダマスケヌス(ヨハネス・ダマスケヌス、六七四年頃―七四九年頃、ギリシア教父)に由来する表象につながります。一にして、単純にして、すべてを含み、無限である神から被造物は現れますが、そのような流出論的な語り方の中に、神と被造物の関係が如実に現れ出ます。三位一体において、関係論的な把握と流出論的なモデルとが対比されますが、関係論的な把握では、「自己は他者とは異なる」という関係において、肯定と否定が二者択一的に対抗し合うように語るしかありません。「同じでない」の否定が「同じ」であるというような、排中律や二重否定＝肯定が成立してしまうような世界です。しかし、流出論的な世界ではそういった対立的二者択一ではなく、相互浸透的な側面が現れます。父・子・聖霊という三位一体においては、相互浸透的な面が強く現れるのです。内包的な無限は、流出論的な枠組みと親和性が強いのです。この事態を説明するためには、いくら言葉を費やしても十分ではありません。ここでも沈黙の方が雄弁なのかもしれません。

さて、内包的無限に対立するものとしての量的無限について見ておきましょう。これは相互外在の典型ですが、スコトゥスが否定的に捉えるのは別の論点に拠ります。量における無限、これは潜在的にのみある無限です。量における無限は生成のうちに存在するだけであり、全体性の概念を満たさないのです。全体は外部を持たないものですが、量における無限は、どこまでいってもそれより大きなものが、つまり外部があるということですから、全体を構成できないのです。スコトゥスは、量において現実態において存在する無限を考えます。このような無限があるとすれば、それは全体であり、いや完全な全体のはずなのです。そこには外部が存在しないのです。

そういう無限は、量的な無限ではなく、内包的な無限、完全性や力における無限である、とスコトゥスは論じます。

> 無限なる存在とはいかなる有限なる存在をも凌駕するものであるが、しかしそれはある限定された尺度においてではなく(secundum aliquam determinatam proportionem)、限定されたものや限定されうるいかなる尺度をも越えた仕方で凌駕するものである。
>
> （スコトゥス『任意討論集』第五問第四節）

この一節には、少なくとも二つの事柄が示されているようです。一つには、全体としての無限のあり方についてです。これは引用したテキストの中に含まれているというよりも、この箇所に至る前のところで触れられていることです。一六五センチと一七〇センチというような、量的比較を無限に拡大していって得られる無限は、潜在的な無限であり、全体に達することはなく、部分的なものにとどまります。ここで考えられているのは、そういったものではありません。一つの尺度においてではなく、あらゆる尺度において越えているというのです。

無限性は属性ではなく、存在の内在的様態なのですが、この内在的様態というスコトゥス独自の概念がなぜ導入されているのかが重要な点となります。


内包的無限が、無限であるといわれる存在に対する関係は、その存在の基体に対して外的に付加される属性の一種(quaedam passio extrinsece adveniens illi enti)としてではない。また、「善」や「真」がそうであるように、無限性は、存在の属性や特性としてあるのでもない。無限性は、きわめて内在的であって、たとえ基体からあらゆる特性や準特性をすべて除去したとしても、無限性は除外されないのである。そして、その一なる存在者の内に損なわれることなく存続しているのである。(中略)内包的無限であるようないかなるものについても、その内在的様態(modus intrinsecus)は、それ自体で無限であり、何も欠けることなく、あらゆる有限存在を限定されるいかなる程度をも越えて陵駕する存在ないし本質を内的に(intrinsece)表現しているのである。

(スコトゥス『任意討論集』第五問第四節)


無限性が、ここにおいて内在的様態として整理されているのは重要なことです。この「内在的様態」という特徴は、次の章で扱われる「このもの性」にも当てはまります。無限性が内在的様態であるということは、存在に無限性が宿ることを意味しています。

ダマスケヌスが次のように述べるとき、以上の系を述べている。つまり、本質は実体の無限にして限度のない海(pelagus substantiae infinitum et interminatum)であると述べるときである。実体が、神において絶対的に最初のものを表現するとき、それは海と呼ばれる。それは無限で限界がないからである。しかし、この意味での実体は、真、善、その他の属性を〔形相的には〕含んでいない。したがって、無限性とは、他のいかなる属性よりも内在的な本質の様態なのである。

（スコトゥス『任意討論集』第五問第四節）

「形相的には」と補っておいたのは、「潜在的には」含んでいるからなのです。

ここで重要なのは、以下のことです。(1)ここで問題となっているのは、内包的無限であること、(2)潜在的無限ではなく、現実的無限が語られていること、(3)量における無限は潜在的無限でしかないこと、(4)内包的無限とは完全性や力における無限であること、(5)現実的無限は、外部を持たない、真の意味での全体であること、(6)全体を構成できるのは、量的無限ではなく、内包的無限であること、(7)内包的無限は、内在的様態であること、(8)内在的様態は、属性とは異なり、分離不可能であること、(9)内在的様態は差異(differentia)ではないこと、などです。

いろいろな論点が出てきました。しかし、事柄は徐々に収束点に向かって進んでいるように思われます。

ある共通なものが神と被造物とに限定される所以となるものが、〈有限・無限〉であるが、これは内在的様態である。この限定するものは差異ではないし、限定されたものとともに、種の概念が合成されたものとならざるをえないのと同じような仕方で、合成体を構成することはない。むしろ、この限定されるものと限定するものからなる概念は、種の概念がいかに単純であろうと、それよりも単純なものなのである。

（スコトゥス『オルディナチオ』第一巻第八篇第一部第三問）

無限性は一般に事物の秩序(ordo)を破壊します。事物のあり方を破壊します。無限大の饅頭は饅頭ではないのです。ところが、内包的無限の場合は事情が異なる、とスコトゥスは考えます。

もし無限の知恵(infinita sapientia)が形相的に無限の善性(formaliter infinita bonitas)であるとすれば、共通の知恵は形相的に共通の善性となるだろう。というのも、無限性は、無限性が付加される事物の形相規定を破壊しないからである。というのも、いかなる度(gradus)においても、ある完全性が考えられているからである(この「度」というのは完全性の度のことであるが)。この完全性の形相規定が破壊されないのは、この度によってなのである。もし共通にあるものとして、形相的に共通の善性を含んでいないならば、無限なるものとしての知恵は、形相的に無限なる善性を含んでいないことになる。

(スコトゥス『オルディナチオ』第一巻第八篇第一部第四問)

ここに何が述べられているのかを読み取るのは難しいのですが、後に弟子であるペトルス・トマエが形相的同一性と自同的同一性とにこだわったことに、その焦点が現れていると思われます。内包的無限ということで示されているのは、神における特異な無限性のあり方ですが、そういった無限性が語られる場合、離接的様態、内在的様態、無限の実体の海、統一的包含、純粋完全性等々が問題の中に含まれていました。それらのそれぞれが複雑で、スコトゥス独自のものであり、しかも十分に説明されないまま進んでいるので、その全体像を把握するのは困難ですが、被造物から神への結びつきが語られているのは事実です。純粋完全性とは神と被造物とにおける完全性の共有ということでしたし、残りのものもすべて、神と被造物の乖離ではなく、連続性を語っていました。存在の一義性は、神の自然的認識という観点から、神への接近可能性を語っていましたが、超越概念や無限性をめぐる議論は、常に被造物に見出される諸規定が神において統一される、いや秩序づけを有することを論じていました。その意味では、内在的な形而上学が展開されていると考えてよいのです。

一義性は内在性の視点を表しています。しかし、スコトゥスの哲学には同時に超越性も含まれており、その立場は超越的内在と呼ぶしかないものなのです。超越的内在が、スコトゥス独自のものであるというつもりはありませんが、超越性と内在性とが同時に並存していることは確かだと思われます。

内在性は、次のように表現することもできるでしょう。神の本質が、被造物に関して形相的原因の観点から考察された場合には、神の本質は被造物のうちで分散して、不完全な仕方で存在するあらゆる諸完全性を、総合的に自らのうちに含んでいます。

では、個体性の問題はどうなるのでしょうか。唯一性と存在の一義性とはどのように結びつくのでしょうか。次章では、個体化の問題を扱いますが、その前に少しだけ残った論点を整理しておきます。

前節で触れた内包的無限性、そして内在的様態、特有性、自同性ということが相互にいかに関連するのかを整理しておきましょう。構造的にはそれらは一つの事態を別の面から見たものであり、またこれまでのところで触れてきたものですが、まとめて扱ってこなかったので、改めて整理しておきます。

内包的無限性は、『オルディナチオ』第一巻第八篇第四問や、『任意討論集』第五問などで触れられています。そこでは、「知恵」や「善性」という純粋完全性が登場していました。なぜ純粋完全性が、内包的無限性を語る場合に必須の項目になるのか分かりにくいかもしれませんが、ここでの無限が量的なものではなく、質的なものが目指されている以上、そこには必然性があるのです。

「知恵(sapientia)」と「善性(bonitas)」とは本質規定が異なりますから、形相的には(formaliter)異なります。しかし、無限の叡智は無限の善性でもあります。神は無限の実体の海で、無限なるものをすべて包含的に含んでいます。ですからスコトゥスは、多くの神学者が神的なものにおいて同一性による真の述定(praedicatio vera per identitatem)を認めたことに従って、「同一性によって、善性は実際に真理であることを私は認める(concedo ego, per identitame bonitatem esse veritatem in re)」(『オルディナチオ』一巻八篇一部四問)と信仰告白のような宣言を行っています。

ダマスケヌスは「実体の無限の海(pelagus infinitum substantiae)」と表現しましたが、スコトゥスはこれに少し変更を加えて、「無限の実体の海(pelagus infinitae substantiae)」と表現しました。こちらの方がスコトゥスにとっては都合がよいのです。海とは高い頂きではありません。海は被造物という水の粒を融合して、まとめたものなのです。

スコトゥス自身の説明を、もう少しパラフレーズします。スコトゥスはダマスケヌスの表現をさらに「諸完全性の海(pelagus perfectionum)」とも言い換えています。その際、スコトゥスは、ダマスケヌスにならって、その理解の仕方として二つのものを呈示します。一つは、「海」ということによって、諸完全性それぞれの固有のあり方において、すべての諸完全性を現実的にかつ形相的に包含するものと捉えるということです。これに該当するのは、「神、知恵ある、善なる、至福の(Deus, sapiens, bonus, beatus etc.)」といったものになります。これは望ましいすべての性質を、それぞれが具体的に基体に該当し、述語づけられて真となるように、分節した仕方で含んでいる場合です。この場合は、諸性質の累積であり、そしてそれが偶有的に一なるものとしてまとまっているということになります。ダマスケヌスの理解はこれとは異なります。

スコトゥスが、ダマスケヌスの理解として呈示し、彼自身も賛成するのが次のような理解です。「海」とは、形相的に一なるものでありながら、あらゆる完全性を可能な限り、最も卓越した仕方で含んでいるものです。その場合、すべてのもののそれぞれが、すべてのもののいずれでもあるというように、同一性において(identice)含んでいるばかりでなく、すべてのものが、いわば原因の内にあるかのように潜在的に含まれているのです(contineantur virtualiter, quasi in causa)。このような仕方である本質、つまり個体本質('haec' essentia)こそ、「海」なのです。なぜ「海」としてのあり方が個体本質になるのかといえば、このような二重の無限性を表現する個別的なあり方は、一つの本質において成立するのではなく、すべての性質が統一的に包含されるあり方にこそ、個体本質の個体本質たるゆえんがあるからなのです。スコトゥスが神の個体本質を語る場合、それは自然的に認識できるものではありません。

スコトゥスは、存在の一義性を語る文脈で次のように述べていました。

> 神が、個体本質それ自体としては我々の自然的認識の域を越えているとの当面の主張の理由は別に求められる。すなわち、神がこのような意味で認識可能となるのは、神自身の知性との関係を別にすれば、「自然的対象(obiectum naturale)」としてではなく、「意志的対象(obiectum voluntarium)」としてであるから、個体たる「この本質」としての神の認識はいかなる被造的知性にとっても望めないというのがそれである。それにまた、我々にとって自然的認識の可能ないかなる本質も、個体としての神の個体本質を彷彿せしめるものではない。
>
> （スコトゥス『存在の一義性』邦訳七三頁）

自然的認識では、神の個体本質に到達することはできないと述べられています、神の個体的本質に到達するのは、自然的な認識によってではなく、神が意志の対象として捉えられる場合、つまり愛の対象として映じる場合だと語られています。神が自然的に認識可能であるということ、神の個体的本質は意志を通してのみ到達可能であるという二つのことがここでは同時に主張されています。このことが、存在の一義性の一つの意味です。スコトゥスが意志を重んじる理由の一端がここにもうかがえます。

第四章　個体と個体化

前章では「純粋完全性」についてかなり言葉を重ねて説明しました。しかし、ほんの少しのことしか、しかもとても単純なことしか語ることはできませんでした。言葉は本当に無力です。とはいいながらも、この章では、スコトゥスに特有な概念とされる「このもの性」という個体化の概念について考えてみましょう。個体化という問題は、現代人にとって分かりにくいと同時に、スコトゥスの主張する「このもの性」にはさらに独特の困難さがあります。それは存在の一義性といかに関連するのでしょうか。最も普遍的なものと、その対極に立つ個体とは関連があるのでしょうか。

スコトゥスの「このもの性」とは、ソクラテスについては「ソクラテス性」、プラトンについては「プラトン性」というように、一人一人の人間が個体であるための規定のことです。人間の一人一人にはそういったかけがえのない唯一性の原理が潜んでいるようにも思えます。しかし、実際にそれが何であるかを考えると分からなくなってきますが、「このもの性」もまた魅力的な概念ではあっても、きわめて分かりにくい概念です。

よく近代の個人主義について語られます。個人(individual)とは分割できないもので、社会の究極的な構成要素となるものだという説があります。スコトゥスが個体を重んじたのは確かですが、近代の個人主義の源流であるかどうかは微妙なところです。

調べるべき論点はいろいろあります。ライプニッツは、モナドを中心とする個体主義的形而上学を形成しました。それではライプニッツの個体主義の源流はどこにあるのでしょうか。ライプニッツは、『個体原理論』を学位請求論文として提出し、学会に登場しました。そこでは、スコトゥスが徹底的に批判されています。そしてライプニッツは、他の著作では唯名論を称揚しています。ライプニッツは反スコトゥスの立場によって、唯名論であったのかどうか、そしてライプニッツが個体の原理として挙げる「存在性の全体(entitas tota)」とは、スコトゥスの個体化論とどのような関係に立つのか等々、これらも考えておくべき論点です。

存在するのは個体だけであるというのが唯名論ですが、その思想と個体主義は密接に結びつきそうです。そして、普遍は名のみのものであるという立場とうまく重なりそうです。しかし、唯名論が普遍とは名のみのものと考える立場ではないということは、本書でも既に何度か触れてきました。

「個体主義」という言葉そのものに、かなり紛らわしいところがあることに気づく必要があります。「個体」とは分割できないものであるという、思想史の教科書に書いてあることも誤りと考えておいてよいでしょう。分割できないものといっても、部分に分割されるものは「アトム・原子」といわれますが、これは「個体」とは異なります。また、概念に分割できないものも分割不可能なものですが、これは「単純概念」です。もう一つ分割できないものがあります。基体的部分(partes subiectibiles)に分割できないものがあります。これが個体です。この「基体的部分」とは、普遍を表す述語のことです。「ソクラテスは人間である」「プラトンは人間である」というように、「人間」は数多くの実例(instance)を有しています。実例が一つしかないことを概念から導出することは、理論的に可能なのでしょうか。基体的部分とはこの「実例」のことです。実例が一つしかないことを、基体的部分に分割できないと表現します。ここでの「部分」という語はこうした意味での部分なので、これは近世以降は使用されなくなった意味なのです。言い換えれば、個人が分割できないという説明が当てはまるのは、中世までであって、近世以降は当てはまらないということです。
基体的部分に分割できないということは、主語とはなるが述語とはならない、実例が一つしかない、などと言い換えても同じです。さらに言い換えれば、個体とは普遍に分割できないものなのです。それでは、一つしかないということは事実を記述しているのでしょうか、事実を整えているのでしょうか、事実を立ち上げているのでしょうか。事実を越えているのでしょうか。

1　個体化の諸理論

「世界に一つだけの花」という歌が大流行したことがあります。エンデの『モモ』の中にも、「時間の花」が登場します。この世に一度しか登場することのない一人一人の人間に対応する、唯一の花が語られています。個人が有するかけがえのない、唯一性の原理こそ、個体化の原理でしょう。人間の一人一人がかけがえのない存在として問題となっています。そのように身近なことを、哲学的に個体化の原理として論じるとは何を意味するのでしょうか。

中世における個体化の問題は、人間の個性への注目から発したものではなかったのかもしれません。人間の個性を絵画や彫刻において表現しようとすることは、古代ギリシアやローマでは行われていたが、中世では個人を表現することが失われたと整理されます。聖職者は皆、同じように聖職者の顔をし、農民もみな同じ顔をしているというのです。そして、個性が描き分けられるようになるのは、ジョットー(一三〇〇年頃)においてであり、そのころ個性が重視されるようになったというストーリーなのです。同じ頃、活躍したスコトゥスが、そういった時代の流れを汲み取っていたということはあるのかもしれません。ペトラルカにおける名声の希求、セルバンテスにおける自己実現への見果てぬ夢など、美術や文学に数多くの事例を見出すことができます。

　世界観の基礎となる個体について定義を与えることは、大学制度が確立し、一貫したカリキュラムが求められ、学問体系が構築されている中では必要不可欠のことでした。哲学の基礎を固めるために、求められる論理的な操作の一つとして、個体化の問題が論じられていたように見えます。だからこそ、個体化の原理として、指定された質料、本質、それ自体、現実存在、二重否定等々、思想として成り立つ可能性の限界を追い求めるかのようにいろいろな見解が出され、問題の要が見えにくくなった状況があると思われます。

　さて、スコトゥスの主張する「このもの性」とは、なかなか始末に負えない概念です。この(haec)という代名詞を抽象名詞としたのがhaeceitasで「このもの性」などと訳します。積極的なものとしてあるとスコトゥスが述べていますから、ある程度具体的に記述されることを期待するのですが、姿はなかなか見えてきません。スコトゥスは、『オルディナチオ』『レクトゥラ』『パリ講義録』『形而上学問題集』のいずれにおいても、詳しく個体化の問題を論じています。「このもの性」が登場するのは、『パリ講義録』と『形而上学問題集』であり、この二つは編集上の大きな問題があって、どこまでスコトゥスの思想を反映しているのか疑わしいと考えられもしました。「このもの性」をスコトゥスが主張したかどうかすら疑わしいと考えられたこともあります。

　まず、当時の個体化論の概要を見ておきましょう。これは、この時代の思想を概観するためというよりは、スコトゥスが「このもの性」という個体性の原理に託したものを浮かび上がらせるためです。スコトゥスがフランシスコの精神を受け継いでいるとすれば、個体のかけがえのなさを概念化しようとしているはずなのです。

　個体化の原理の問題に入る前に、個体化の原理などそもそもないと考える立場があることを確認しておきましょう。いわゆる唯名論の立場です。唯名論という名称に問題があることは何度か別のところで指摘しましたが、その問題点はともかくとして、オッカム※に由来する系譜においては個体化の原理が否定されます。真に存在するものが個体だけであるとすると、個体化の原理は必要ないのです。というのも、個体化の原理とは、その議論が成立する前提として、まず普遍が何らかの意味で実在的に存在し、そこに個体化の原理が加わって個体が成立すると考えるとき、その普遍を具体化して、個体化に行き着く原理とは何かというのが、個体化の原理の問題だったのです。普遍が先立つのは認めるが、唯一の個体に限定するのに十分な原理はないという意味で、個体化の原理はないという立場も考えられますが、唯名論では、個体の方が先立つゆえに、普遍を限定して個体を成立させる原理は存在しないし、不要であるということになります。ということは、個体化の原理を論じている人々は、基本的にみな実在論者ということになります。

個体化の理論はいろいろありますが、スコトゥスが立っている前提は、天使にも当てはまる個体化論だということです。トマスの個体化論は、指定された質料(materia designata)が個体化の原理であるというものでしたが、それは天使には当てはまりません。つまり、被造物(質料的事物)と天使(非質料的実体)とで、個体化の原理を分けることになります。スコトゥスは、人間と天使に共通の個体化論を提出しようとしています。もちろんこれは、人間を天使に近づけようという意図があってのことではなく、存在の一義性の視点から、階層的ではない、単層的な存在論を目指したからとも考えられます。いずれにしても、天使を個体化に含めるかどうかで議論が大きく変わってきますから、これは逸することのできない論点なのです。

さて、スコトゥスが自分の個体性の理論を展開する際には、他の人々の理論をほとんど網羅的に紹介し、その上で自らの考えを述べるという形式を採ります。スコトゥスが他の人の理論を説明する仕方には丁寧すぎるところはありますが、ごく簡単にそれを紹介しておきます。

(1)質料的実体は、それ自体で(ex se)、ないし自らの本性によって(per natura sua)個体である。自然本性そのもので個体である(Natura de se est singularis.)。

(2)質料的実体は内在的なある積極的なもの(aliquid positivum intrinsecum)によって個体である。
(3)偶有性の集合が個体化を引き起こす。
(4)質料的実体は、現実的存在(actualis existentia)によって実体である。
(5)質料的実体は量(quantitas)によって個体である。
(6)質料的実体は質料によって個体である。
(7)個体化は二重否定による。(ガンのヘンリクス※の立場)
(8)本性は知性によって個体となる。
(9)質料的実体は、本性をそれ自体で個体へと限定するある存在性によって個体である。

それぞれについて詳しく説明すると際限がないので、早分かりをつけておきます。ただし、以下の個々の理論の紹介は読み飛ばして結構です。

(1)自然本性そのもので個体である(Natura de se est singularis.)。

主張者――ウェアのウィリアム。この立場では、普遍とは知性が考察することによって成立するので、本来存在するのは個体の方だということになります。個体化は普遍が先にあって、そこに個体化の原理が付加されて個体は成立するが、その場合の原理は何かという問いですから、この立場では個体化論は問題となりません。スコトゥスは取るに足らずとして論じていませんが、個体主義(唯名論)との関連で重要な立場です。ただ、共通本性と個体性を媒介するものが個体化の原理ですが、そういった媒介は存在しないとする立場ですので、重要な見解と思われます。

(2)質料的実体は内在的なある積極的なもの(aliquid positivum intrinsecum)によって個体である。

主張者――スコトゥスも含まれます。論駁されるよりも、最後に語られる立場です。ここには形相が個体化の原理であるという立場も含まれます。

⑶偶有性の集合が個体化を引き起こす。

主張者――ポルフュリオス。これは、偶有的な諸性質の束が個体性を引き起こすということです。

⑷質料的実体は、現実的存在(actualis existentia)によって実体である。

主張者――ロバート・キルウォードビ。究極の区別は究極の現実態によってなされるが、究極の現実態とは現実的存在である、というのが理論の背景ですが、これでは個体のそれぞれに見られる個体性の理由を説明してはいないと批判が出されています。個体化の説明としては不十分でしょう。

⑸質料的実体は量(quantitas)によって個体である。

主張者――ボエティウス。これは「一」という量は分割できないから、それと同じように量が分割不可能性の原理となると考えられています。

⑹質料的実体は質料によって個体である。

主張者――アリストテレス。これは材料や材質によって個体化が生じると考える立場です。トマスは、指定された質料(materia designata)が個体化の原理であると述べましたが、この立場に加えてよいでしょう。「指定された」というのは、時間空間規定において限定されたということです。どこにあるのかが決まれば、一つの時間空間規定に存在するものは一つだけですから、同定(identification)するのには十分かもしれませんが、個体化の問題と同定の問題が同じかどうかとなるとよくわかりません。いや、固体化を同定や観察の問題と捉えると、固体化の問題は解決しやすくなりますが、同時につまらなくなります。

⑺個体化は二重否定による。

主張者――ガンのヘンリクス。二重否定とは個体の下に属する他のものがないというのがその一つ。これは主語にはなるが述語にはならないと言い換えても同じことです。もう一つの否定とは、それ自体と同じものがないということです。一つしかないと述べても同じことになります。それ自体での分割不可能性(indivisio in se)と、他のあらゆるものからの区分(divisio ab omni alio)と整理される場合もあります。

他にも見解はありますが、ここでは素通りしておきます。ここでは、それぞれについての深い理解は必要ないでしょう。あくまでもスコトゥスの「このもの性」を理解するためのツールなのですから。

以下では、「このもの性」の規定性ということと、もう一つはなぜ「このもの性」が提出されなければならなかったのかとを、その背景を心に置きながら考えていきましょう。理論の細部よりもそういったものの方が大事に思えます。

まずは最初に呪文のように、このもの性の規定を並べてみましょう。なお、「このもの性」と「個体的差異」「個体的特質」といったものは用語は異なりますが、同じものを指していると考えて差し支えありません。

(1)種差は類の概念規定(quiditas)とは異なったもので、類の概念規定に対してある概念規定を加えるものですが、個体的差異の方は、共通本性に新たな概念規定を加えるものではありません。

(2)種差は中間的差異であるとされているのに対し、個体的差異は究極的差異・究極種差(differentia ultima)であるとされます。

(3)種差は単純なものでしかないが(語においては単純であっても、概念においては複合的であること)、究極的差異は端的に単純(simpliciter simplex)なものであるとされます。

(4)究極的差異以外のものには、存在が一義的な本体述語をなす(univocus in quid dictus)が、個体的差異つまり究極的差異に関しては、被限定概念として(ut determinabilis)一義的である。

同じことの言い換えでしかありませんが、これらは次のようにも語れます。個体性は「哺乳類」や「人間」といった一般的なものの概念規定に、概念規定の上では何も付け加えない、内包的には何も付け加えないのです。個体化の機能は有するが、それ以外は無規定のもので、「裸の個体(bare particular)」といわれる場合もあります。個体化の機能しか持たない純粋個体化作用ということです。特殊化を押し進め、それ以上に特殊なものはない唯一のものという限界にまで行き着くものであり、絶対的に単純で、狭い意味での一義的述語とはならないということもできます。存在は一義的なものですが、それは本体述語としてではなく、被限定概念としてであるという論点も付加されています。最後の論点だけ説明しておくと、本体述語とは「人間は動物である」という場合の「動物(animal)」のように名詞で述語となるものですが、被限定述語とは「人間は理性的である(homo est rationalis)」の「人間」のように形容詞で限定されるものです。

以上をまとめると、次のようになります。この箇所は『オルディナチオ』の個体化論の結論部分にあるもので、決定的な重要性を持つものです。

この特質〔このもの性〕は、その特質が質料・形相・合成体のいずれに属する場合であっても、〔共通〕本性としてある限りは、質料でもなく、形相でも、合成体でもない。この特質は、存在者の究極的事象性(ultima realitas)であり、それは、質料・形相・合成体のいずれの究極的事象性であってもよい。

（スコトゥス『オルディナチオ』第二巻第三篇第一部第五―六問）

「このもの性」は、質料や形相や合成体のどれであっても、それぞれについて個体化を行うことができるもので、その際、一般的なものとしてある質料・形相・合成体を限定して、個体を形成する規定であると主張されています。

しかしながら、これでは簡潔すぎて、「このもの性」が何であるかについて見当もつきません。「究極的事象性」ということがいかにも思わせぶりで、何やらそこに秘密が隠れているようも思えます。「このもの性」をそれ自体で捉えることなど、果たして可能なのでしょうか。

2　アヴィセンナの残響

アヴィセンナ※の馬性の格率は、個体化論においても決定的に重要な役割を担っています。

まず、スコトゥスは個体性の理由を、内在的なものの内に求めます。スコトゥスは、「個別性の理由(つまり、この限定された個別性の本来的本質規定)を、ある外在的なものに、何か形相的原理であるかのように求めても無駄である。ある付随原因(causa aliqualis concomitans)は付随的なものである。というのも、指定された個別性の本来的本質規定(prima ratio formalis singularitatis signatae)は、個物に内在的で、自体的なものでなければならないからである」(『任意討論集』第二問)と述べたり、また「個体的事象性は、付加された形相から得られるのではなく、形相の究極的事象性から得られる」(『オルディナチオ』第二巻第三篇第一部問五―六)と語ってもいます。

そして、スコトゥスは個物の中に六つもの契機を認めます。なんと六つもあるのです。

質料の内には、〔共通〕本性と個体的特性(haec proprietas)(=このもの性)があり、形相の内にも、合成体の内にも、〔共通〕本性と個体的特性がある。〔共通〕本性の形相性が、共有不可能であるのは、派生的意味においてでしかない。しかし、合成体には共有可能な形相性がある。したがって、合成体の内には、六つの存在性(entitates)があり、同一性によって融合している(per identitatem unitive)。

（スコトゥス『パリ講義録』第二巻第一二篇第八問第八項）

六つもあるとは目が眩みそうですが、ここでは限定されるものと限定するものという二規定が提出されていることが重要なのです。共通なものが個体へと限定する規定があって、個体が成立するとされているのです。個体へと限定する場合、何かが付け加わることができるはずですが、その付け加わる部分は、概念規定的な部分ではないと述べられます。

個体は、上位のものの概念規定をすべて含んでいて、それに加えて、個体化の問題から示されるように、究極的現実性の度(gradus ultimae actualitatis)、一性の度をも含んでいる。個体化は、一性を低減するのではなく、存在性、一性、可知性を増やすものである。また、個体は、以上に述べた度(gradus)以外には、普遍が含んでいないものは何ら含んでいない。

（スコトゥス『形而上学問題集』第七巻第一五問）

存在、物質的存在、生物、動物、脊椎動物、哺乳類というように並べると、概念規定は増えていきます。概念規定は内包と置き換えてもよいのですが、もしそういった概念規定を束ねていって、個体に到達すると考えていたとすれば、個体とは偶有性の束であるとする立場になります。これを性質の束と考えようと同じことです。こういった考えの最大の難点は、そうした性質を有するものが、ただ一つしかないという唯一性と結びつかないことです。いくら性質を付け加えていっても、確かにこの現実世界では「偶々」一つしかないとしても、原理的に一つしかないということにはならないのです。いやそもそも一つしかないということが、個体にとっては本質的かどうかもわかりません。一つしかないということは、おそらくいかなる仕方においても証明できないと思われます。「一つしかないこと」とは、実は何ら哲学的概念ではないのかもしれません。一つしかないことは、存在しないことと同様に、証明できる事柄ではありません。そして伝統的にも、個体をこの世に一つしか存在しないものとするような「粗い」定義は使用しませんでした。〈私〉が一人しかいないことは、たとえ事実であっても、証明されることではなく、偶然的なことなのです。

スコトゥスは、個体性ということを概念規定の蓄積の上にではなく、度(gradus)において説明します。概念規定が加わるのではなく、濃度が増すと考えるのです。

このような発想は、概念規定が付け加わっても、個体には到達しないという前提を踏まえているところからくるのでしょう。しかし同時に、限定され基盤にある「共通本性」の捉え方にも、このもの性の特質につながる論点が隠れています。そしてこの辺りにおいて、スコトゥスの個体化論の中でアヴィセンナの馬性の論点が重要なものとして登場します。「馬性は一でも多でもない云々」の箇所について、スコトゥスは次のように説明します。

馬性は実在的には(realiter)それらの規定のいずれをも欠いて存在することはないが、それ自体では(de se)その規定のいずれでもない。しかし同時に、本性においてそれらすべてに先行する。本性の先行性に即すれば、何性は自体的に(per se)知性の対象であり、また「自体的」にあることは、形而上学者により考察され、定義によって表現される。「本来的に真なる(verae primo modo)」命題は、このように捉えられた何性によって真である。この何性が、この何性より本性において後なるあらゆるものから抽象されている以上、その何性に本質的に含まれるものでなければ、何性に「自体的に本来的に」述定されることはないからである。

（スコトゥス『オルディナチオ』第二巻第三篇第一部第一問）

このもの性が、概念規定においては何も付け加えないのに、濃度が増えるということは、やはりそこに何か新しいものが付け加わっているということになります。新しいということは、共通成分と別個の規定をこのもの性が有しているということです。これを説明するために、スコトゥスの持ち出すのが「形相的区別」です。オッカムが、スコトゥスの個体化論において否定したのは、この形相的区別でした。そして、普遍実在論とは、この形相的区別を認めるということだったのです。

形相的区別については、また次の章で詳しく触れます。ここでは、その露払いとして簡単に触れておきます。個体化論において、スコトゥスが形相的区別をどのように提示しているかを見てみましょう。形相的区別そのものは何も特別のことではないのですが、その理論が担う問題の大きさは途方もなく、なぜこの形相的区別という、慎ましい身なりの概念装置がそれだけ大きなものを担えるのか、理解に苦しむところもあります。この区別も本当に分かりにくい区別です。

個体の特有性は、決して種の形相と別個の事象ではないが、形相的には非同一（non idem formaliter）のものである。もっとも、何ものかが両者を統一的に含む（continere unitive）ことがあってもかまわない。

確かに、個体的特有性は本性において（natura）〔共通〕本質規定より後のものであるが、別の事象ではない。個体的特有性は、種の形相と同一性において同一（idem identitate）なのである。もっとも、別の形相性（formalitas）なのではあるが。

（スコトゥス『パリ講義録』第二巻第一二編第八問）

さらに形相的区別について、スコトゥスは次のように述べています。「非同一性」という言葉が用いられていますが、「区別」と同じことと考えてよいでしょう。

ある複数のものの形相的非同一性(non-identitas formalis)を私は次のように解している。つまり、一方が他方の本質規定(ratio formalis)に属さず、一方が定義された場合、他方がその定義に属さない場合である。このようなわけで、私は、形相的非同一性を、本質規定の非同一性(non-identitas quiditativa)、定義された場合に、一方の定義に属していないことと解している。

（スコトゥス『パリ講義録』第一巻第四五篇第二問）

三つの箇所を引用した『パリ講義録』は、スコトゥスの晩年に書かれた著作で、最終段階を示すものとも言われますが、スコトゥスは行きつ戻りつする人で、直線的に思想が進展するような人ではないのです。トマスにしても、スコトゥスにしても、紙や筆記用具が十分に存在せず、あったとしてもきわめて使いにくい状況で、丹念に校正する余裕などありませんでした。私たちが手にするテキストは、思い違いも書き間違いもない完璧なものですが、実際には首尾一貫しないところもある不完全なものだったはずです。弟子筋が、教団の威信をかけて、完全なテキストとして仕上げていこうとしたのでしょうが、そういう後継者を持たない哲学者のテキストは、完成度という点では若干見劣りがします。ガンのヘンリクスのテキストを見ると、用語法も表現も、「ぶれ」があり、不明確さが目立ちます。しかし、逆にこちらの方がありのままの姿を示してるようにも見えて、私自身はその不整合さに否定的評価を与えようという気持ちにはなりません。

スコトゥスもまた、行きつ戻りつする哲学者です。一本筋の論理を、割り切って効率的に辿ることは哲学にも神学にも似合いません。目的もない道をあえて早く辿りつかないように進む歩みは、目的論的に考えられてはならないのです。スコトゥスも迷いながら、苦渋の坂道を進んでいきます。フランシスコ会独自の思想的基盤を据えるという重い荷を背負いながら一人で歩んでいきます。

ともかくも、スコトゥスの思想は、『パリ講義録』において完成し、それ以前のものは軽く見られてよいというようにはなっていないのです。次のものは、『オルディナチオ』の一節です。

個体の〔個体的差異に対応する〕事象性は次の点で、種的事象性と類似している。つまり、個体的差異は、現実態の如く、いわば可能的なもの、ないし潜在的なものとしてある種的事象性を限定する点においてである。しかし、次の点においては異なっている。つまり、個体的差異は、〔種的事象性に〕付加された形相を基盤としているのではなく、もっぱら形相の究極的事象性を基盤としている点においてである。

（スコトゥス『オルディナチオ』第二巻第三篇第一部第五―六問）

ここでは、最後の究極的事象性（realitas ultima）に注意してください。こう訳してもよいのですが、この「究極的事象性」こそ、「このもの性」の具体相として、一体何を示すのかと数多くの人の思索が振り向けられてきたものです。私も、「究極的事象性」に、「このもの性」の理解をうるための究極的な鍵があるとばかり思いこんできました。「究極的事象性」を理解すれば、「このもの性」も分かると思いこんでいたのです。「究極」とか、「最終」「至高」「最高」「唯一」といった言葉はあまりにも人を迷わせます。ラクダの背骨を砕く最後の一本のワラというたとえが昔から使われます。ワラの最後の一本は数グラムでありながら、ラクダの背骨を砕く途方もない力を有しています。個体化の問題において、そういったものは存在するのでしょうか。

残念ながら、そんなものはないのです。個体化についてもそうです。スコトゥスは「究極的事象性」で筆を止めています。時間切れで先を書けなかったのではなく、これにて「打ち止め」ということです。その先、書けることはないということです。実際、『レクトゥラ』も『オルディナチオ』も『パリ講義録』も究極的事象性から先は書かれていません。

3 「このもの性」という謎

さてここでは、「このもの性」をめぐる議論が、いかに曲がりくねった道なのかを感じてもらうために、『オルディナチオ』の第二巻第三篇から個体化の議論のさわりを挙げておきます。熊野古道を本で読んだり、テレビで見ても仕方がないように、哲学もまた自分で歩んでみること以外には、体験したとはいえません。哲学の理論の結論だけを知って、分かったつもりになるぐらいつまらないことはないのです。

邦訳を使わせていただいた渋谷克美さんは（中世思想原典集成第一三巻『後期スコラ学』平凡社、一九九八年所収。本書の用語法と揃えるために、訳文は一部手を加えてあります）、オッカム研究に一生を捧げ、最後までスコトゥスとオッカムの違いにこだわり続けた方でした。その渋谷さんも鬼籍に入られました。渋谷さんはスコトゥスの個体化論の核心を何度も私に問いかけましたが、遂に満足していただけるような答えを出すことはできませんでした。しかし、今となってみるとオッカムの意図も少しは分かってきたような気がします。恐らく、スコトゥスとオッカムは、実在論と唯名論というように対極的な位置に置かれて、対比されてきましたが、両者の差は決して大きくないと思われます。あれほど丁寧にスコトゥスのテキストを読み込んでいたオッカムが、排中律を使う、いたって単純な仕方でスコトゥスの議論を論駁しているように見えるのは、排中律を超えてしまうという、形而上学における「帰らざる河」を渡ることの帰結を知っていて、あえて「帰らざる河」を渡らずに批判しているということなのです。渋谷さんの訳文によって、スコトゥスの議論を追っていきましょう。これまでの議論と重複するところはありますが、『オルディナチオ』の議論を流れに沿って示そうということですので、ご寛恕ください。

まずは、「小さい一性」の話が展開されます。共通本性には小さい一性が与えられ、その一性は知性とは独立に成立するので、共通本性が普遍と混同され、スコトゥスは普遍実在論者だと整理されることもありました。もちろん、そうではありません。共通本性は、アヴィセンナの「馬性」の別名ですが、そこに潜在的な力が宿っていることが示されています。「知性のあらゆる働きとは無関係に、事物の内に、数的な一性すなわち個物に固有な一性よりも小さい、ある実在的な一性が存在する」（邦訳、二二〇頁）。この小さい一性を説明するのに、ここでもスコトゥスは、ヘンリクスとほぼ同様のお馴染みの道筋を辿って、馬性の格率を用います。この馬性の格率が一三世紀後半の形而上学にとってどれほど大きな影響力を持ったかは、この辺りに如実にうかがえます。ただ、馬性の格率はヘンリクス、スコトゥス、スコトゥス派において重視されはしましたし、他でも注目されましたが、ヘンリクス、スコトゥスにおいてほど、これが重要視された時期が他にあったか否かはまだ十分に確認しえていません。

ところで、こうしたことがどのように理解されるべきかは、アヴィセンナの『形而上学』第五巻の記述によってある程度理解できる。そこではアヴィセンナは次のごとく主張する。「馬性（equinitas）は単なる馬性にすぎない。それ自身では一でもないし多でもないし、普遍でもないし個でもない」。私はこれを次のように理解する。「それ自身では一（ex se una）ではない」とは、数的な一性ではないという意味である。「多ではない」とは、その数的な一性に対立する多ではないという意味である。「普遍でもない」とは、現実態における普遍（中略）ではないという意味である。「個でもない」とは、それ自身では（de se）個ではないという意味である。

（邦訳、二三〇頁）

ここで示される共通本性は、いかなる規定性も持たない、「ないないづくし」の性質なのでしょうか。中立性といわれ、無規定性（nothingness）とも語られたりしましたが、実在的な（realiter）次元の話ではなく、あくまでもそれ自体として考えた場合であることはここでも強調しておいてよいでしょう。共通本性は、一／多、普遍／個といった対立項の一方であることなしに存在することはないが、しかしそれ自体においては、これらのものの内のいずれでもない。これらすべてのものよりも、本性的により前なるものである、とスコトゥスは考えます。スコトゥスはさらにこの本性それ自体の中立性についての説明を加えます。

本性はそれ自体においては、知性の中であることに対しても個物の中であることに対しても中立であり、それゆえ、普遍的な存在に対しても個的（particulare）（あるいは個別的（singulare））な存在に対して中立であるだけでなく、――さらにまた本性は、知性の中に存在を持つことがあるとしても、しかし本来的に（primo）それ自体において普遍性を有するものではない。というのも、本性は、それを認識する様態において認識されることがあるとしても、しかし普遍性が本性の第一次的概念のうちに含まれる部分であることはないのである。

（邦訳、二三一頁）

ここでは、「〔共通〕本性」のあり方について語られ、それが中立性として確認されています。この中立性こそ、「馬性の格率」でアヴィセンナが強調していたことです。この中立性は、普遍でも個物でもないが、それ自体で存立するものであり、普遍性の存立基盤になっているものです。共通本性が、知性の働きと独立に存在するものであることを示すためにスコトゥスは、「形相的区別」という、これも理解しにくい概念を提出することになりました。ここで特に確認しておきたいのは、リアリティが形相的区別を通して示されるということです。スコトゥスの形而上学全体は、この形相的区別に依存しているといってもよいほどなのです。

本性が〔知性の中に〕存在する場合には、本性はそれ自体において普遍ではない。知性の対象である本性に、その第一概念において普遍性が偶有的に伴うのである。（中略）本性は、それを個別性へと特定化する原理よりも本性的により先であり、本性的により先である限りにおいて、特定化するものなしに存在することは、本性それ自体に反することではない。（中略）本性はその存在性にもとづいて、自らにふさわしい一性を有する。この一性は、個別性に対して中立であり、それゆえ、どんな個別性の一性とともにおかれようとも、このことは、本性の一性それ自体に反することではない。（中略）本性はこのようなより小さな一性をそれ自体において持ち、それゆえ、このような一性が本性の本質に含まれるということはないが、このような一性は、本性の本来的な存在にもとづいて、本性に固有な属性なのである。（邦訳、二三一―二三二頁）

右の箇所には、スコトゥスの真意がかなり強烈に現れているように思えます。ほとんど「叫び」のような響きがここには感じられます。というのも、本性が真なる実在的存在を有することが指摘され、その根拠として中立性が置かれ、そこに「小さい一性」が認められているのですから。次にスコトゥスが個体性の原理をめぐっては何を考えているのか、彼自身の宣言が登場します。

個体性とか数的な一性とか個別性ということによって、私が何を理解しているのかを説明する。それは（中略）不特定な一性ではなくて、（このものとしての）指定されたある特定の一性（unitas signata）である。――それゆえ先に個体はその下位の部分へと分割されることが不可能なものであり、したがって、その不可能であることの根拠が問われていると述べたが、それと同じように、個体はこの個別性によって指定されたある特定の〈このもの〉であり、したがって個別性一般の原因ではなく、指定された、すなわち限定された〈このもの〉としての、ある特定の個別性の原因が問われている、と私は述べる。（邦訳、二五〇頁）

さらに次の箇所が、究極的事象性としてのこのもの性が示されるところです。下位の部分に分割されることが不可能であることが個別化なのです。「このもの性」を問うことは、そういった分割不可能性のことであるという確認がなされています。

もしもあなたが私に、個体的差異（differentia individualis）の源泉となるところの〈個的存在性〉（entitas individualis）とはいったい何であるのか、それは質料か、形相か、それらの複合体かと問うならば、私は次のように答えよう。ある類に属するすべての存在規定性（entitas quiditativa）は――部分的であれ全体的であれ――、〈存在規定性として〉ある限り、それ自体としてはこの存在とかあの存在とかに対しては中立（indifferens）である。したがって、〈存在規定性として〉ある限りにおいて、それは、このものとしてある限りでのこの存在性よりも本性的に先である。（中略）それゆえに、質料も形相も複合体も、それらの各々が〈本性〉である限りにおいて、〈個的存在性〉ではない。そうではなくて、質料が、形相が、複合体がそれとしてあるところの存在の究極的な事象性（ultima realitas）こそが個的存在性なのである。（邦訳、二九三―九四頁）

ここで、「このもの性」が「究極的事象性」として説明されています。この箇所が「このもの性」に関する決定的テキストなのです。しかし、謎が残ります。被造物には、質料、形相、複合体それぞれに関して、共通の相と個別的な相が設定され、要するに、六つの存在性があるということになりそうです。実際、他のテキストでは六つということをスコトゥス自身が述べています。すると、質料、形相、複合体のそれぞれについて、「このもの性」があることになります。これが何を意味しているのかはよく分からないことになります。さらに、この「究極的事象性」とは果たして何でしょうか。

スコトゥスは「究極的事象性」という概念をここで呈示し、説明は他のところで行っているに違いありません。すると必要なのは、「究極的事象性」についてのスコトゥスの説明を発見することなのです。目標地点はもう少しです、ということになりそうです。私自身、長い間そう考えてきました。「究極的事象性」の説明を探せばよいのだ、と探求を続けました。しかし、どこを探しても説明は出てきません。私は、鏡の後ろに自分の姿を探そうとするサルでした。

ところがある日、それを探しても無駄なのだということが分かりました。「この世の人間知性は個的存在性を認識することはできない」というスコトゥスのテキストに出くわしてしまったのです。信じられない思いでした。「このもの性」を探して三千里訪ねてきたのに、それを知ることはできない、とスコトゥスが宣言しているのです。これはありえないことです。悟りを求めて、一生を費やしながら、悟りを求めないことが悟りだということに気づくことと、これは似ているのでしょうか。

しかし、実は「このもの性」とは何かを知ろうとすることそれ自体に、落とし穴がありそうです。たとえば、右にある鉛筆と左にある鉛筆とを比較して、その左の鉛筆を探求して「左性」とは何かを考えることはあまり賢明なことではありません。「このもの性」についても似ているところがあるのかもしれません。指先で示されながら、指先だけを見ているといった事態にこれは似ているのでしょうか。

それに気づくのに、私自身ずいぶん時間を費やしました。私の放浪をそのまま記していたら、時間がいくらあっても足りないでしょう。ここでは結果だけでよいとします。実は、ここで確認すべきなのは、形相的区別なのです。そして、オッカムが批判するのも、「このもの性」がないということではなく、形相的区別はないということなのです。

次の箇所には、形相的区別について書いてあります。

したがって、共通であるが限定されることが可能な各々のものはすべて、（いかにそれが一つの〈もの〉としてあるとしても）形相的に区別された複数の事象性（realitas）へとさらに区分されうるのであって、それらの一方は形相的には他方ではなく、一方は、形相的に個別の存在性（entitas singularitatis）であり、他方は形相的に本性の存在性である。これら二つの事象性は、そこから類が採られる事象性と、そこから種的差異が採られる事象性と（それらから種の存在性が取られるのだが）の場合のように、ものともの（res et res）としてあることはできない。それらは同一のもののうちにあって（部分のうちにであれ、全体のうちにであれ）、同一のものに属する形相的に区別された二つの事象性である。

（邦訳、二九四頁）

この共通本性と「このもの性」が、形相的に異なる二つの事象性であるということにオッカムは批判を向けます。この形相的区別とは難しい概念です。この概念の考察に限定した、グラジェウスキー『ドゥンス・スコトゥスの形相的区別』（一九四四年）という研究書があるほどです。これはすばらしい研究書で、私は何度も読みましたが、形相的区別については分からずじまいでした。この概念については、後に一章を設けて考えてみましょう。

さて結局、個体性の原理については分からないままのような気がします。しかし、個体性とは認識できるものなのでしょうか。見知った人の顔を見ると、すぐにその人と分かります。これは識別するのに十分な特徴を何らかの仕方で認識しているからに違いありません。

しかし、それが個体化の原理なのでしょうか。見分けられないほどそっくりな人は「同じ人」なのでしょうか。外見が識別不可能なほど類似していれば、それで「同じ人」なのでしょうか。唯一性ということが大事であれば、時間空間規定はそれぞれ世界に一つですから、唯一性の条件は充たされます。しかし、これによって個体の識別に役立っているわけではありません。人間の個体性を考える場合、時空規定は偶有的なことなのです。

個体化とは唯一性や同定可能性の問題を含んではいますが、それに還元されるものではありません。重要なのは、その個体化がどのような構成によって成り立ち、どのような手順で知られるか、ということであり、「このもの性」を人間が認識できるかどうか、ということではないのでしょう。真理を見つけるよりも、真理の見つけ方を見つける方が重要なのです。結果に到達できるには僥倖が必要ですが、道筋は誰でも分有できるように思います。

「このもの性」に至る道筋が重要であるという論点は、形相的区別という、これまたスコトゥス独自の枠組みと重なってきます。この点でも、オッカムはスコトゥスを批判しながら、スコトゥスを解釈する場合の要点を照明してくれています。オッカムのスコトゥス批判が、存在の一義性に向けられるときも、「このもの性」を批判する際にも、普遍論を取り上げる場合にも、その焦点は形相的区別に帰着していることは決定的に重要ですし、それは批判というよりも、照明(illuminatio)としかいいようがないのです。

第五章　スコトゥス存在論と形相的区別

形相的区別とは、ドゥンス・スコトゥスの哲学の中で中心をなす概念です。ところが、この形相的区別も、存在の一義性の場合と同じように、一見当たり前のことを述べているようで、その真相をつかもうと近づいて詳しく見ようとすると姿が見えなくなってくるのです。ただ、形相的区別を否定することが、山脈のこちら側とあちら側に分かれる分水嶺になっていることは心得ておく必要があります、

弟子であったオッカム※は唯名論の立場で、ドゥンス・スコトゥスは実在論、これによって両者の関係は両極端の対立のように見えます。トマス・アクィナス※とドゥンス・スコトゥスも対立関係にあり、ドゥンス・スコトゥスとオッカムも対立しているとなると、中世哲学の最盛期とは、巨大な断層がいくつも走る峡谷、いや屹立する絶壁だらけの山脈だということでしょうか。

しかしながら、スコラ哲学に走る断層は、そこに確かに大きな思想のズレをはらみますが、それはさほど大きなものではありません。哲学史を対立史観で捉え、対立を通して発展があるとするのは、ヘーゲル的な哲学史観でしょう。大きな対立があればあるほど、大きな進歩があるというのでしょう。哲学史がそのように捉えられることに対して、スコラ哲学はおよそ対極の思想史像を提起しているといえます。というのも、中世の思想の基本形式である討論(disputatio)は、共通の典拠群(auctoritates)を前提し、その共通の土俵があるがゆえに議論の勝

負が成立し、一応の結着をみることにもなったのです。

1　普遍と形相的区別

中世哲学史の伝統的な枠組みは、スコトゥスは実在論を主張したのに対して、オッカムは唯名論の立場を採り、普遍は実在すると考える立場と、普遍は名のみのものであるとする立場とが対立するという構図がそこにあるというものでした。しかし、スコトゥスとオッカムの間も、極端で明確な対立よりも、連続性の方が大きいということは強調しておくべき事柄でしょう。それぞれを実在論者、唯名論者と整理することは、哲学史をある既定の筋道で読み取るための意図的な誤解というべきものなのです。

オッカムは普遍は名称であると述べたのではなく、概念・知性概念であるとしたのです。スコトゥスもまた、能動的知性が事物の内に普遍を形成することを認めています。普遍が存在するかどうかは、普遍論争の中心問題ではないのです。

スコトゥスとオッカムは対立しています。では対立点はどこにあるのでしょうか。個体化の原理を論じる場合に、スコトゥスは「人間性」といった共通本性を、「このもの性」という個体化の原理が限定し、個体を成立させているとしました。オッカムは、「人間性」と「このもの性」について、両者は事物として分離できないから実在的区別はないということは認めますが、しかし両者が形相的に区別されるというスコトゥスの考えは批判します。両者は形相的に区別されず、実在的に同じなので、「このもの性」は成り立たない、と主張しました。オッカムの批判は、形相的区別は成り立たないゆえに、個体化の原理など必要はない、初めから個体があるだけだ、と主張したことになります。もう少し丁寧に整理する必要はありますが、とりあえずはこれでよいとしておきます。

形相的区別を認めるかどうか、この点で大きな対立が現れるのですが、この「形相的区別」というのが実に分かりにくい概念なのです。形相性相互の区別という説明もありますが、「形相性」という概念を持ち出すとますます分からなくなるというのが正直なところです。形相(forma)と形相性(formalitas)との間の差異を、近代以降の人は見分けられなくなったのです。存在(esse)と本質(essentia)、事物(res)と実在性(realitas)、こういったものは具象名詞と抽象名詞という対比を越えて、存在論的な差異を表していますが、そのことは形相性にも当てはまると思います。

話を戻しましょう。形相的区別以外に、実在的区別(distinctio realis)と思考上の区別(distinctio rationis)とがあります。実在的区別とは、客観的世界において二つの個体の間に成り立つ区別です。机とパソコン、イソギンチャクとヤドカリのように、二つの事物(res)に分けて、それぞれを一つ一つ数えることができる場合に成り立ちます。ですから、デカルトが精神と身体の間に設定した実在的区別は、スコラ哲学では落第の答案です。

思考上の区別とは、「宵の明星」と「明けの明星」、「関東炊き」と「おでん」、「スコット」と「『ウェイバリー』の著者」のように、実際には同一で、思惟の上でしか区別できない存在者の間に成り立つものです。これは、内包が異なっていて、外延が同じ場合にはよく生じます。「人間」と「笑えるもの」、超越概念相互、つまり「存在」と「善」と「あるもの」と「一」と「真」との間にも、思考上の区別が成り立ちます。思考上の区別がある場合、それらを別々のものとして数えることはできません。

問題は形相的区別です。形相的区別とは、実在的区別と思考上の区別との中間とする説明がありますが、それでは何も解説したことにはなりません。というのも、その中間には、有象無象の多様な中間的状態が考えられるのです。

実は、哲学的難問の多くは、白か黒かを決められるものというよりは、白と黒の中間にその問いと答えが成り立つというべきものです。人間は、難しく考えることが嫌いなので、白か黒かに決めてしまいがちです。その場合、間違いは大きく分けて二つ起きます。一つは、白か黒かどちらか一方が正しいと考える立場です。敵か味方か、有害か有益か、人間は瞬時に判断することを動物のときから強いられてきたのですから、それは仕方がないのですが、ここに人間の間違いの一つの類型があります。真理はほとんどの場合、両極の一方というよりも、その中間にあるのです。どれが真理であるかよりも、真理を見つける道筋・方法が大事なのです。さらにまた、もう一つ大きな誤りの類型があります。それは、中間状態を一つに考えがちだということです。そして、中間は滑りやすい傾斜をなしています。

傾斜、いやグラデーションこそ、スコトゥスの存在論がその特徴を発揮するところです。たとえば、スコトゥスは神に見られる無限性を内包的無限と見なしました。内包的無限とは、内包量＝度(gradus)なのです。その構造は別のところで述べますが、単純性を損なうことなく、無限に多様な程度の階梯を設定することこそ、スコトゥスの意図するところだったのです。

太陽の白色の光の中には、赤や青や緑が同時に含まれています。一つの色が同時に顕在的に赤であり緑であることはできませんが、光の中には両者が同時に成立しています。一人の人が、特定の一人の人に対して、父であり息子であることは難しいが、別々の人に対してそうであるのは同時にごくありふれた事態です。存在と超越概念についても、ほぼ同じことが当てはまります。なぜこういったグラデーションを形相的区別と呼び習わして、予想以上に複雑な体系を構成せざるをえなかったかが一つの焦点となります

2　形相的区別の構造

形相(forma)と形相性(formalitas)の間にある、微妙でありながら決定的な差異を理解するにはアヴィセンナ※の本質論に触れる必要があります。

アヴィセンナの本質論は、中世に決定的な影響を与えました。事物から意識に与えられたものは、それ自体では何ものでもありません。ここにアヴィセンナの本質論の特質がうかがえます。それは、人間の知性による分節化以前には、つまり言語化される以前においては、本質は中立的であり、そこには「渾沌」しかなかったというようにも説明できます。ですが、アヴィセンナの場合は渾沌というよりも、言語に見られるきわめて特殊な分節構造を免れるような仕方で、本質は区別されてある、と主張されているように思われます。言語の中に取り込まれ、普遍が形成され、判断が現れ、知性認識が成立するとき、事物は分節した仕方で意識に与えられるのです。しかし、その分節が意識の中だけに与えられるものでしかないとすれば、それは思考上の区別でしかないということになります。

事物の側には、二つの事物、二つの個体として区別されるものにだけ、勝義の区別、実在的区別(distinctio realis)が成り立つとすれば――実在性の規準を緩めることはできますし、それこそ実在的区別が時代の中で蒙った変容なのですが――、意識に与えられる分節相は実在的区別ではありません。意識に与えられる分節相は、どのように定式化すればよいのでしょうか。それこそが、ガンのヘンリクス※においては、志向的区別(distinctio intentionalis)として、ドゥンス・スコトゥスでは形相的区別として定式化される相なのです。

志向的区別、形相的区別、あるいは潜在的区別といったものが、特定の思想家に独自なものではなく、内容的に重なるということは予め踏まえておいてよいことでしょう。ドゥンス・スコトゥスの形相的区別については、スコトゥスの独自性を示すものとして捉えられてきましたし、また後にオッカムがスコトゥスの実在論を批判する際に、その焦点にしていたのがこの形相的区別でした。したがって、それは明快に説明されるべきことです。ですが同時に、形相的区別は、歴史的には既にあった思想をスコトゥスが取り入れたものであって、それほど独自なものとはいえないのです。他の神学者にも見られる区別であって、必ずしもスコトゥスの独自な思想ではありません。しかし、オッカムとの対立においてそれが焦点となったということは、他者から取り入れたものについて、その責任をスコトゥスは取らねばならなかったということなのでしょうか。

ここで、アヴィセンナが存在論と認識論の枠組みについて、どのような革命を引き起こしたのかを整理しておくことは無駄ではないでしょう。

まず単純な分節ですが、事物を認識するという関係においての序列として、以下の三つのものを挙げましょう。内容については特別なところはないにしても、用語がいかにもスコラ哲学的で馴染みがないときわめて取っつきにくい印象になりますから、まずはそれに慣れてもらうためと考えてくださっても結構です。慣れるためとはいっても、ここまで既にずいぶんスコラ哲学の用語を使い続けてしまいましたから、証文の出し遅れかもしれませんが、ご寛恕ください。

事物(res)――形象(species)――概念規定(quiditas)

さしあたって考えておきたいのは、形相性(formalitas)＝客観的規定(ratio obiectiva)がどこに位置するかという問題です。形相的区別とは、形相性相互の区別と考えることもできます。もちろん、これでは何の説明にもなっていませんが、形だけの言い換えにはなっています。それでは事物の側に備わっているものが形相性でしょうか。その場合は、事象性(realitas)と重なってしまいます。事象性相互の区別が実在的区別ですから。事象性は、事物の本性を構成する契機なのです。形相性と事象性は明確に区別されるものです。では、概念規定や概念(conceptus)と同じものなのでしょうか。まして、形象(これは「メディア・媒体」のことで、それ自体では限定されません。可感的形象とか可知的形象というふうに限定されて、意味を持ち始めます。可感的形象や可知的形象が具体的に何であるかは、光学や視覚論も関わってきて、判明な規定を与えるのは大変です。ここでは、「形象とは何か」という問いに頭を悩ませないでほしいのです)と表象像(感覚映像のことです)とが、形相性と同じでないことはこれまたはっきりしています。すると形相性は、事物の側にも、媒体の中にも、概念の中にもないとすれば、どこにあるものなのでしょうか。

事物は、感覚可能な形象(species sensibilis)という姿をとって感覚に伝えられます。「机」が、机のまま目の中に飛び込んでくるのではなく、「机」の何かが飛び込んでくるのです。中世の人々には、それが光に乗ってくるものであることは分かっていましたが、それ以上に語ることはできないか、またはそれは光学において語られるべきことと考えていました。認識論の場面では、それは「形象(species)」と呼ばれました。「形象」とは、それほど明確な概念ではありませんが、基礎的な概念は定義しにくいということもあります。

さて、感覚に与えられる媒体が、可感的形象(species sensibilis)というものでした。それが何らかの仕方で感覚に与えられ、聴覚、触覚など複数の感覚を通して与えられる可感的形象が一緒になって、表象像(phantasma)が与えられます。これは感覚与件とか、多様性とか、あるいは表象と呼んでも差し支えないでしょう。

この表象像を知性認識する場合に、それを受容する能力が受動知性です。これには「可能知性」とか「質料的知性」など、近接する概念がいろいろあって面倒なところです。アリストテレスの『霊魂論(デ・アニマ)』の当該箇所が錯綜していて、後の解釈史の中で混乱を引き起こしてきたところなのです。ここでは瞥見にとどめて通り過ぎましょう。

可能知性は表象像を受け取り、そこから、抽象などの知性認識を行い、普遍(universale)を形成します。それを行うのが能動知性です。「能動知性は事物の中に普遍を形成する(Intellectus facit universalitatem in rebus.)」という格率が中世にはありましたが、この格率はその辺の事象を説明しています。その際この能動知性が、人間精神の内部にあるものなのか、それとも人間精神を離れて存在し、天界にあるものなのかということで、大議論がなされました。天界にある能動知性を離在知性とすると、この離在知性は質料を離れてあるもの、天使と同じものとしてあることになります。現代人からすればなかなか理解しにくいのですが、アリストテレスの『霊魂論』の当該箇所はそのようにも読めます。そこで、離在知性は天使と重ねられ、人間の知性こそ、神に接近するための媒体であるという発想が根にあると考えれば、それほど理解しにくいことではないでしょう。

古代末期に、グノーシスというキリスト教の異端がありました。それは主知主義的な救済論と、世界の存在を悪と捉えるペシミズムを基本としていました。この派でも、グノーシス(認識)という主知主義的なものが救済の鍵になっています。救済とは、認識の限界の内部にあるのか、認識の限界を超えたところにあるのかで、世界観も宗教観も大きく分かれてくるということでしょう。さきほどの能動知性と離在知性とを重ねる道は、いかに空想的に見えようとも主知主義的な救済観に結びつきやすいと思われます。

西洋中世の正統的見解では、能動知性は人間精神に内在するものでした。知性は有限なものであり、有限であるがゆえに、人間精神の内にとどまるはずのものなのです。能動知性を離在化することは、一三世紀においてはアヴェロエス主義として、囂々《ごうごう》たる非難を浴び、その汚名がブラバンのシゲルスやダキアのボエティウスになすりつけられました。

話は戻りますが、馬性は馬性でしかないので、第二志向によって担保されて初めて、ある事物も主語として命題の中に安定した場所を持つことができます。馬性は一か多かのいずれかであるが、それ自体ではどちらでもないという場合、一度に多くのことが述べられていることになります。

たとえば、存在者は四角いものと四角くないものに分かれる、というのは正しいようですが、果たして適切でしょうか。存在者は芥子をつけるとおいしいものと、おいしくないものとに分かれるというのも正しそうですが、「芥子をつける」という条件には適合しないものがあります。太陽や土星には「芥子をつける」という事態を適用することができません。ですから、「すべてのものは、芥子をつけるとおいしいか、おいしくないかのいずれかである」というのは、一見すると排中律を満たし、真なる命題のように見えますが、そうではないのです。「一か多のいずれかである」という場合と、「芥子をつけるとおいしくないか、おいしいかのいずれかである」というのは、その事態を記述する論理形式が異なっています。つまり、言葉として「A∨～A」という形式をしていても、論理形式は異なる場合があるのです。

第二志向とは、分類の枠組みといってもよいものです。分類の枠組みは、恣意的に決定できるわけではありません。脊椎動物を、三本脚のものと四本脚のものに分けても、この地球上の生物学の先生に褒めてもらえる可能性はほとんどありません。体温が摂氏二〇〇度以上のものと、それ以下のものに分けても仕方がないでしょう。

排中律はいかに正しくても、一方の項目に該当するものがないか、その可能性がない場合には、空虚なものにとどまります。このように第二志向も、事物のあり方に基づくものなのです。

3　形相と形相性

知性とは鏡であること、つまり事物が知性という鏡に映ると考えるとき、反射することで事物として映し出されたものは、事物とすっかり同じというわけではありません。とりわけ光が平板な鏡ではなく、プリズムを透過して、それが映し出される場合、もともと一色であった白い光が七色に現れます。この七色のスペクトルこそが、スコトゥスの認識論でいえば、形相性にあたるものです。光の中では、さまざまな色は渾然一体として、一つのものとしてあります。それが七色に分光され、無数のグラデーションをもって映し出されるとき、その色の階梯は知性によって生み出された虚構のものではなく、事物の中に根拠を持った(cum fundamento in re)ものです。

事物においては一つでありながら、知性認識を通すことで、多様なそして秩序を持ったものとして現れるという事態こそ、形相的区別の本質ですが、それは志向的区別と重なるものでもあります。スコラ哲学は、事物を煩瑣に区別することで批判されましたが、「区別」それ自体をもまたこれほど多様に分節するのですから、かなり面倒ではあります。「区別」を区別のために区別するのですから。

さて、志向的区別とはガンのヘンリクスが考案した区別ですが、それは類と種差、つまり「動物」と「理性的」の間にある区別です。アリスの「不思議の国」の「チェシャ猫」の場合、「ニタニタ笑い」は偶有性ですから、ニタニタ笑っていない場合もあります。偶有性は実体から除去することができます。「チェシャ猫」という実体から、「ニタニタ笑い」は取り除けます。しかし、「ソクラテス」について、「動物」と「理性的」とは概念においては異なりますが、分離したり除去したりすることはできません。もちろん、「理性的」ということを頭にのみ局在するようにし、頭以外のところは非理性的なものとすることが可能であれば、「動物」と「理性的」は実在的に区別されますが、概念とは身体のどこかにあったり、空間的に局在したりするものではありません。このことは我々が全能であっても変更できません。変更したいわけでもありませんが。

「動物」と「理性的」とは、現在的には概念において異なりますし、内包において異なる（もちろん外延においても異なりますが）ことになります。それが「志向的に区別される」と表現される事態になります。しかしながら、「志向的区別」をそれほど突き詰めて考えても仕方がありません。同じことは、ドゥンス・スコトゥスの「形相的区別」にも当てはまります。スコトゥスは、形相的区別を明確に定義していません。場合によっては、形相性相互の区別とも説明されますが、形相性自体も説明しようとすると難しい概念です。理解しにくい概念を、さらに分かりにくい概念で説明するのはよい説明ではありません。

ここでミクラエリウスの『哲学辞典』を使ってみましょう。

形相（forma）と形相性（formalitas）ないし事物の本質的程度（gradus rei essentiales）は区別されるべきである。人間性は、人間の形相ないし何性である。しかし動物性と理性性格（rationalitas）は、人間の形相性である。

（ミクラエリウス『哲学辞典』）

一番簡単な説明は、事物・事象（res）の構成要素が、実在性・事象性（realitas）ということであり、形相（forma）の構成要素が形相性（formalitas）だということです。もちろん構成要素といっても、積み木細工のような構成要素としてあるのではなく、プリズムを通して分節化されるような仕方で存在しています。こういった事象性や形相性のあり方を、スコトゥスは縮減された存在（esse diminutum）と呼びます。それは事物そのものではなく、知性という鏡を通して外界に投影された映像なのです。

スコトゥスが事象（res）と事象性（realitas）を区別したことは謎であり、理解できないと述べる研究者もいます。一般にはこの、事象（res）こそ本来の存在であり、事象性はスコトゥス自身が縮減された存在であると述べていることから推察されるように、影のごとき淡い存在であると考えられがちです。

他方、事象そのものは、言語に取り込まれる以前の何ものでもない存在、語られるようになれば様々に規定される存在です。ところが中世では、事象(res)とは、しっかりした、揺るぎない、確実な存在を指すものとして捉えられていました。しかし、事象が信頼に値するもので、伝達と交換の中で通用するものであるためには、具体性を備えていなければなりません。事象(res)であるというだけでは、確実なものではないのです。

中世では、しっかりした「事象」としっかりしていない「事象」を分類するために、「考える(reor)」という語を使って、半ば語呂合わせで違いを説明していました。事象(res)には、「私は考える(reor)」とか、「あなたは考える(reris)」という場合のreという音から作り出されるようなものとしての事象(res)という意味があるけれども、それはみんなが十人十色に思っているだけの存在であってしっかりしたものではない、というのが第一の意味です。これはラテン語でres a reor-reris dictaといいます。直訳すると「〈私は考える〉〈あなたは考える〉ということからいわれる事象」です。詳しくは、後半の第Ⅱ部第四章でまた説明しますが、こちらは〈事象1〉と呼びます。

事象にはもう一つの意味があります。きちんとした規定性(ratitudo)を踏まえたものとしての事象(res)です。ratitudoとは、「妥当性、通用すること」といった意味です。resに似た言葉を探してきたのでしょう。ratitudoも、研究者泣かせの用語ですが、スコトゥスは「あるもの性(aliquitas)」と説明しています。途方に暮れるのに十分な説明ですが、ともかくも具体的に限定されたあり方を指します。こちらの存在は、ラテン語ではres a ratitudine dictaといわれます。「規定性を踏まえていわれる事象」ということでしょう。こちらは、〈事象2〉と呼びましょう。

〈事象1〉は何ものでもない存在であり、「馬性はそれ自体では馬性でしかない」という場合の馬性に相当します。〈事象2〉は、限定された存在です。そしてこの〈事象2〉は、事象性に対応します。事象性とは、縮減されたものであり、したがって事象よりも存在の度合いが薄いものに見えました。しかし、事象性が〈事象2〉と重なるものであるとしたら、必ずしもそうとはいえなくなります。

事象(res)を知性によって加工し、事象性(realitas)に仕上げていくことこそ、学知(scientia)の営みです。事象(res)が事象性(realitas)の源泉であるとしても、事象のままで放置しておくことは、水も火もないまま、山をなす小麦粉の前で餓死することに似ています。

概念を形成し、言葉を与えることは、事象を縮小し、汚染してしまうことなのかもしれませんが、そうでなければ事象は流通しません。人間的世界の一要素とはなりえないのです。人間は光なしには物が見えないのに、太陽そのものは光が強すぎて見えないことと、これは似ているのでしょうか。ens-entitas, forma-formalitas, res-realitas, これらの対比は何を意味するのでしょうか。

4　オッカムによる批判

オッカムによるスコトゥス批判についても、少し触れておく必要があります。オッカムの批判ということになれば、ここでも渋谷克美さんに触れないわけにはいきません。オッカムのスコトゥス批判の要点は、普遍実在論批判や「このもの性」批判などいろいろあるように見えますが、枢要なのは、形相的区別への批判なのです。渋谷さんもそこにこだわりました。

個体化論となると、スコトゥスにおいては、『レクトゥラ』『オルディナチオ』『パリ講義録』(いずれも第二巻第三篇)と、『形而上学問題集』(第九巻第一三問)があります。それらの内には、「このもの性」が登場するテキストと、しないテキストがあります。登場する方が後の時期のテキストだというように解釈されるのが主流です。「このもの性」は、『パリ講義録』と『形而上学問題集』には登場します。そしてそちらの方が、理論の完成度からしても後の時代のものと考えることもできます。

ところが、『形而上学問題集』は初期の著作であるという解釈もありました。結局、かなり長い期間にわたって書かれたということらしいのですが、しかしそれでは個体化論を扱ったのはいつの時期かをめぐって議論があります。

ともかくも、普遍の実在性、「このもの性」に関するオッカムの批判は両方とも、スコトゥスの形相的区別の批判に帰着します。AとBが矛盾対立する場合に、オッカムはあるものについて、実在的にはAとBは同じか異なるかのどちらかであるが、いずれなのかと問います。しかし、スコトゥスは、それ自体として捉えれば、同じでも異なるのでもない、と答えるでしょう。

「普遍が、心の外の諸々の個物の内に、それらとは実在的に異なるものとして存在する実体ではない」ということは、多くの人にとって明白である。しかし、ある人々〔＝スコトゥス派〕においては、「普遍は心の外の個物の内に何らかの仕方で存在し、しかし諸々の個物とは実在的に(realiter)異なるのではなく、単に形相的に(formaliter)異なる」と考えられている。それゆえ、彼らは次のように主張する。(1)人間の本性〔共通の普遍的本性〕がソクラテスらの内に存在する。(2)この共通な普遍的本性は、個体的差異(differentia individualis)によってソクラテスへと特定化(contrahere)される。(3)この個体的差異は本性と実在的に(realiter)異なるのではなく、形相的に(formaliter)異なる。したがって、(4)個体的差異と共通な普遍的本性は、二つのもの、resとresとして異なるのではなく、形相的に一方は他方ではないのである。

（オッカム『論理学大全』第一巻第一六章）

「このもの性」も形相的区別も普遍実在論も否定されていますが、これらのすべては形相的区別を否定することに帰着しています。「この見解は、私には全く認めがたいもののように思われる。このことは第一に次のように反駁される。被造物においては、ものとものとの実在的相違以外には、外界に(extra animam)いかなる区別もありえない」とされ、さらにこの節の結論部においても、繰り返し「被造物においては形相的区別は存在しない。被造物において異なるのはいずれも、実在的に(realiter)異なるのであり、それらの両方とも真なるものであるとするならば、それらは相異なるもの(res)なのである」とオッカムは述べています。

オッカムは形相的区別など存在せず、精神の外部には実在的区別しかないとしました。しかしそれは、もしかしたら「聖杯」だったのかもしれません。スコトゥスの形相的区別の鍵を隠した、ということかもしれないのです。スコトゥスの形相的区別は理解されにくいことにオッカムは気づき、あえて実在的区別という論点で批判することで、そのことに注意を喚起したのかもしれません。実在的区別を使って、形相的区別を批判することはできないのですから。

馬性の格率への両者の対応の違いを見ても、両者の議論の場面がそもそも異なっていると思うのです。スコトゥスは馬性の格率の次元で、つまり排中律が成立する以前の次元において語っています。つまり、形而上学の次元で語っているのです。しかしオッカムは、排中律が適用されてしまっている次元、論理学の次元で語っているのです。形相的区別は、馬性の次元が機能する話なのです。つまり、矛盾律や帰謬法といった論理学の次元での道具を使った批判では、批判しきれない場面の存在をスコトゥスは考えていたはずです。

オッカムは、異なっているとは実在的に異なるものの間でしかないから、形相的にのみ異なるものはない、と何度も繰り返します。しかしいくら読んでも、オッカムの批判は有効な批判になっているようには見えません。

スコトゥスは実在論、オッカムは唯名論、そしてオッカムはスコトゥスを批判したということに私達は目を向けてしまい、両者の大きな重なりとオッカムのスコトゥスへの敬意を忘れているのかもしれません。

形相的区別は、後の時代での評価を見ても、理解されにくいものであったためか、ほとんど継承されることはありませんでした。スコトゥスの弟子の中には、何とか意味づけようとした者もいます。スコトゥスの弟子のペトルス・トマエ※は、スコトゥスの形相的区別にこだわりましたが、少し変わった方向からその問題にアプローチしました。

ペトルスは同一性(identitas)に注目し、同一性を形相的同一性(identitas formalis)と自同的同一性(identitas identica)に分類します。後者の場合は、自同的に同一(identice idem)である、というようにとても畳長に表現されます。ただし、これは形相的同一性と対照的に登場しますから、実は形相的区別と重なるものなのです。スコトゥスが形相的区別で表現したことを、自同的同一性で表現しようとしたといえます。超越概念の内部構造を示す場合には、形相的区別よりも、自同的同一性の方が適切である場合も少なくない、と私は思っています。

神に関する述語は、かつての神学者では「自同性によって(per identitatem)」と呼ばれていたのですが、それをペトルスは「自同的」と呼び変え、かつて「内属によって(per inhaerentiam)」と呼ばれていたものは、スコトゥスによって「形相的」と呼ばれるようになった、と整理できます。

話を端折るしかないのですが、ペトルスもアヴィセンナの馬性の格率を踏まえて、議論を展開しています。やはり弟子であったアニックのウィリアムも、馬性の格率を使って、内包的無限の話を擁護しようとしています。弟子たちによって、形相的区別はアヴィセンナの馬性の格率を擁護する場面で使用されており、馬性において渾然と融合している諸本質は一なるものであるが、それでもそこには区別があり、それを表現しようとしているのが、形相的区別だといいたいようです。

さて、ここではその深淵に入り込むよりは、オッカムによる示唆に助けを借りましょう。オッカムは『命題集註解』一巻二篇九問において、「もしこのように〔共通〕本性が、それと形相的にのみ異なる特定化する個体的差異によって特定化されるとしたら、被造物であるどのような個体においても、このような一義的関係(univocatio)が措定されるのと同様に、神と被造物の間にもこのような一義的な関係、すなわち神と被造物とに一義的な、外界の物の側の(a parte rei)何らかの実在的な一義的関係(univocatio realis)が措定されうることになる」と、形相的区別が一義性と結びつくことを示しています。そして、オッカムは、スコトゥス自身神と被造物との間に一義的な概念を措定しているが、一義的関係は存在しないと述べていると解釈し、形相的区別が一義的関係に帰着するのはスコトゥス自身の言明に矛盾すると批判しています。これは本当の意味で批判なのでしょうか。裏側から擁護しているようにも見えてしまいます。

解明すべき点は残っていますが、少なくとも、オッカムの整理によれば、普遍実在論、このもの性、形相的区別、一義性は重なるものであることになります。

スコトゥスとオッカムの関係については、探求すべきことがたくさん残っています。私が知りたいのは、両者の存在論における対立よりも、二人の連続性の方なのです。二人はフランシスコ会士という共通の地盤を有し、意志と愛の重視、ハビトゥスの思想、個体主義、被造物の尊厳、自由、直観的認識などにおいては、連続性の方が目立つ理論を展開しているのです。プロテスタンティズムの源流をオッカムに求めれば、オッカムとオッカム以前の間で切断がなければなりません。哲学史もまた現代における義務を背負います。しかし、そういった哲学史の義務を離れてよければ、話は変わってきます。

哲学という営みが、血も涙も流れる思想であるとすれば、スコトゥスとオッカムの間に大きな切断を見出すべきなのでしょうか。スコトゥスが中世哲学の最後で、オッカムが近世哲学の最初と考えるべきなのでしょうか。近世哲学の端緒をどこに設定するのかは、哲学史をどのような布置のもとに眺めようとしているのかが問われる事柄であり、一人一人において哲学への態度決定が迫られる問題です。どこに近代の始まりを置こうがそれは自由でしょう。許されるならば、私はスコトゥスとオッカムの間に切断を見出したくはない。オッカムはスコトゥスを批判しながら、断ち切るのではなく、断ち切れない絆を浮き上がらせようと考えていた可能性もあるのです。これは遠い先に課せられた課題です。その前に、ずっと手前のところで小さな礎を見つけておく必要があります。それは、スコトゥスの思想の構えを見定めておくことです。

解明されていないことはたくさん残りましたが、先に進みましょう。自らの構えを維持できるだけの小さな礎を見つけるために、「存在の一義性」と対面することにしましょう。

コラム

ツイード川の小石

「ツイード」といえば、スコットランド南部に産する手織の毛織物のことと考えられています。ところが、実はスコットランドの川の名前なのです。スコットランド南部で、イングランドと接する地方をボーダーズ地方といいますが、その地域を流れる川がツイード川で、その川沿いにある町々で生産される毛織物が「スコッチ・ツイード」ないし「ツイード」といわれるのです。

以前からツイード川に行ってみたいと思っていましたが、やっと二〇〇二年の夏に訪れることができました。八月といえども、セーターを手放せない肌寒い夏でした。ツイード川に行きたいと思ったのは、毛織物に興味があったからではありません。ツイード川からほど遠くないところに（約一二キロ）、ドゥンス(Duns)――「ダンス」と発音する方が正しいのですが、「ドゥンス」と表記します――という小さな町があります。この町に生まれたヨハネス・ドゥンス・スコトゥスの見た風景を確認したかったのです。

スコットランドは全体として数多くの観光地を擁していますが、ボーダーズ地方には観光資源もほとんど存在せず、旅行案内にでもあまり紹介されることのない地域です。しかし、そこにも深く歴史が流れています。一三世紀の後半に、イングランドとの国境に近いボーダーズに生まれるということは、特別な意味を有していました。ボーダーズは、スコットランドがイングランドからの独立をかちとるために、英雄――実際には、権謀術数、卑劣残虐の徒であったらしいのですが――ロバート・ザ・ブルース（一二七四―一三二九年、在位一三〇六―二九年）が、イングランドと幾多の闘いを交えた場所でもありました。

一三世紀のスコットランドは、賢王・名君として誉れの高いアレクザンダー三世（一二四一―八六年、在位一二四九―八六年）が内政を安定させ、黄金時代を実現しますが、嗣子のないまま事故死し、王位の継受は一時途絶します。それを回復したのが、ロバート・ザ・ブルースだったのです。そのアレクザンダー三世の生まれたのが、ドゥンスからほど遠からぬロクスバラ（Roxburgh）であり（約五〇キロ）、その地にあった修道院で少年期にヨハネスが学んだ可能性も高いと考えられています。いずれにしても、ヨハネスが生まれた場所、育った時代、ここはスコットランドの独立心、イングランドへの対抗心に色濃く染まった環境でした。ヨハネスにも、スコットランド人としての意識、自負が強くあったはずです。これだけでも、スコトゥスをイギリス経験論の源流に据えることの危うさは無視できないでしょう。

そのボーダーズ地方の中でもドゥンスは辺境であり、見るべきものがほとんどなく、日本人どころか、スコットランド人でも、観光のためにも仕事のためにも訪れることはほとんどないような町です。

ドゥンスでめぼしいものといえば、一三二〇年頃に建てられたドゥンス城ぐらいです。そして、地元の人もヨハネスのことはほとんど知らないようでした。ドゥンス城の入口に記念碑（ケルン）が建てられ、町の中心の公園に銅像が建てられてはいましたが、ヨハネスを偲ぶものはそれぐらいであり、ほとんど忘れ去られているといってよいほどでした。それも仕方がないことだったのかもしれません。彼はヨハネス・ドゥンス・スコトゥスと呼ばれてきたものの、ヨハネスが本当にドゥンスに生まれたのか、明確な証拠は長い間発見されてこなかったのですから。

ところが、二〇世紀の後半になって、ドゥンスがヨハネスの生まれた町であることを示す資料が発見されました。ボーダーズ地方生まれの著名人に、一六世紀の大歴史家、哲学者であったジョン・メアー

(一四六七―一五五〇年、ジョン・メジャーとも言われます)がいます。彼は、一五二一年に主著『大ブリテン史(*Historia Maioris Britanniae tam Angliae quam Scotiae*)』を刊行していますが、その中にヨハネスがドゥンスに生まれ、その村はイングランドから八マイル(約一二キロ)離れた場所であると記した記述が発見されたのです。ジョン・メアーは、ドゥンスが生まれた地は、彼の生地、エディンバラの少し東にあるハディングトン付近――より正確に言えばノースベリック近郊のグレゴーニー――から、七―八リーグ(約三四―三八キロ)しか離れていないと述べています。ジョン・メアーは、同郷の偉大な先人としてヨハネスを語っています。そして、ジョン・メアーはボーダーズ生まれで、この辺の土地勘は十分にありますから、その地理的な記述は信頼できるものです。このジョン・メアーの記述によって、ヨハネスが現在のドゥンスで生まれたことは確実視されるようになりました。

子供の頃にヨハネスはドゥンスを離れ、二度と故郷に足を入れることはありませんでした。ドゥンスで彼が忘れ去られたとしても、それは不思議なことではありません。

さて、ヨハネスとツイード川とはどんな関係があるのでしょうか。まず、近在の町はほぼツイード川沿いにありますから、ヨハネスがツイード川のほとりでしばしば遊んだであろうことは予想できます。しかしながら、それだけでは私がツイード川に行きたがる理由としては不十分です。それだけを確認したかったわけではないのです。

ツイード川は歴史をたたえた川です。また、ツイード川の河口にある町ベリックから上流三〇キロほどまでは、イングランドとスコットランドの自然の境界となっています。ドゥンスが位置するのもそのあたりで、したがってイングランドとの国境でもツイード川から約八マイル離れているところに生まれたことは、ヨハネスの思想に何かしらの影響を及ぼしていると思われます。

このようにボーダーズとは、今では見捨てられた片田舎に見えるのですが、歴史的にはスコットランドの歴史が刻み込まれた地域であり、イングランドとの境界でもあるツイード川が象徴的な意味合いを有していたのです。

とはいいながらも、現在のボーダーズ地方は至るところが牧場で、牛と羊の方が人間よりも多いような土地です。ヨハネスが主に牧場で遊んでいたと想像してもおかしくはありません。ヨハネスはどんな子供だったのでしょう。そして、それを探るためにツイード川にこだわる必要はどこにあるのでしょうか。

ヨハネスについての伝記的事柄はほとんど知られていません。家族環境も知られていないのですが、現在のドゥンス城の前身である「マナー・ハウス＝荘園内の邸宅」に居住する身分であったことは予想できます。少年期のヨハネスが時を過ごし、遊んだりした自然環境がどのようなものだったのかは推理するしかないのですが、彼がしばしば用いる例に「石(lapis)」というのがあり、これはその姿を推測する手がかりになるように思われます。

ボーダーズ地方を含むスコットランドは、概して古生代の造山帯であり、今では険しい山などなくなり、なだらかな丘陵だけが残り、湿潤で植物に覆われ、至るところが牧場になりうる地帯です。東に行くほど地層は新しくなり、ドゥンスあたりは中生代ジュラ紀の地層が拡がっています。要するに、岩や石などは、河原に行かなければお目にかかれない地域なのです。もちろん、牧場の土を掘り返せば、石は出てきますし、未舗装の道路には確かに土まみれの石(泥岩のかけら)があります。しかし、中世の少年たちが牧場の土を掘り返して、土だらけのすぐに崩れるような石で遊んでいる光景は考えにくいのです。石は河原にあるのが、普通であったと思われるからです。

ヨハネスにとって「石」が何を意味していたのか、もう少し考察を進めましょう。当時の哲学の文献を見ると、さまざまな例が用いられていますが、ロバ(asinus)、馬(equus)、犬(canis)といったものは、論理学関係の著作などにしばしば用いられています。しかし、ヨハネスがしばしば用いる「石」は、あまり他用例には見当たらないようです。ヨハネスが「石」を用いたのは、気まぐれだったのでしょうか。もちろん「石」も当時の論理学にはしばしば用いられる決まり文句(locus communis)にすぎなかったのかもしれません。それだけのことなのかもしれません。しかし私には、そうとは思えなかったのです。

ヨハネスは、アリストテレスの『形而上学』についての著作、『形而上学問題集』全九巻を著しています。その第七巻には、個体化の問題が、第一三問において詳述されています。ヨハネスが作り出した概念である「このもの性(haeceitas)」もこの第一三問に登場しています。

その第一三問の標題は「石の本性はそれ自体で個体であるのか、または何か外的なものによって個体であるのか」となっています。そしてその議論の中でも「石」が何度も登場します。スコトゥス研究者である八木雄二さんは、次のように述べています。

かれはセーヌ川の岸に立って、石造りのたくさんの建築物に圧倒されたのではないだろうか。(中略)余談であるが、ヨハネス・ドゥンスのテキストでは、個体事物の例として、なぜか「石」がよく挙げられる。それは路傍の石(躓きの石)なのか、教会施設の建築材である石(教会の礎の石)なのか、区別できないのであるが、かれが、「この石」というものに対して、何か特別の思い入れをもっていたのではないかと思われるふしが、かれのテキストにはうかがわれる。

(『中世哲学への招待』平凡社新書、二〇〇〇年、三五頁)

ちなみに、ヨハネスは一三〇〇年にはオックスフォードにいて、一三〇二—〇三年、一三〇四—〇七年にパリにいたことが知られています。

私は以前からヨハネスが考えていた「石」とは何であるのか、気になっていたのですが、八木さんのこの見解を知ってから、ますますヨハネスの「石」がどのような種類のものなのかを知りたい気持ちが強まりました。私の予想では、「この石」、つまり個体性を持った石とは、多くの石材の一つとなっている、建築物の石とは思えないのです。もちろん、会社や組織の中の歯車として、個性もなく、個性を発揮することもできない現代のわれわれにおいてすら、一人一人に個性は存在するという議論も可能ですから、幾多の巨大な大理石の石材に挟まれた石の破片に、個体性の輝きを見出すこともできます。つまり、ヨハネスも疎外状況において個体性に思い至ったと考える道筋もないわけではないのです。

ですが、私としては、巨大な中世教会の中で、足下の石を見つめるヨハネスの姿は思い描きにくいのです。もちろん、教会の床は墓地でもあり、著名な人々の墓が床面の至るところに拡がっていることはよくあります。私もそういった墓碑銘に見入った経験がありますから、足下の石を見つめる姿を見るのは珍しいことではありませんが、その場合は、石そのものよりも、石の下に埋もれている人に思いをいたすというべきではないでしょうか。

ところで中世においては、イギリスとフランスとでは、建築材料が異なっていました。イギリスでは、石材が手に入りにくいため、隅石や窓枠には石材を用いることもあったようですが、壁材はもっぱらレンガであり、屋根組には木材を用いることが多かったようです。他方、フランス特にパリでは大理石が手に入りやすく、パリ市内において、漆喰の材料となる石膏の産地がありました。壁材がレンガであるのはイギリスとフランスとに共通ですが、赤レンガが剝き出しの建物が多いイギリスと、大理石をふんだんに使用し、漆喰を使用し、滑らかな壁面の建物の多いフランスでは、趣きが異なっていたことが推察されます。

石は、中世イギリスでは貴重なものであったはずです。石切場は点在していたようですが、材質はあまりよいものではなく、イングランド南部の大建造物を建築する際には、硬質で良い材質の石材はフランスから輸入していたという記録があります。そこからも知られるように、スコットランドでも、建造物に石材を(少なくとも良質のものを)それほど多用できなかったらしいのです。ただ、墓碑には当時も切り出した石を使用していますから、スコトゥスが考えていた石が墓碑だったということもありえます。当時も今と変わらず、教会の庭には石の墓碑が立ち並んでいたはずです。

石の本性(natura lapidis)がどのようにして個体性を備えるかと問う場合、人間の手によって加工された石は、議論を複雑にしてしまうように思われます。本性(natura)というとき、そのものに本来備わった性質・事柄のはずで、加工された石では、石の本性に外側から形態などが付与されています。人工的に加工された石について、石の本性を語るのは不可能ではないのですが、猫の習性を語るのに人に飼われている猫の習性を語るのにも似て、例としては都合が悪いのです。これは議論するまでもないことでしょうが、そういうものについて「石の本性はそれ自体で個体であるのか」、「この石は自体的に個体なのか」という問いは立てにくいはずです。すると、スコトゥスの考えていた石は、どうも人間の手が加わっていない、自然の石だったのではないか、というのが私の予想なのです。

私は、スコトゥスの考えていた石とは、やはり故郷のツイード川の小石、子供の頃に遊んだ小石ではないのか、と思っています。ヨハネスが生まれたと考えられる家は、ドゥンス城のそばにあったと推察されています。その牧場の拡がるドゥンス城のそばにも、小石がなかったわけではないのですが、土に埋もれた、または埋もれかけた石ばかりで、どうもそれらしくはなかったのです。泥だらけの石は「このもの性」を持ちながら、それを表現しにくいのです。

私は、ドゥンスの町中を石を探して歩き回りました。古い歩道は、両側に石垣が組まれています。それもやはり石です。そういった石垣には、中世以来のものが今も残っているとは考えにくいのですが、それでも昔からの伝統でしょうから、ヨハネスもそういった石垣を見慣れていたでしょう。しかし、あの「石」ではないような気がします。石垣を見つめる少年は、アリの行列を見つめる少年と同じように、どこにでもよく見られるものではありません。どうも河原の小石に違いないという妄想は強まる一方でした。

ドゥンスに近いあたりのツイード川は下流ですから、河原の石はそれほど大きくありません。直径一〇センチを越える石は少なくなります。河原の風景は、日本の河原と大同小異であり、色とりどりの石が辺り一面に転がっています。花崗岩がその半ば以上を占めています。河原のさまざまな石を集めて、その多様性に感嘆する少年は、今も昔も数は多くはないとしても存在していたのではないでしょうか。私自身、名前も分からないまま、形や色が面白いからと、河原から石を拾い集め、家の中を石だらけにして怒られてばかりいました。タダでいくらでも集められるから、子供にはとても面白いコレクションだったのです。

それはともかくとして、河原の多様な石にヨハネスが注意を向けたことは考えられないことではありません。多様性の中において、はじめて個体性は意味を持つのではないでしょうか。道路の上に無数に転がっている石を目の前にして、その中の一個の石について個体性を考えられないわけではないのですが、「この石」として、際立って精神の眼の前に現れてくることは少ないのではないでしょうか。個体性が判然とは現れてこないが、それでも個体性を認めるときに、個体性を問う心構えが生じてくるのではないでしょうか。個体性を哲学的問題として真摯に探求するためには、探求すべき意義が与えられなければなりません。

ヨハネスが属していたフランシスコ会は、「小さい兄弟の会」が正式名称です。創始者フランシスコは世俗のすべての権威から離れて、魚や鳥にまで説教をした人物です。フランシスコの目は、小さいもの、卑しいもの、忘れ去られているものに向けられていました。

ヨハネスはフランシスコの精神を汲んだ、忠実なフランシスコ会士であったのですから――私は「このもの性」という概念も、フランシスコの小さいものへの眼差しを哲学的に表現したものだと思っています――、ヨハネスの語る「石」は、ちっぽけな石であったと考えることに奇妙さはないはずです。

ツイード川の河原（メルローズのあたり）に行って、私も大人気なく河原の石と戯れたのですが、そうしながら、無造作で殺風景な光景が私の目に焼きついたのです。なぜだったのでしょう。哲学的でも何でもない、ありふれた河原、日本でも至るところにあるような河原だったからこそ、私は妙に感心し感動もしました。「小さいもの、卑しいもの、忘れ去られたもの」の楽園が拡がっていたからなのです。スコトゥスの小石が何であるかを示す証拠も傍証も何もありませんでした。何一つありませんでした。ありきたりの河原で感動している日本人は、スコットランドでは奇妙な存在者なのでしょうが、ヨハネスのいう「石」がこの河原の石であることを得心してしまいました。私はそのことを確認するために、スコットランドの辺境の片田舎に行ったのだといっても過言ではありません。しかし、存在が小石の中で響いていたのです。ドゥンスに、ヨハネスを偲ばせるものは何もなかったといってもよいのですが、もともとその非存在を確認しに行ったというところもあって、初めから「小石」――ヨハネスの小石――を探しに行っただけなのです。

ありきたりで、小さく卑しいものは、何か偉大なるものが身をやつした姿なのかもしれません。ヨハネスの小石はどこにでもあります。ヨハネスの有していた存在論の中心は、その辺にあるのではないでしょうか。

哲学の風景、哲学が宿る風景とは、決して哲学然としたものではなく、散文的で、だらけたもので、見るべきものなど何もない風景のことだ、と私は思います。今・ここ(hic et nunc)とは、常にそのままで奇蹟が連続創造的に生成している境域なのです。存在は、奇蹟でありながら、耐えられないぐらい、凡庸で退屈で散漫で下品で卑しく、月並みな姿をして登場します。「ありきたりなありがたさ」と言ってもよいでしょう。

II

存在の一義性

――ドゥンス・スコトゥスの知的革命

第一章　存在の一義性について

第Ⅰ部では、存在の一義性の前景を語りました。この章では、その本体に入り込んでいきましょう。予め述べておくと、「存在の一義性」という理論そのものは、比較的小さい概念装置です。しかし、それを説明するための装置がいろいろとあり、それらがすべて新しく、スコトゥス独自の意味づけと改革が込められているのです。

ただ、既にここまで見てきたように、スコトゥスは存在をめぐる変革の激流の中にあって、フランシスコの体験の哲学的表現を目指しつつ、フランシスコ会の思想との調和を図りながら、形而上学に関する大きな改革を目指しました。フランシスコ自身は、学問への専心が、フランシスコの基本精神、つまりキリストのまねび(imitatio Christi)を目指し、清貧・従順・謙遜に徹する姿勢と対立するかもしれないことを見抜いていました。スコトゥスの煩瑣で難解な哲学と、簡素なフランシスコの精神は、一見すると結びつかないように見えます。しかし、そんなはずもありません。スコトゥスの主意主義とは、そのまま額面通りに受け容れてはならない哲学史的整理ですが、意志を重んじる側面はスコトゥスの中に確かにあり、そしてそれは愛の思想に結びついています。スコトゥスにおける愛の思想、それはあまり語られてはきませんでした。しかし、最近ユトレヒト大学のグループ(A. Vos, H. Veldhuis, E. Dekker, N. W. den Bok, A. J. Beck)が示したのは、スコトゥスの愛の思想の具体的な姿であり、その愛の思想が彼の主意主義と結びついているということでした。このことと存在の一義性との関連は表面には見えてきませんが、それらを貫く問題意識をスコトゥスが抱いていたことを示していると思います。「愛」といっても、センチメンタルでリリカルな愛というよりは、「慈悲」に近いものかもしれません。愛というハビトゥスが宿るのは、精神でも肉体でもなく、全体的人間(homo totalis)、日本的に表現すれば「身」であり、楽や快や善を志向するものよりも、反対なるものの忌避を目指すものだと思います。さらにまた、直観的認識は、フランシスコの聖痕の経験を踏まえていることは、基本的大前提です。スコトゥスの歩みは、煩瑣や精妙と形容されるより、愚直と表現されるべきです。

話が先に行きすぎたようです。存在の一義性という問題が論理学や言葉の問題にとどまるものではないということだけは押さえておいてください。先に進みましょう。

1　存在の一義性とは何か

ドゥンス・スコトゥスは若い頃から、一貫して存在の問題を扱っています。ただ、若い頃は、存在は一義的ではなく、アナロギア的なものだと考えていました。スコトゥスは、初期には明確に存在の一義性を否定していたのです。

一義性とは、名称もその内実も同じということです。ラテン語ではcanis(犬)という言葉があります。空にいるcanis,つまり「天の犬」はCanisと大文字で書き始めますが、これは「犬座」です。また「海の犬(canis maris)」とは「ひとで」のことです。ラテン語で　canisは、「地上の犬」「海の犬」「天の犬」を表します。「地上の犬」はワンワン吠えますが、「海の犬」は吠えません。したがって「canis(犬)は吠えるけれど、吠えない」と述べても矛盾は起きません。こういうのが同名異義(多義的)ですが、名前も意味も同じものが一義的(同名同義）です。

「存在」が一義的だというのは当たり前すぎて、いうまでもないことのように見えます。しかし、アリストテレス以来、存在は一義的ではないというのが大前提とされて話が進んできました。存在は一義的なはずがない、というのが当時の常識だったのです。

存在が一義的ではないということは、存在者の領野の中に、大きな亀裂があるということを含意していると思われます。そして同時に、存在が一義的でないということが、存在は類ではないという発想と結びついて、存在には外部がないということを意味していました。

亀裂があるとは、無限的存在と有限的存在との間に越えられない落差があることを例として考えればよいでしょう。私はこれを「共約不可能性」と考えてきました。これは理解しにくいことではないでしょう。

もう一方の、存在に外部はないということは説明が必要でしょう。一義的というのは、通常の理解では、「犬」と「猫」と「モグラ」が哺乳類であることについて、また「カンパチ」と「ヒラマサ」と「ブリ」と「アジ」がアジ科であることについて一義的であるというような場合に用いられます。下属する種が上位の類について一義的です。つまり、ａとｂについてＧが一義的であるという場合、Ｇはａとｂの両方を部分として含む全体となっています。そして、一義的なものは、そうでないものから区別される境界を有しています。ところが、存在するものに外部はありません。

一義的なものは、類と種、つまり全体と部分という関係が成り立つ場合に成立します。ところが、その階梯において、最も普遍的な方と最も個体的な方、という両端においては一義性がそのままでは適用できません。なぜ適用できないのかは、別の章で考えることにしますが、そういった両端は論理学で扱えるものではないのです。

「存在」およびそれと互換的なものとしての超越概念を扱うのも、個体化の原理を扱うのも、論理学の中では無理なのです。それこそ形而上学が扱うものなのです。

すると、問題はこうなります。一義性が、論理学で扱える領域に適用されるのは、当然のことであり、アリストテレスの論理学で前提され、それを踏まえた中世の論理学においても、哲学においても大前提でした。問題は、最も普遍的なものである「存在」が限界事例であるが故に、論理学をはみ出し、そして一義性が適用されることもないという点です。ですから、アナロギアという、通常の論理学を逸脱する推理が適用される場合もあったのです。

さて、「存在」に関する限界状況は、神と被造物ないし無限存在と有限存在において、両者に一義的なものはあるかどうかと問われる場合に、両者に一義的なものがあるとすれば、それは「存在」ぐらいしかない、という答えとして現れます。

「存在」が一義的であるとすると、一義性の領野と論理学が扱える領野は重なりますから、神を論理学が扱うこともできるようになっています。「神学」も「形而上学」も学ぶ必要はないということになりかねないのです。

スコトゥスは主著『オルディナチオ』で、一義性について「概念が一義的であるというのは、同一の主語について肯定しかつ否定すると、矛盾が生じるのに十分な統一性を有するものである。そして、それは三段論法の中項にもなりうるものだ」と述べています。この本の最初で取り上げましたが、再録します。

「一義性」の用語が議論を縺れさせるといけないから、ここで「一義的概念」を次のように定義しておく。すなわち、同一の主語について同時に肯定されかつ否定されるとき、自己矛盾をきたすに足る（意味の）統一性を有する単一の（unus）概念がそれである。さらに言い換えれば、三段論法の媒辞として大・小両辞を統一するとき、「媒概念二義の虚偽」を犯すことなく、これら両辞を結合して結論を生ぜしめるに足る単一の概念である。

（スコトゥス『存在の一義性』三八頁）

このテキストが存在の一義性をめぐる基本論題(master argument)になります。そこに登場する「媒概念二義の虚偽」について触れておくと、これはたとえば「走るものは足をもつ、セーヌ川は走る、ゆえにセーヌ川は足をもつ」という場合、「走る」が二義性を有しているので誤謬推理となります。二義性を有する場合には、「セーヌ川は走り、かつ走らない」と述べても矛盾が生じるわけではありません。「セーヌ川は(「時間が走る＝早くすぎる」というような転義的な意味では)走るけれど、(「馬やライオンが走る」という場合のような本来的な意味では)走らない」ということです。二義性は、確実な推理を引き起こしません。

ここでテキストを注意深く読むと、スコトゥスは、概念の一義性を問題にしていることが分かります。実はここで、伝統的な枠組みからの脱却が図られています。それを根拠を伴って示すには、次の章での作業が必要になりますが、これは近世的思考の予兆といってもよいほどなのです。概念には一義性と多義性との間に中間はありません。概念に定位することは、論理学者として語ること(apud Logicum)と形而上学者として語ること(apud Metaphysicum)というように、二重の語り方の間を飛び交うことで調停を図るのではなく、斉一的な空間の中で語ることを余儀なくされます。

このように概念ということに徹底的に着目すれば、存在の一義性を論理学者として捉えることになります。その場合、一義性と多義性の間に中間はないこと、アナロギアは成立しないこと、概念における同一性と差異性が問題とされている、ということもできます。概念の両義性とは、概念の分析が不十分であることからくると主張されているのかもしれません。一なる概念でも二つ以上の概念でもない、アナロギアによって一なる概念の存立の可能性を否定するものなのです。

このことは、次のように言い換えることもできるでしょう。スコトゥスの存在の一義性とは、本来「最高類」を限界事例としていた「一義性」を、その限界事例を越えてまで使用することなのであり、無限者と有限者との間の「共通の基体」の捉え方の変更をともなうものなのです。しかもそれは、紐帯としての〈第三者〉を概念(conceptus)に設定するものなのです。その概念は一にもあらず二にもあらず、という鵺《ぬえ》的なものではありません。神と被造物は、事象においても(in re)事象成分においても(in realitate)、何ら一致することはないものなのですが、概念においては一致するものなのです。だからこそ、「一義的(同名同義)」と「多義的(同名異義)」は、本来名称(nomen)を修飾するものであったにもかかわらず、概念(conceptus)を修飾するようになり、「一義的な概念」ということが問題とされるようになったというわけです。

しかし、概念も合理性も挫かれねばなりません。ここで概念が無限者と有限者、つまり神と被造物の間に設定されたということは、問題を平板化してしまうように見えます。概念が神と人間の絆であるというのであれば、キリスト・マリア・聖霊・聖人・奇蹟・聖書・教皇・教会といったさまざまな媒介、異端の危険を冒しながらも無限に多様化されるしかなかった媒介はどうなってしまうのでしょう。無限の落差と最大の近み、相互浸透といった、理性では捉えにくい事態が問題になっていたのでなかったでしょうか。

ここで、次の節に移っていくために、予め二つのことを述べておきたいのです。一つには、存在についての語り方は、微妙な違いであっても、その波及効果は大きいということです。存在は最初に人間精神に刻み込まれる、とアヴィセンナは述べました。そして、それが西洋中世に受容されます。これは近世に入って、生得観念の有無ということにも密接に結びつきますが、哲学と神学の関係やら、神学教育のカリキュラムなど、いろいろなものに影響を及ぼします。いかに抽象的な概念も、それ自体具体的なものを直接生み出さないように見えて、概念が流通することを通して、具体的な成果を生み出します。概念のリアリティは、人間の中で流通することで顕現します。存在がいかに抽象的でも、抽象的なままにとどまるのではないのです。存在が最初に与えられること、第一次性については次章で詳しく扱いますが、このテーゼを流通させるためには、多くの付随概念を取り入れる必要があります。

第二に、話題は狭いところに移りますが、神について現世の人間知性が自然的に認識するのは可能かという問いの中で、存在の一義性が主張されていることです。恩寵や照明によってではなく、自然的に認識によって神について認識する可能性が論じられているのです。神学的な背景を取り除けば、実はそこでは人間知性は無限性を認識できるかということが問題になっているのです。そのために、一義性が前提されているのです。

2　存在の一義性の成立条件

ここで、『オルディナチオ』を踏まえて、スコトゥスが存在の一義性が成立するための論拠として挙げている点を、いくつか挙げておきます。

１　第一のものは、次のようになります。この世の人間は、神が存在していることを確信している(certus)が、それが無限なものか有限なものかについては疑いを持っている(dubius)とします。すると、存在としての神の概念は、無限もしくは有限なものとしての神の概念から区別されることになります。神が存在であることは、無限であるか有限であるかの前提であり、無限であるか有限であるかということに含まれてはいますが、それ自体ではいずれでもないというのです。したがって、そこからもっとも基礎的な概念は一義的な存在概念である、とスコトゥスは結論します。ここでは、認識の問題と存在の問題が混同されているようにも見えます。確認している、あるいは疑っているかということから、なぜ事物の客観的なあり方について云々することができるのか。ずいぶん「弱い」議論のような気がします。しかしそうではないのです。これこそ実はスコトゥスの重要な論法です。というのも、ここでは無限であるか有限であるかという、離接的な二項対立が共通の論理空間を設定すると同時に、その共通性が有限な知性に与えられているということが重要なのです。

２　二つ目の論拠としては、直接的な論拠ではありませんが、スコトゥスはアナロギア説を否定することで、存在の一義性の妥当性を間接的に補強する議論も提出しています。スコトゥスは、若い頃から存在は一義的かどうかを論じてきましたが、当初はアナロギア説を主張し、途中で一義性説に転じます。その議論の際に、アナロギア説批判も行っています。『オルディナチオ』ではアナロギア説批判は簡単に済ませていますが、この点はスコトゥスが何度も反復して思考したところ、アナロギア説を断念することは、いかなる困難があろうと一義性説に向かわざるをえないことを意味します。

一義性論におけるアナロギア説批判は思ったよりも複雑なものになります。理由の一つは、スコトゥス自身がアナロギア説を保持していたこともあり、単純に頭から切り捨てることはできないということもあるでしょうし、ここでのアナロギア説の主張者であるガンのヘンリクス※の説が難解だということもあります。

３　第三の論拠は以下の通りです。この世においてはいかなる人間理性も具体性を持ち、個別的な認識を神について持つことはできません。しかしながら、至福なる人々(beati)は神を認識でき、しかも至福直観においてできますが、それは意志の対象(obiectum voluntarium)としてである、とされています。意志の対象とは、愛の対象として、と考えればよいでしょう。ですから、神の自然的認識は可能であり、したがって認識対象として限定された仕方においてではなく、限定を受けない、一義的なものとしてである、とスコトゥスは整理します。途中の議論は省略しましょう。意志の対象としての神や至福直観の問題は、スコトゥスにとってきわめて重要です。

途中の道筋が長いので、スコトゥスのテキストを読んでいると忘れてしまうことも多いのですが、存在の問題は結局、意志や愛の問題なのです。スコトゥス的に表現すれば、存在の問題は意志の問題に秩序づけられている(ordinatio)のです。この本の結論もそこに行くことになります。

ここでは1と3に少しこだわっておきましょう。1の議論においては、この世の知性は神が存在することを確信している、ということを前提としています。この前提はキリスト教世界でしかなりたたないとしても、そこに歩み入れば論敵でも受け入れるものであることを前提しています。中世哲学は討論しながら結論を導くプロセスです。したがって、必ずしも厳密な論証にはなりませんが、ここでの要点はそこにはありません。大事なのは次の二つのことです。

すべてのものはAであるか、～A(Aでない)かのいずれかであるとしても、Aであるか、～Aであるかについては確信できないことがある。Aまたは～Aを確信しながらも、いずれかについては確信できないことはよくあります。

このどちらか一方であることを確信しながらいずれであるかは確信できない、ということはよくあることですが、それが一義性のための主要な議論になるということは、いささか拍子抜けするように感じられます。私もそうでした。

これは、どういうことなのでしょうか。岐かれ道がある場合、右か左かしか選択肢がないことを確信しながらも、どちらに進むべきか確信できない場合を考えればよいでしょう。排中律以前については確信しながら、排中律以降については疑わしい、という事態です。

排中律というのは、Aと～Aがあった場合、その中間となる第三項を排除する原理で、特に命題の真偽について用いられる場合が多いものです。この排中律は、後で至るところで重要な働きをするようになります。

さて、ここに呈示されている議論は、一見するとかなり奇妙に見えるのですが、存在の一義性の特徴をよく示していると思われます。無限か有限かとは、離接的様態(passiones disiunctae)です。

ここで問題になっているのは、二項対立の分節以前と分節以降のことです。確信と疑いというのは、そのあり方のことであり、必ずしも認識的な次元だけが論じられているのではないのです。

スコトゥスはここで、アヴィセンナ※の「馬性の格率」を念頭においているはずです。既に繰り返し触れたように、この格率は、「馬性は馬性である限りにおいて馬性でしかない」という実に当たり前のことを述べているだけのテーゼに見えます。しかしこの格率は、中世の形而上学を考える場合の根本的かつ中心的命題ですから、しつこく考え続ける必要があります。けれどもまずは、馬性は馬性でしかない、一でも多でもない、排中律は適用されるしかないけれど、排中律が適用されない領域もあり、それが重要な意味を有する、ということが述べられているとしておきましょう。馬性とは、事物の側にある本質のことです。この「馬性」は、中世においてもなかなか理解されませんでしたし、用語としても一般的に通用する名前を持つのに時間がかかった概念です。特定の地域でしか通用しませんでしたが、〈本質存在〉(esse essentiae)と呼ばれたり、トマス・アクィナス※では絶対的に考察された本性(natura absolute considerata)と呼ばれたり、またドゥンス・スコトゥスでは共通本性(natura communis)と呼ばれもしました。正確には、ドゥンス・スコトゥスは本性(natura)としただけであり、弟子が術語化して「共通本性」と呼び習わしたということです。

馬性の格率とは、本質というのは、Aか～Aのどちらかのあり方しかできないが、それ自体で捉えればどちらでもないというのです。人間は男か女か、どちらか一方でしかありませんが、人間それ自体は男でも女でもない、ということも同じです。その際、それ自体で捉える見方は、人間が頭の中で考えるだけのことではなく、事物に備わったものであり、客観的な論理的空間である、ということです。それ自体で捉えられる領域というのは、排中律が適用される以前の領域のことであり、事実に先行する世界であり、可能性の領域であり、可能性の条件を示す領域とされています。事実的にどこかに見出されるようなものではないのですが、フィクションとしてあるものでもありません。馬性の格率とは、可能性の領野において、二項対立の両項を媒介する領域の存在することを述べる原理だったのです。

存在の一義性は、可能性の領域をどのように捉えるかに関わります。排中律の両項のどちらかに疑っていても、それらのいずれかであることを確信しているということは、トリビアルなことに見えます。可能性の領域は事実の中に現れることはありませんし、事実を支える条件であるにもかかわらず、現実にしか目のいかない人々には、存在していないようにしか思えない領域です。

そうではないのです。この議論において、神が何であるかを問う前に、神が存在であることを確認することはとても重要なことです。実はその時点で、形而上学の可能性が示されているのです。

３の議論も重要です。何を目指しているのか分かりにくい議論ですが、神は現世の知性によって認識できるということが一つの要点としてあります。その際、二つのことが問題となります。一つには、確かに神はこの世の知性によって自然的に(奇蹟によらずして)認識できるけれども、誰でもできるわけではなく、あくまで至福なる人々(beati)という特殊な人々にだけできるということです。

もしわずかでも可能性がこの世に存在すれば、それを誰でも目指すことはできます。自然的な認識の可能性とは、事実として誰でも認識するということではなくて、もし少数でも認識する人物がいるとすれば、誰でもそれを認識する可能性は持っているということです。スコトゥスが目指したのも、この自然的な認識の可能性でした。この論点は第Ⅰ部の純粋完全性で見た枠組みと重なります。

次の節では、なぜアナロギアが自然的な認識の可能性に対立したものになるのかを知るために、アナロギア論の概要を見ておきましょう。

3　アナロギアと一義性

さて、スコトゥスの道を「一義性の道」と呼んでもよいでしょう。そして、二つの道を認める立場を「アナロギアの道」と呼びましょう。アナロギアについては、さまざまな解説書がありますし、深入りすると脇道にそれてしまいそうですが、ここでは二つのことを確認した上で、少しだけアナロギアに触れておきます。アナロギアと存在の一義性は必ずしも対立しているのではないことを示すためにです。歴史的には、ドミニコ会とフランシスコ会の代理戦争のような構図がトマスとスコトゥスの間に設定されました。ドゥルーズもそのように対立させました。しかし、スコトゥスの道を考えると、そこに大きな対立はないかもしれないと思えるのです。スコトゥスは、初期においては、アナロギアを奉じ、後に存在の一義性に転じましたが、回心してそうなったわけではないのです。ともかくも、そのような見通しの具体相を知るためにも、アナロギアの説明を付しておきます。

一つは、アナロギア説は「存在のアナロギア」ともいわれますが、ドゥルーズが整理したようなヒエラルキーを設定する思想ではないということです。また、一六世紀になって、カエタヌスがアナロギアをA：B＝C：Dという形式で捉えられる比例性の類比で解釈し、学問的な厳密さを保ちうるように整理しましたが、アリストテレスにしろトマス・アクィナスにしろ、アナロギアを用いながら、そんな理解はしていないのです。言葉は同じでありながら、意味を異にする複数のものが一つにまとめられる場面が存在することを示すのがアナロギアでした。複数の道がありながらも、頂点において統一される山登りの道こそ、アナロギアを説明する最適の例なのです。

たとえば、ラテン語でsanusは「健康である」(例、腎臓)、「健康を作る」(例、有機野菜)、「健康のしるしである」(例、良い顔色)というように、多義的に使われながらも、すべてが「ソクラテス」という一つの実体において統一されます。その場合に、アナロギアが考えられています。これは、「帰属の類比」といわれるものなのです。「健康」の存在と原因と記号とは、一つの実体で統一されるとしても、それらの内容は異なっています。これはかなり緩やかなまとまりなのです。アナロギアとは、厳密な論理性になじむものではありません。

アナロギアについて触れておくべきもう一つの論点とは、既に触れたようにドゥンス・スコトゥスは若い頃は、存在はアナロギア的に語られ、一義的には語られない、と考えていた時期があったことと関わります。「常識」的に考えれば、存在は一義的ではないのです。

スコトゥスも、そのことは十分に理解していました。心に刻みこんでいました。中世では、神学を学ぶにもまず最初はアリストテレスの論理学書(オルガノン)から入ります。『イサゴーゲー』『カテゴリー論』『命題論』などへの注解や問題集を書いて、それを卒業すると、アリストテレス『形而上学』に進み、その次にロンバルドゥス『命題集』に進みます。

『イサゴーゲー問題集』や『カテゴリー論問題集』では、スコトゥスは「存在は多義的である(ens est aequivocum)」と述べていますし、それどころか、存在は一義的ではないとしています。存在は一義性であると主張したドゥンス・スコトゥスが、若い頃は存在は一義的であることを明確に否定していたのです。

スコトゥスは途中で考えを変えます。そして、存在は一義的である、とあえて主張する道を選んだ時に、「スコトゥス哲学」が立ち現れるのです。そこには大きな決断があったはずです。戻れない一歩が踏み出されたのです。その思いへのオマージュとして私は今この本を書いています。

アナロギアといっても、少なくとも三種類が考えられます。これは一五世紀に『名称のアナロギアについて』

を著したカエタヌスの整理です。彼は、アナロギアを帰属類比、比例性の類比、不等性の類比というように、三つに分類しました。スコトゥスの弟子のアントニウス・アンドレアス※は一義性を三種類に分類しました。三つに分類するのは、中世的・キリスト教的な分類です。

中世において、アナロギア論を定式化したのはトマスですが、それを緻密にまとめたのがカエタヌスでした。ここでは、トマスの『神学大全』を踏まえて、アナロギアの概要を見ておきましょう。

a　帰属類比

トマスは、『神学大全』の中でアナロギアを説明する際に、まず次のような場面設定から始めます。つまり、神と被造物に共通に適用される名称——たとえば、智慧——は、一義的なものなのか、多義的なものなのかという問いに対して、そのどちらでもなく、アナロギアによって語られているというようにです。

> 若干の名称は（中略）神と被造物にアナロギア的に語られるのであって、純粋に同名異義的＝多義的にでもなければ、同名同義的に＝一義的に語られるのでもない。（中略）神と被造物に語られるものは、ある秩序、つまり被造物の根源（principium）、原因としての神（中略）への秩序が存在する場合にだけ語られるのである。こうした共通性は純粋な同名異義と端的な同名同義の中間である。その理由は次の通り。アナロギア的に語られることにおいては、同名同義的なものの場合のように一つの概念があるのでもなく、同名異義的なものの場合のように、全く別個の概念があるのでもない。たとえば、「健康的なもの」が「尿」について語られた場合には、動物の健康の徴表（signum）を表示し、「医薬」について語られた場合には、動物の健康の「原因」を表示する場合に見られるように、多様な仕方で語られるものが、ある一なるものへのさまざまな関係

(proportio)を表示しているのである。

(トマス・アクィナス『神学大全』第一部第一三問第六項結論)

「健康的なもの(sanum)」という右の例をパラフレーズすれば、次のようになります。「動物」も「医薬」も「尿」も「健康的なもの」と語られますが、その際「健康的な」という同一の名称が適用されるとしても、本質規定(ratio)は異なります。というのも、それぞれ「健康を有する」、「健康の原因である」、「健康の記号である」ということだからです。換言すれば、「動物」において「健康」は本質規定をなすものとして(formaliter)ありますが、「医薬」や「尿」における「健康」は、「動物」に内在する「健康(sanitas)」という一なるものへの秩序(ordo)を有することによって、何らかの仕方で一なるものと考えられています。なお、「本質規定をなすものとして」という分かりにくい言葉は、ここでは「事物に備わったものとして」といった程度に理解しておいて十分です。

神と被造物に話を移すと、完全性は神の本質規定をなすものとして述定されるものですが、被造物に関しては、「分有によって」述定されることになります。ここに登場する「分有(participatio)」は、後に重要な役回りを演じることになります。

以上のあり方を有するアナロギアは次のような構図として整理できます。つまり、(1)名称は同じであり、(2)統一項も一つであるが、(3)その統一項への関係はさまざまであり、(4)統一項の名称に対する関係もさまざまである。たとえば、「健康的」は一つであり、「健康の本性」も一つのものであるが、アナロギア各項の統一項への関係は「本質規定をなす、記号表示する、引き起こす」などというようにさまざまであり、名称のレベルでは、ある一つの「健康的」は判明に「健康」を表示するが、別のものは渾然としか表示しないというようにです。

「名辞によって概念のことを考えている」と述べるライプニッツでしたら、「健康的」がさまざまな意味を持つのは複数の複合概念に同一の名称を与えているから生じることであって、単純概念にまで分析し、たとえば「健康を記号表示する」というように分析するでしょうから、その場合、アナロギアの枠組みは消滅してしまうことになります。

スコトゥスが述べる存在の一義性も、存在を概念において捉える立場です。この論点が自覚的に捉えられれば、アナロギア論の半ばは瓦解します。健康的という語にアナロギア的な多義性が見出されるのは、自然言語の中で述定という言語使用がなされる限りにおいてであり、概念において捉えれば、「健康的」という一語で統括されていたものが分散してしまいます。一つの言葉であることに見られる一性ではなく、スコトゥスは概念の一性に焦点を定めます。

さて以上のように、「帰属類比」は神と被造物の間のアナロギアとしては不十分である可能性が高いのです。トマス自身が四項比例の例に拘泥していること、カエタヌスが本来的な意味でのアナロギアは「比例性の類比」であると述べていることを見ても、アナロギア論の中心が「比例性の類比」にあるのではないかという予想は容易に立ちます。

b　比例性の類比

比例性の類比(analogia proportionalitatis)とは、たとえば「魚の骨(spina)の魚に対するは、動物の骨(os)の動物に対するが如し」、「視覚の目におけるは、知性の精神におけるが如し」という例に見られるものです。カエタヌスの整理を用いると、「名称が同じで、名称の本質規定(ratio)も比例的に同じもの」となります。比例性とは、二つの比の類似性であって、もともとは6：3＝4：2という例に見られるように、二つの数の関係としての比相互の関係を示すものでしたが、質的な関係一般に拡大適用されることによって成立したものなのです。

直観的な理解をうるためには、次のように整理すればよいでしょう。骨のアナロギアでは、魚の骨は魚を「支える」のと同様、動物の骨も動物を「支えている」こと、また目に関するアナロギアでは、「視覚によって見ること」は「ある事象を目に呈示する」のと同様、「知性によって見ること」とは「ある事物を精神に呈示する」ことであるという説明を見れば、ここでは働きにおける類似性が問題となっていることが見えてきます。これが「比例的に ratio が同じである」ということです。

では、比例性の類比が神と被造物とに適用された場合にはどうなるのでしょうか。「神がその智慧に対するは、人間がその智慧に対するが如し」という例で考えてみましょう。これが本来的な意味でのアナロギアであるということの理由は、次のように考えられます。「比例性の類比」は、「概念に即して(secundum intentionem)」も「存在に即して(secundum esse)」もアナロギアである。つまり、「存在に即して」のみのアナロギアである「不等性の類比(analogia inaequalitatis)」――「牛」も「人間」も「動物」であるが、その動物性は牛よりも人間においての方が完全であるというような例に見出されるもの――、「概念に即して」のみのアナロギアである「帰属類比」と異なり、両側面においてアナロギアとなっているからです。

先の例に当てはめてみます。神の智慧と人間の智慧は、一方が他方の一部をなすとか、一方(たとえば、人間)においてはもう一方の性質(たとえば、神の智慧)の記号であるとか、原因であるとかというように外部に存在するものの陰としてのみ存在し、したがって一方(たとえば、神)の内にしか存在を有さないものではなく、それぞれ神と人間において別個の存在を有するものとされています。また概念においても別個です。智慧は人間の内に存在するが、神は智慧そのものであると考えてもよいし、神の智慧は人間の智慧より完全であると考えてもよいでしょう。

整理してみます。「比例性の類比」は ratio(関係、機能)の等価性のことです。この ratio＝ラチオは訳しにくい言葉です。さまざまな意味を持ち、しかも最も基本的な用語なのです。当時の人は文脈において誤解することなく、そのニュアンスを識別できたわけですが、現代人には文脈が分からないので、そのニュアンスが伝わってこないのです。

「帰属類比」とは、ある一なるものへの「秩序(ordo)」によって一なること、ある一なるものを統一項(terminus)と呼べば、統一項に即する限り ratio は同じですが、統一項への関係に即すると相異なるものとなります。

また、「不等性の類比」は第三番目のアナロギアを構成するものですが、頭を悩ませるべき概念ではありません。というのは、この不等性の類比とは、名称も本質規定も同じであるが、完全性において差異のあるものにおいて生じるのですから、一義性と両立するものと考えられています。

アナロギアの問題において、名称が同じかどうかということは付随的な問題と考えられます。確かに、帰属類比においてはアナロギア各項は――たとえば、「健康的(sanum)」――同じものです。記号の質料面での同一性が、アナロギアの統一性の基礎となっているのではありません。統一項、つまりアナロギア各項がそれに対して派生態としてあるもの、ないしそれに対して「外的名称規定」としてあるものがアナロギアの統一性を成り立たせています。この統一項は表面には現れません。

比例性の類比においても事情は似ています。「視覚の目におけるは、知性の精神におけるが如し」という例において、結びつけるものは表面には現れない働きです。機能の同一性が問題とされているのです。

しかしながら、カエタヌスの整理をこれ以上持ち込むことは問題の焦点を曖昧にする可能性が高いようにも思われます。もともとアナロギアとは、たとえば神の智慧と人間の智慧それぞれに対応する概念は端的に一なるもの(一義的)ではなく、全く別個＝二つ(多義的)なものでもなく、中間的なものであるとするものでした。一つ(同じ)でも二つ(別)でもないという、普通なら理屈に合わない事態を説明するために「比例的に同一」という装置が持ち込まれたのです。

比例性の類比は、Ａ：ＢとＣ：Ｄのそれぞれの関係または機能が予め分かっていれば、アナロギアを設定できるということです。アナロギアが成立しているかどうかが分からない場合、または機能が一方の対（Ａ：ＢかＣ：Ｄ）において不明である場合、推理はできません。言い換えれば、アナロギアが成立するのは、自然的な認識可能性が成立している場合だけなのです。アナロギアは、自然的な認識可能性、つまり一義性を前提しているのです。このアナロギアは説明の道具として使うことはできても、認識の原理としては使用できないのです。

トマスが用いるアナロギアは、比例性の類比ではなく、帰属類比です。そして、帰属類比とは、厳密な装置ではなく、かなり緩やかなものです。こちらのアナロギアによって開かれる認識の可能性の領野は広いものでも、厳密なものでもないとしても、認識の可能性を準備するものではありません。ただし、学問的な厳密性は持ちません。アナロギアを学的認識のための強力な武器に仕立て上げようとする人々は、帰属類比で満足することはできず、厳密性を備えるように見える比例性の類比に向かったのでしょう。

トマスのアナロギア論とスコトゥスの一義性を比較することは、昔からよくなされてきました。ドゥルーズもそういった対立の軸を設定しています。しかし両者は、ドミニコ会とフランシスコ会の代理紛争を背負うかのように対立し合っているわけではありません。スコトゥスが批判の相手にしていたのは、ガンのヘンリクスですし、しかもヘンリクスに対して、スコトゥスは正反対の立場から対立しているのではなく、学ぶべきところを受容しながら、その立場を補強し、一貫したものに仕上げるべく、批判しているのです。

そして、スコトゥスがアナロギア説を批判するのは、ヘンリクスのアナロギア説についてなのです。ヘンリクスのアナロギア説は、神の認識可能性についてのものです。そしてそれは、照明説とも重なってくるのです。

トマスのアナロギア説であろうと、ヘンリクスのアナロギア説であろうと、同じアナロギア説だから、その辺に神経質になる必要はないようにも見えます。ヘンリクスは、トマスのアナロギア説を批判し、独自のアナロギア説を立てたというわけでもないのですから。しかし、両者のアナロギア説を同列に考えてはならないように思います。私自身、ヘンリクスのアナロギア説にトマスのアナロギア説と似たものを期待して、それが見つけられずに困惑しました。ヘンリクスはアナロギア説を特に説明のないまま用いており、これはアリストテレスのアナロギア説のほぼ忠実な受容であるトマスの説明を、直接にか間接にか受け容れていると考えられます。それはそうとして、そういうアナロギアを、アリストテレスやトマスの場合でしたら存在の場面に用いているのですが、ヘンリクスは認識の場面に用いているのです。事物の内的構造を語るために、トマスはアナロギアを用い、ヘンリクスは被造物たる人間と神との違いを論じる場面に用いています。トマスとヘンリクスとでは、アナロギアが用いられる場面が異なるのです。

さらに注意しておきたいのは、ヘンリクスは、比例性の類比を用いているわけではないことです。では、トマスのように帰属類比を使用してるのかといえば、それは簡単には決められません。ヘンリクスは次のように述べます。存在は、神が被造物と共有する(communicare)、ある実在的な共通成分(aliquid commune reale)ではなく、神と被造物の両方の述語となるとしても、その際共通なのは名前だけであり、それは一義的でも純粋に多義的でもない、というようにです。これは一義性の定義からいっても多義性の定義からいってもそうだ、と念を押します。そして、「アナロギア的に中間的な仕方で」語られるとしています。一義性や多義性の定義に従う限り、このヘンリクスの説明は正しく、存在が一義的であるという余地はありません。

ヘンリクスはその際、アナロギアの機序を十分には説明しません。確かに次のような説明はつけます。存在は実体と偶有性に一義的にではなく、アナロギア的に述語づけられます。実体は偶有性の原理ですから、存在が両者に述語づけられるとしても、原理の方に優先権がありますから、存在は実体の方に先立って述語づけられ、偶有性の方には後から述語づけられます。同じことは、神と被造物の存在にも当てはまるとヘンリクスは整理します。一義的にではなく、アナロギア的に存在は述語づけられると説明し、その類似例として、善(bonum)が神と被造物に述語づけられる場合を挙げます。神は本性によって(per naturam)善だが、被造物は分有によって(per participationem)善でしかないと説明します。神も被造物も両方「善・善いもの」ですが、それを支えるメカニズムが違っているので、一義的ではないのです。

鳥も飛びますし、天使も飛びますし、話も飛びますが、「飛ぶ」ことは一義的ではありません。子供が笑う場合と、花が笑う場合と、足が笑う場合、「笑う」は一義的ではありません。比喩や転義的用法においては、一義性は守られることなく、乗り越えられます。一義性に従う限り、言葉は古い用法を護り続けます。新しい言語使用が登場しても、そしてそれが従来の言語使用から大きくずれていても、言葉そのものに十分な畳長性があれば、その新しい表現に意味を発見できます。一義性は、「この先、進むなかれ(Non plus ultra)」という、平面上に捉えられた世界の端にある行き止まりの立て札のように、既知の領野において機能する原理なのでしょうか。

一義性は、自然的な認識可能性を担保します。そして、認識の拡張を行うものが、アナロギアでした。純粋な多義性という、認識以前のものでもなく、一義性のように厳密性はないとしても、認識の拡張原理としてのアナロギアは、その理念において、守られるべきところがあるでしょう。一三世紀の神学者が、神学を基礎づける場合に、アナロギアにその原理を求めたことは理解できます。そして、スコトゥスも若い頃は、このアナロギアを取り入れていました。一義性と自然的な認識可能性とが相携えて進むべき原理であって、そして、これは神の自然的認識が、神との至福直観＝対面的認識の成立する条件でしょうが、対面的認識を追い求める限り、一義性は保持されるべきでしょうし、この一義性を重視することこそ、アリストテレスの論理学の学問的厳密性を神学に移植することにもなるはずなのです。

スコトゥスは、おそらく一義性に「神学上の希望」を見出したのです。しかし、それは長い逡巡と迷いを通ってのものだったのです。次の章では、若い頃の逡巡を見てみましょう。というのも、この逡巡と迷いにつき合わない限り、スコトゥスの一義性の意味は見えにくいと思うからです。

第二章　存在の一義性に至る途

前章では、ガンのヘンリクス※とスコトゥスとの対立について触れました。存在の一義性について語るためには、一義性とアナロギア説との対立を知っておかなければなりませんが、その対立は、トマス※とスコトゥスの間にではなく、むしろヘンリクスとスコトゥスの間で成立していました。このことは、改めて確認しておかなければなりません。ジルソン以前の哲学史のほとんどは、スコトゥスをトマスの敵対者として位置づけています。トマスとスコトゥスを対立的に描くということは、実は党派性を如実に描き出すことにつながります。

存在の一義性が担う問題領域は、ヘンリクスとスコトゥスとの間で成立しているのです。そして、それは特に神の認識可能性の問題をめぐるものでした。存在の一義性は、神の認識可能性、しかも自然的認識の可能性をめぐる場面で論じられています。スコトゥスはそれについて自然的に可能であると述べるのでもなく、不可能であると述べるのでもありません。問題はもっと錯綜していました。二つしか選択肢がなくて、正しいのはどちらか一方であるという発想は哲学とはなじみません。とはいえ、これだけでも十分に分かりにくい話になっていますので、この問題状況の複雑さに暗澹たる気分になった方も多いでしょう。この暗澹たる気分から逃げずに、あえてそれを大事に守ることも大事なことなのです。

ヘンリクスとスコトゥスの間には大きな落差があります。その落差は見通しにくいものです。スコトゥスが、ヘンリクスに学ぶことで自分の哲学体系の基礎を固めたという事情から、そういうことが起こるのですが、この章ではその点を中心に考えてみたいと思います。

ヘンリクスについては、最近テキストの刊行が進み、研究書も膨大に出版され、ヘンリクスのブームが起きているほどです。しかし、ヘンリクスの全貌はいまだ見えているとはいえません。そういう状況はあるのですが、スコトゥスを理解するためには、ヘンリクスを避けて通ることはできませんし、そうかといってヘンリクスに時間を費やしていては、スコトゥスに費やす時間が残りません。ヘンリクスを研究しなくてはスコトゥスは理解できず、そしてヘンリクスを研究していてはスコトゥスを理解できないのです。

さて、個々の論に入る前に、予めいくつか確認しておきたいことがあります。まず、ドゥルーズ的な読み込みを取り入れて、トマスのヒエラルキーに対して、スコトゥスのノマドを立てるという対立図式は成り立たないということです。なお断っておきますが、私はドゥルーズの読み方にさまざまな批判を加えるにしても、それはドゥルーズの読みに大きな力を得たからこその批判なのであって、なにも彼の読みを否定したいわけではありません。否定したいと思ったときもあります、それも何度も何度もありますが、それはあえていえば肯定的批判ともいうべきものなのです。ちょうどスコトゥスがヘンリクスに学びつつ批判したのと同じように、批判を否定的なものと見るのは一面的でしょう。

ともかく、スコトゥスの思想の中に、次の世代のオッカム※の唯名論を介して中世的伝統を破壊し、近代に結びつく革新性を見出すことはできますが、存在の一義性それ自体は区別を破壊し、いわば存在論的な平原を構成することではありません。

第二に、トマスのアナロギア論とヘンリクスのアナロギア論とは、かなり異なっている、ということです。もちろん、両者ともに帰属類比を採用していますから、対立したアナロギア論を有しているわけではないのですが。

ヘンリクスは存在はアナロギア的に語られると何度も述べながら、その機序を説明していません。これに関しては、当時流通していた理解で十分と考えていたようです。第三には、ヘンリクスはアナロギアを存在論においてよりも、認識の問題において考えているということです。このことが含意しているのは、存在がアナロギア的に語られるということは、アナロギアが成立しているということが、アナロギア的関係の内実について、詳しく教えてくれることはないという点です。アナロギアは認識の道具になるのではなく、むしろ概念分析においては具体的内容を知りえないという制約を表示しているのです。第四に、スコトゥスは若い頃、一貫してアナロギア論者だったということです。そして途中から存在の一義性を語るようになるということです。一義性を語るようになった背景を知ることによって、一義性によって、スコトゥスが存在の一義性を語ることで何を目指していたのかが見えてくるかと思われます。当時の一義性と多義性の定義に従えば、存在は一義的でも多義的でもなく、アナロギア的なものにしかなりえなかったのです。それでは、スコトゥスがアナロギアから一義性に転じていった道筋を概観してみましょう。この間にある思想の断崖絶壁こそ、この本が辿りたい難所なのです。

1　若きスコトゥスの迷い

さて、存在の一義性は、『オルディナチオ』第一巻第三篇で中心的に語られています。そして、そこでは神の自然的な認識可能性が論じられ、ヘンリクスの立場が自然的認識の可能性を否定する立場として批判の対象になっています。

もし、神が自然的に認識可能であるとすれば、神についての認識は形而上学か自然神学かで十分であるということになります。聖書は確かに必要ですが、後はアリストテレスがあればよいということになりかねません。奇蹟や秘蹟を扱う神学は必要ないということになりかねないのです。

論理学と形而上学との、あるいは哲学と自然神学との関係を整理しようとすれば案外面倒ですが、ここではそれらすべてが理性によって探求可能であり、したがって共通の方法を使用できるということだと考えておけばよいでしょう。自然的に認識可能な領域は、自然の光(lumen naturae)つまり理性によって認識可能な領域であり、そこでは恩寵の光(lumen gratiae)や奇蹟や神の照明は必要ないのです。

「照明」という概念は神憑っていますからここでは避けて通りたいのですが、一三世紀の思想を考える上でこれはきわめて重要です。簡単に言えば、神から光を与えられてはじめて、神の認識は可能となると考えるのが「照明説」ということになります。照明説においては、神と被造物の間には無限の落差があって、人間理性(知性)がいくら高みに及ぼうとも神はそれを遙かに超越しているわけです。ここにおいては一義性は成り立ちません。「存在」という言葉は、無限存在と有限存在ということで、神と被造物に共通ですから、同名異義＝多義的であり、それがただ一つのものに向かって(ad unum)統一されるとすれば、単なる同名異義ではなくて、アナロギア的なものと考えられるわけです。この考え方の基礎には、人間知性がすべてを知りうるという傲慢に陥った場合には、それを挫くことが必要である、という立場があります。

アナロギアが成り立つことを認めるのが、トマス・アクィナスであり、ドゥンス・スコトゥスの論敵であったガンのヘンリクスであり、若い頃のドゥンス・スコトゥスの立場でもあったわけです。アナロギアを認めるのは、神と被造物の関係を、その間の懸隔を保持したまま未決定のままにしておくことです。ヘンリクスの立場は照明説ですが、その解釈は定まっていないのです。ヘンリクスは、ある時期までは照明説を保持していたが、途中でそれを捨てた、いやそうではない、と実は甲論乙駁のありさまですが、ヘンリクスに照明説の側面があることは確かですし、スコトゥスがそこを批判したことも狙いをはずしてはいません。

ともかく、神の認識の問題に照明説を導入することは、神に関する自然的認識を断念することになるのです。ヘンリクスは、アヴィセンナの存在論を当時においては珍しく高く評価し、自分の哲学に取り込みました。アリストテレスの形而上学は、そのままではキリスト教に取り入れにくいところがありますが、アリストテレスを新プラトン主義的に理解し、一神論的な枠組みで捉えなおしたアヴィセンナ※の存在論は、ヘンリクスにとっては典拠となる思想だったのでしょう。

存在の一義性に至る道は、スコトゥス自身においても屈曲しています。若い頃、スコトゥスはヘンリクスを深く読み、ヘンリクスからアヴィセンナの存在論を学びました。そして当初は、ヘンリクスのアナロギア説をある程度受け入れたのです。

アヴィセンナとの関係は、一三世紀の半ばにおいては誰にとっても重要な意味を持ったのです。アリストテレスの存在論も重要でしたが、読んでも全体像の見えてこないアリストテレスの哲学よりも、その解説者であり、そして同時にアリストテレスの存在論に新プラトン主義の思想を組み込んだアヴィセンナの思想は、この時代に影響力の大きなものでした。アヴェロエスの注釈が、アリストテレスに忠実な解説書の側面があったとすれば、アヴィセンナの思想は早わかりの本だったのです。そして、アルベルトゥス・マグヌス※、トマス・アクィナス、ガンのヘンリクス、ドゥンス・スコトゥス、オッカム、彼らのいずれもがアヴィセンナから大きな影響を受けながら、その態度は一人一人異なっていました。

前章では、アヴィセンナの「馬性の格率」について触れました。この格率の意味に最初に気づいたのは、おそらくヘンリクスだったと思います。トマスも、アヴィセンナの『論理学』を読み、その理解を『存在と本質』で用いていますから気づいてはいたのでしょうが、明示的にその理解を展開してはいません。ヘンリクスではあまり整理が行き届かず、不器用な仕方で呈示されていて、安定したものにはなっていません。ですから、ヘンリクスこそ受容の最初期のものと考えてよいだろうと思います。

ヘンリクスは、馬性の格率に関連して、三層構造の存在論を提出します、被造物は三つの構成要素からなる、というのです。つまり、事物は〈本質存在〉(esse essentiae)と本質(essentia)と〈現実存在〉(existentia)からなると整理しています。そして、この三層構造は、アヴィセンナの存在論を取り込んで成立したものと考えられます。これは、新しい独自の問題設定でした。〈本質存在〉は紛らわしい用語ですが、きわめて重要な用語ですので、括弧つきで強調して表現しましょう。

〈本質存在〉と本質は、似ているようですが、異なるものです。同じように扱われることが多いのですが、これには注意が必要です。〈本質存在〉は「馬性」のことですから、一でも多でも、事物の内にも精神の内にもなく、可能態にも現実態にもないものです。〈本質存在〉は無いものに等しい(est ut non sit)ものなのですが、原因を有する限りで、あるものとしてあります(est ut sit)。リアリティのあり方は原因との関係に左右されるのです。本質とは、具体的な規定性ですし、〈現実存在〉はそれが具体的に機能している姿です。ヘンリクスは、後にこの本質を「あるもの性(aliquitas)」と呼ぶようにもなります。本質という用語の伝統的意義から離れて、概念的規定性の意味を表すために、新しい言葉を作ったということでしょう。ヘンリクスでは、こういった新用語の創作がよく見られます。そして、この特徴はスコトゥスにも顕著なのです。

ヘンリクスが主張したかったのは、〈本質存在〉は何ものでもないために、単純で中立無記であるということです。そして、そこに本質は何も付け加えることはなく、また付け加わったとしても、それは偶有性として付け加わっているとされます。ここには、存在論をめぐる根本的で決定的な図式が登場しています。アヴィセンナは「馬性は馬性でしかない」と述べましたが、内容においてこれとほぼ重なる事柄です。

しかし馴染みのない人間にとっては、アヴィセンナの言葉は、世迷い言にしか聞こえません。その印象は正しい出会い方というべきでしょう。哲学的に新しい主張は、初めには無意味なものと受け取られがちなのです。時代の思想そのものに十分な畳長性がなければ、新しいものを受容できないのです。一三世紀の人々も、これに最初は無意味なものとして出会いました。雷鳴にまさる電撃をそこに感じ取れた人は少数でした。トマス・アクィナスは、おそらくヨーロッパで初めてその言葉の深い意味を悟ったのです。それを受容し展開したのが、ヘンリクスであり、その存在論的驚愕を、一つの形而上学体系にまで高めようとしたのがスコトゥスだった、と私は思います。形而上的建築ともいえますが、そこにこそ、そういった系譜にこそゴシック的思考が受肉していると思います。

さて、ヘンリクスにおける〈本質存在〉・本質・〈現実存在〉といった三分類をスコトゥスも継承します。また、アヴィセンナに由来する馬性の格率の理解や〈本質存在〉についても、考えを共有しているように思えます。しかし、ヘンリクスは存在はアナロギア的に認識されると説き、スコトゥスは一義的であるとしました。途中で彼らは歩む道を異にします。この両者が分かれるところにこそ問題があるのです。

ドゥンス・スコトゥスは、一義性を初期においては伝統的な意味でも用いていました。したがって、存在はアナロギア的なものとして語られていました。ところがスコトゥスは、一義性の意味を論理学に閉じこめて限定するのではなく、論理学の外部にまで拡大することを目論んだのです。そのことは、形而上学全体の構造を組み替えることを意図していたことになるといえるのです。

スコトゥスの初期の論理学関係著作（『イサゴーゲー問題集』『カテゴリー論問題集』）では、一貫して存在アナロギア説が展開されています。途中で彼の見解が一義性に変わっていった様子は、比較的若い頃書いたと見なされるか。

『形而上学問題集』第四巻第一問において示されています。概念の労苦と呼ぶのにふさわしい、細部の概念操作にとどまらない、全体を見据えた構造変革が企てられている、と読んでしまうのは贔屓の引き倒しなのでしょうか。

スコトゥスはそこで、「存在はすべてのものに一義的に語られるか」という問いを立てて議論を始めます。その冒頭において、「多義的なものにおいて矛盾はない(In aequivocis non est contradictio)」という根拠を踏まえて、一義性を支援する議論を提出しています。スコトゥスの態度は、この項目では判然としたものにはなっていませんが、ただ途中でアヴィセンナの存在の一義性を擁護する議論を解説しているのはとても興味深いことです。スコトゥスは、アヴィセンナ『形而上学』第一巻第二章と第五章の議論を、「存在は、存在が述語となるすべてのものに一つの本質規定に則して(secundum unam rationem)語られる。ただし、同じように本来的に(aequo primo)ではない。というのは、それらの内にあるものは存在の擬似類・擬似種(quasi genera sive species entis)であったり、様態(passiones)であったりするからである」と整理しています。アヴィセンナの存在理解を「一つの本質規定に則して」語られるとするわけですから、アヴィセンナの立場を一義性の立場として位置づけようとしていることになります。

この第四巻第一問の結論部分で、スコトゥスは次のようにまとめます。

「存在がすべてのものに一義的に語られるか」という問いに対して、存在は多義的に語られるのではないということは認める。その理由は以下の通り。あることが複数のものに多義的に語られるというのは、述語となるものが相互に帰属関係(attributio ad invicem)を持たず、帰属関係を有するとしても、アナロギア的にある場合である。ゆえに、一つの概念を有するのではなく、固有の本質規定に則して(secundum propriam rationem)すべてのものを本質的に表示するのである、これは論理学者においては端的に多義的なものである(simpliciter aequivoce secundum logicum)。ところが、意味表示されるものは本質において相互に帰属関係を有している(inter se essentialiter attribuuntur)、したがって実在的形而上学者においてはアナロギア的なものとしてある(analogice secundum metaphysicum realem)。

（スコトゥス『形而上学問題集』第四巻第一問結論）

使われている言葉は難しいのですが、それはスコラ哲学にとっては偶有的なものです。「心」の方が大事なのです。

今挙げた箇所でのスコトゥスの立場は妥協的です。いや、かなり迷っているというべきでしょう。存在は論理学的には多義的だが、形而上学的にはアナロギア的だというのです。これはトマスやヘンリクスの立場に近いわけで、必ずしもここに独自性はありません。スコトゥスの学習環境では、トマスの著作は読みにくく、公式にはヘンリクスの著作で勉強することが推奨されていましたから、ヘンリクスの立場の踏襲と考えてもよいでしょう。

しかし、この問いの最後で再びアヴィセンナの議論を取り上げ、アヴィセンナ説の擁護を試みています。つまり、「最も共通なものは最初に知性理解されるものであり、最も共通なものは〔カテゴリーであって〕一〇個ある。しかし最初に知性理解されるのは、これらすべてではなく、すべてのものが還元されるところの実体である。実体は、述語づけにおいて九つのカテゴリーに先行するのではなく、完全性と原因において(perfectione et causa)先なるものである。最初に知性理解され、一〇のカテゴリーに共通なものはない」(『形而上学問題集』第四巻第一問)という議論を展開しています。

何を言いたいのか分かりにくい議論ですが、少なくとも方向性が現れています。スコトゥスは一義性を論理学の中で考えるのではなく、実在的な形而上学の中で考え、その領域で完全性や原因性といった観点から一義性を捉えなおそうとしているのです。一義性はもはや論理学の内部に止まる概念ではなく、馬性の格率で示される領野――適当な名称はないといってもよいと思います。これを何と呼んだらよいのか分かりませんが、「純粋本質」の領野とでも呼びましょう――に適用されるものとなったのです。この越えるべき限界を示したのがアヴィセンナであり、それを理解し受容したのがヘンリクスでした。そして、それを越える道筋を示したのがスコトゥスだったのだと思います。

重要なのは、共通性といった外延における問題ではなく、完全性と原因における先行性が問題となっているということです。これは、スコトゥスが存在の問題を問う際に、生成や潜在性(virtualitas)といった観点から考え、そこで第一次性(primitas)を重視しようとしている、と解釈してもよいでしょう。

アヴィセンナにおいても、存在の先行性ということは重視されていました。アヴィセンナ『形而上学』の冒頭には、「存在は知性に最初に刻印づけられる」と記されています。「最初に(primo)」というのは、「第一次的に」「本来的に」などとも訳されたりしますが、最共通者ということでも、時間的な意味でもないのです。

2　アヴィセンナと一義性

存在の先行性をめぐっては、アヴィセンナ『原因論』の「被造物の中での最初のものは存在(esse)である(Prima rerum creaturarum est esse)」というのがよく知られています。しかし、これのトマスへの影響は明確ですが、スコトゥスへの影響ははっきりしないのです。

アヴィセンナが一三世紀全般に与えた影響について少しだけ触れておけば、一二二〇年には、オーヴェルニュのギヨームがアヴィセンナの影響を強く受けた哲学を講義しています。同じ時期に、ルッペラのヨハネスがアヴィセンナの『霊魂論』をかなりの部分、祖述してまとめた『霊魂論問題集』を著します。アヴィセンナの自然学や『霊魂論』においては、一三世紀のかなり早い時期から強い影響が見られます。しかし、その時期にあっては、評価力や能動知性といった特定の問題に関する諸理論の一つという評価だったように思います。一二五〇年頃から『形而上学』や『論理学』が、アルベルトゥス・マグヌス辺りから盛んに読まれるようになります。普遍論を整理する上で用いられたのでしょう。そして、形而上学の対象が、アヴェロエスでは神であるのに対して、アヴィセンナでは存在である限りの存在である、という対比の下で、アヴィセンナは形而上学全体に関わる体系的思想家と認識され、位置づけは上がったように思われます。トマスにおける「共通本性」――さきほどの言い方を使えば「純粋本質」――への着目はアヴィセンナ受容の大きな契機でしたが、何よりもヘンリクスがアヴィセンナの存在理解に大幅に依拠して自らの思想を講じたことは、その後のスコラ哲学の流れに決定的な力を及ぼすことになったと思います。

いずれにしても、一三世紀において存在の先行性ということは、名目的な問題ではなく、哲学全体の構成に関わる問題だったのです。この点で、アヴィセンナの存在理解は深いところまで影響を及ぼしたといえます。

アヴィセンナの影響は、形而上学という学問の端緒・始まりをどこに設定するかということに関わっていました。存在が、本性において第一のものであるのはよいとしても、われわれにとって（経験の上でも）、第一のものであるとすれば、端緒として上々の滑り出しをしたことになります。そして、アヴィセンナは、そのように端緒を設定します。

「事物と存在と必然は、精神に第一の印象によって刻印されるものである」という一節が、アヴィセンナの『形而上学』（第一巻第五章）にあります。これはさまざまに言い換えられますが、「存在（ens）は精神の最初の刻印

(prima impressio)をなす」と整理しておきましょう。

最初に刻印づけられるという場合、「最初」を生得的の意味で考えれば、近世哲学の中の大陸合理論の立場と近いものが展開されているように見えます。「一」とか「存在」といった単純観念を生得観念として認めるデカルトやライプニッツが、直接アヴィセンナのテキストを読んだかどうかは判然としませんが、そういった流れに直接結びつくのは事実です。ただ、「第一の印象」という場合の「第一」が生得的と考えてしまってよいのかについては微妙なところがあります。大陸合理論においても、生得観念は生まれつき持っているということでは必ずしもありませんから、同じ問題が現れていると考えてよいでしょう。生得観念の問題においても、生得性や先行性は事実的な問題ではなかったのです。「第一・最初」ということは、意味を与えるために大きな枠組みを必要とします。そして、「存在」についても同じことが言えるのです。

事実的ではなく、潜在性における先行性ということは、これも大きな問題を引き起こします。潜在性はドゥルーズにおいても中心的概念ですが、ここでは中世の問題圏で考えておきます。アヴィセンナが「最初・第一」という場合、それは時間的な先行性を意味しているわけではありません。形而上学の対象は「存在である限りの存在」と定式化されてきました。形而上学の第一の対象は存在である限りの存在なのですが、これに人間精神に最初に刻印されるものが「存在」概念であることを結びつけて考えられたのです。それは、どういうことなのでしょうか。

「第一」ということが、時間的な先行性を意味するのではない以上、それは最後に獲得されてもよいはずです。最後に得られるものが最も求められるものであり、それが第一のものである、と考えてもよいはずなのです。

トマス・アクィナスの立場ですと、質料的実体の何性が人間知性の固有の対象であり、存在である限りの存在や、非質料的な実体は、「抽象の道」をたどって最後に獲得されるものでした。ここには、アリストテレス以来の経験主義的な道が現れています。

非質料的実体の典型である神は、抽象の道を辿れば最後に認識されるということになるのかもしれません。抽象の道を辿ることは、哲学的な訓練を経なければできませんから、その道を行けば、生きている間には非質料的なものに辿り着けないということが起こってきます。ほとんどの人は、辿り着けないということになりそうです。

東京タワーでも、全員が歩いて階段を上らないと展望台に行けないということはないように、非質料的実体に辿り着く場合にも、易しい道(易行)があってもよいはずです。そして、それを照明や啓示(revelatio)と呼ぶことができます。啓示とは、機械仕掛けの神のようなものではないのですが、そういった二つの道を設定するかどうかで話はずいぶん変わってきます。易しい道があるのであれば、なぜ難しい道が必要なのでしょうか。易しい道があるとしても、やはり難しい道において、その道の連続性や完全性が示される必要があります。ドゥンス・スコトゥスは、難しい道の一貫性を示そうとしたようです。

トマス・アクィナスの場合、自然神学と啓示神学とに分け、最初から道を二つに分けてしまいます。存在は精神に最初に刻印づけられるというのは、イスラームの哲学者アヴィセンナの主張ですし、そういった道は最初から必要ないわけです。

問題となるのは、アリストテレスと、アリストテレスを理解するための注釈者としてのアヴィセンナを用いて論を立て、しかもそれを神学教育に用いる人々でした。こちらの道を辿ったのが、ドゥンス・スコトゥスでした。しかし、なぜ哲学者が通る道を使って、非質料的実体に至る必要があるのでしょうか。ドゥンス・スコトゥスは、別に二つの道があることを否定したのではありません。神秘神学を否定してなどいないのです。非難したのは、途中まで自然神学を歩みながら、途中で啓示神学を取り入れてしまう人々です。ガンのヘンリクスこそ、そういう人でした。

ヘンリクスは、アヴィセンナの思想を深く理解し、一三世紀後半の哲学者で最もアヴィセンナの思想を理解していた人です。繰り返しになりますが、ドゥンス・スコトゥスもヘンリクスからアヴィセンナ理解を学んでいます。そして神学の基本的枠組みさえもヘンリクスから学んでいます。

そのスコトゥスが一貫して(少なくともスコトゥスが自分の思想を確立してからは)批判したのが、ヘンリクスの思想でした。対極的な思想であるがゆえに非難したというよりも、中途半端であるがゆえに批判したと考える方が両者の関係は分かりやすくなります。

ヘンリクスとスコトゥスの関係をどう理解したらよいのか、私自身とても難渋しました。対立点よりも一致点の方が多いくらいなのですから。

3　アナロギアから一義性へ

スコトゥスの心の変化を示すテキストが、『形而上学問題集』の第四巻です。この『形而上学問題集』が、かなりの難物なのです。この本のいっぷう変わった性格についても触れておく必要があります。

『形而上学問題集』の本の第七巻は、個体化の原理を扱ったもので、そこには「このもの性(haecceitas)」というスコトゥスを代表する、独自の用語が登場します。ところが、「このもの性」という用語は、スコトゥスの他の主要著作(『オルディナチオ』『レクトゥラ』)には登場しないのです(後から書き加えた場所には登場しますが)。そして、その論じ方も少し変わっています。それで、『形而上学問題集』は偽書ではないかとか、若い頃に書かれたもので、後になって「このもの性」という概念を捨てたのではないかとか、いろいろに論じられてきました。

現在の推測では、『形而上学問題集』は若い頃から書き始められて、長い間書き続けられ、そして最初の巻の方も、若い頃書かれたままに放っておかれ、後になって書き足された箇所も少なくないと考えられています。このために、途中で議論が終わったり、考えが変わってしまい、首尾一貫していないところなど、一様ではない完成度においては低い著作ができたとされたのです。

さらに、かつてスコトゥス全集としては、ウォディング版（ヴィヴェス版も内容は同じです）が用いられてきました。このウォディング版は、『形而上学問題集』に難渋し、考えを追いかけることができずに、スコトゥスの思想とその論敵の思想とを区別しなかったり、スコトゥスの思想と論敵の思想を逆にしてしまったりと、読者を混乱に陥れるような編集をしてしまいました。重要そうではあっても、ただでさえ難解な論述が、さらに混乱した仕方で呈示されてしまったのです。これではきちんとした研究がされてこなかったのは当然のことでしょう。フランシスコ会研究所の批判的校訂版が一九九七年に刊行され、状況は一変しました。やっと理解できるスコトゥスの『形而上学問題集』を手にすることができるようになったのです。時代をかけて、幾重にも折り重なった思想を読みほどくことができるようになったのです。

この批判的校訂本が出されたことで、少なくとも第一巻から第四巻といったところは、かなりの部分が若い頃に書かれ、そして個体化論が展開されている第七巻はかなり後になって書かれたことが分かるようになりました。

ここで注目したいのは第四巻です。第四巻は第一問が「存在はすべてのものに一義的に語られるか」となっています。まず最初に肯定的見解が置かれ、スコトゥスの立場はその反対であったと推定されます。中世での議論は、討論（disputatio）という形式を採りますが、その場合、問いが掲げられ、その次に論駁したい見解（異論）、その反対論（つまり自分の立場に近い見解）、結論（自分の見解）、異論論駁という順番で語られます。最初に存在の一義性が展開されている以上、スコトゥスの考えはそれに批判的だったわけです。これは若い頃の他の著作と同じ流れに立っています。ところが、途中で長大な書き加えがなされているのです。この書き加えこそ、スコトゥスの考えの変遷を示す重要な箇所なのです。実はスコトゥスは存在の一義性について、さらに結論に関する仕切り直しを行っています。

そこでの議論を順番通りに並べると、次のようになります。

１「一義性の問題は言葉の意味の問題でしかなく、言葉の意味は恣意的であるとする見解」が紹介された後、

２「一義性を支持するアヴィセンナの議論」が紹介され、アヴィセンナ『形而上学』第一巻の第二章と第五章が参照指示されています。その後で、

３「存在の一義性への反論とそれへの答弁」と題される章があり、

４「問いの解答」

５「主要な諸議論について」

６「アヴィセンナの見解を支持する議論について」

という順番で論述がなされ、「存在はすべてのものに一義的に語られるか」という問いに対しては、かなり中途半端な形で問いが終わっています。

「問いの解答」は結論部分に当たりますが、中世の論述スタイルでは途中にきて、しかも必ずしも最も重要な箇所と考えられていたわけではありません。一番最後にくるはずの「論駁」の部分が見得を切るところなのです。さきほど一度引用しましたが、重要なのでここでもう一度再録しておきます。

「存在がすべてのものに一義的に語られるか」という問いに対して、存在は多義的に語られるのではないということは認める。その理由は以下の通り。あることが複数のものに多義的に語られるというのは、述語となるものが相互に帰属関係(attributio ad invicem)を持たず、帰属関係を有するとしても、アナロギア的にある場合である。ゆえに、一つの概念を有するのではなく、固有の本質規定に則して(secundum propriam rationem)すべてのものを本質的に表示するのである、これは論理学者においては端的に多義的なものである(simpliciter aequivoce secundum logicum)。ところが、意味表示されるものは本質において相互に帰属関係を有している(inter se essentialiter attribuuntur)、したがって実在的形而上学者においてはアナロギア的なものとしてある(analogice secundum metaphysicum realem)。

（スコトゥス『形而上学問題集』第四巻第一問結論）

若いときに書いた部分なのですが、ここでもまた一義性への躊躇が語られています。話は面倒なのですが、アヴィセンナは存在の一義性を主張したと捉えられ、そして、最後の6ではアヴィセンナ説を擁護する立場が批判されているので、一見すると一義性説が否定されて話が終わっているように見えます。しかし、そうではないのです。

この結論部分は、当時の人にも不可解だったらしく、ケンブリッジに残っているある写本の欄外注記には後代の人の手で「これは、注意深く考える人には明らかなように、著者の見解ではない」と記されています。スコトゥスといえば、存在の一義性のはずなのに、アナロギア説が語られているのですから編者も困ってしまったのでしょう。

しかしここにこそ、スコトゥスの決意の現れを見るべきではないでしょうか。論理学においては、一義性か多義性しかありません。形而上学においては、一義性／アナロギア／多義性というように三つの層に分かれます。スコトゥスは形而上学において、アナロギア的に語ることを認めていました。しかし、徐々に形而上学において、アナロギアを語るのを止めたのです。これは何を意味するのでしょうか。論理学を形而上学に拡張するといってもよいでしょうし、一義性の妥当範囲を、その成立の条件を変更することで形而上学に拡大適用したということもできます。スコトゥスは、おそらく形而上学の改革を志向していたのです。一義性か多義性かという二項対立の場面で一義性を主張するのではなく、中間的・媒介的理論が主張されているところで、あえて一義性を主張するということは、論法として重要です。主意主義の問題でも、一義性の問題でも、スコトゥスは中間の道（via media）を選ぶといいながらも、直接性が成り立つ場面を設定することに力を注いでいます。

2の箇所でアヴィセンナの一義性説が紹介されていますが、そちらの箇所の方が後から書き加えられているのです。順番が前後しますが、6のところが先に書かれ、後で2のところが書き加えられたのです。

ここでも、6の議論から一部分を紹介しましょう。

> アヴィセンナの見解を支持する第一の議論に対しては、次のように答えよう。最も共通なものが第一に理解されるが、一〇のカテゴリーが最も共通なものである。しかし、それらすべてのものが第一に理解されるのではなく、「実体」が第一に理解され、他のものはその「実体」に還元されるのである、そして、実体は一〇のカテゴリーに対して述語づけにおいて第一のものではなく、完全性や原因において第一のもの（prius perfectione et causa）である。第一に理解され、一〇のカテゴリーに共通なあるものは存在しないのである。
>
> （スコトゥス『形而上学問題集』第四巻第一問最終部分）

2の部分のスコトゥスの論述は分かりにくいので、簡単に触れるだけにしますが、そこでは、通常の述語づけではなく、別の種類の述語づけが問題になっていることを示しています。

結論的なことは書いてありませんが、そこでは、「ソクラテスは人間である」とか「人間は動物である」という通常の述語づけ、つまり形相的述定(praedicatio formalis)ではなく、同一性による述定という(praedicatio per identitatem)という特殊な述定が問題となっていることだけは分かります。

この「同一性による述定」とは、自同的述定(praedicatio identica)などともいわれ、評判の悪いもので、また別の箇所で説明をしますが、ここでは概略的なことだけを記しておきます。

「存在は一である」も「一は存在である」も、ともに自同的述定の命題です。外延が同じで内包が異なる命題です。定義される名詞と定義項、つまり「独身者」と「結婚していない人」という関係でも同じでしょう。この「同一性による述定」には、スコトゥスの存在論の一つの鍵があります。

同一性による述定は、内包的無限や超越概念と強い結びつきを持っています。『形而上学問題集』が、スコトゥスの哲学の中での転換点になると述べましたが、それについて説明するために、ここでは少し回り道をしています。なぜ、スコトゥスが存在の多義性を捨てて、あえて困難な存在の一義性を取り入れたか、そこにアヴィセンナがどう関わっているのか、その辺りを示すためには、遠回りが必要なのです。存在は第一の刻印によって精神に与えられるという場合の「第一・最初」とは何を意味するのか、この辺りに鍵があります。

「同一性による述定」の典型となるのが、存在に対する超越概念の述定なのです。そしてこの述定は、通常の論理学で扱えるものではなく、形而上学の中で語られるものです。形而上学の中だけで成立する特殊な述定、それこそ同一性による述定でした。

これは通常の「語り」の次元と同じところに位置するのではなく、「語り」を準備する世界、前述定的な世界なのです。前述定的世界は、二〇世紀思想の流れの中では身体性や無意識の中に求められました。ところがスコトゥスは、あくまで言語の世界にこだわります。スコトゥスの哲学言語は、大きな亀裂や断層を含んでいます。形相的な述定と自同的述定というように並列的に並べてしまうと、屹立する断層の存在が見えにくくなる場合もあります。しかし、その断層こそ、平地での語りの可能性を準備するものなのです。

存在の先行性は、可能性の条件を指すものとして考えられるようになっていきます。存在の一義性こそ、形而上学の可能性の条件でもあるのです。

第三章　一義性と超越

存在の先行性・第一次性(primitas)は、経験における事実的な先行性を示したり、論理学における狭義の一義性における共通性を示すことにとどまるものではありませんでした。存在の一義性が、形而上学の可能性に関わるということはほぼ確実ですが、それが神の自然的可能性をめぐって強く論じられたこと、そしてあえて存在の一義性という哲学史の伝統への反逆を行わなくても可能だったことは、考えておいてよいことです。あえて、一義性を主張しなければならなかった背景について踏み込んでいく必要があります。

1　一義性と同一性

前の章では、「同一性による述定」が問題になりました。その説明に入る前に、大きな流れを押さえておけば、このような道具立ては、存在の一義性を主張するために必要とされているのです。この一義性を、通常の論理学的な場面で用いられるような意味においてではなく、より大きな意味で理解した上で、形而上学と神学全体の関係を捉えなおすために、存在の一義性は主張されているのです。

これは、トマス・アクィナス※の経験主義的な出発点とは異なっています。つまり、非質料的な実体は現世の人間によって認識可能なのか否かを問うということが議論の狙いとしてあって、これに肯定的に答えるために、スコトゥスの議論が立てられているのです。

もちろん、神の認識可能性は、無限に関する認識可能性を追求した後にしか論じられない、とスコトゥス自身が述べています。それは当然でしょう。アスファルトの脇の側溝の中の小石と同じように、神がこの現世の人間によって認識できるとすれば、それは楽なのですが、人間の救済とは関係のないことが論議されることになりそうです。ともかくここでは、現世の有限な人間知性が無限な存在を認識する道筋を確保するために話が進められていることは頭に入れておいてよいでしょう。

さて、同一性をめぐる話です。「人間は人間である」というような同語反復であれば問題はありませんが、これよりはもう少し入り組んだ同一性があります。そして、この同一性の中で最も問題となるのが、特有性（proprium）です。人間の場合に例をとれば、「笑える」ということになります。これはアリストテレスの枠組みと、ギリシア語やラテン語の世界で妥当することですので、一般化はできないのですが、それでも外延が等しく、内包が異なる場合に同じことが適用できます。つまり、「人間は笑えるものである（Homo est risibilis）」という命題は真ですが、述語と主語を入れ替えて、「笑えるものは人間である（Risibile est homo）」も真なのです。risibilis と risibile とは、性の違いで語尾が少し異なります。ここでは、risibilis が男女共通形、risibile が中性形ということを確認するくらいにして通り過ぎましょう。

「笑える」の場合の特有性は、特に「第四の特有性」に当たり、⑴該当する種のすべての個体に当てはまる、⑵常に当てはまる、⑶その種だけに当てはまるという三つの条件を満たさなければなりません。「笑える」というのは、可能性ですから、笑っていなくても人間のすべてに当てはまりますし、人間にしか当てはまらず、それも常に当てはまります。普通こういう述語は、代入可能ないし互換的なものと考えられます。そして、こうした互換的なものの間に成り立つのが、「同一性による述定」というものなのです。

この述定が適用される一つの場合は、父・子・聖霊という三位一体です。「父は子である」「父は聖霊である」等々、表現としてはいろいろありえますが、まず三位一体に適用され、そしてもう一つは、超越概念相互に適用されるのです。

「存在、一、事物、あるもの、真理、善(ens, unum, res, aliquid, verum, bonum)」こういったものが超越概念です。カテゴリーを越えるので超越概念であると説明されますが、「存在」と同様にすべての事物に適用可能で、外延においては等しいのですが、内包が異なっているのが超越概念です。そして、超越概念は、相互に代入可能である＝互換的である(convertuntur)といわれます。「存在は一である」、「一（なるもの）は存在である」はともに真ですし、他の超越概念にも当てはまります。また、この超越概念は、〈存在〉のさまざまなあり方を示すゆえに、「存在の様態(passio entis)」とスコトゥスは呼んでいます。

さて、「一は存在である」という場合、「一」は〈存在〉に付加されるもの(illud additum)です。しかし、付加するとしても、何を付加していることになるのでしょうか。

〈存在〉はあらゆる事物において一なるものです。一は存在に対して付加分を有していますから、それをスコトゥス流に「a」としましょう。すると、「一」は「〈存在〉＋a」と表現できます。すると、aは〈存在〉であるのか、そうではないのかという問いが浮上します。aが〈存在〉であって、〈存在〉がaの本質規定に含まれているとすると、「〈存在〉＋a」とは、「〈存在〉＋〈存在〉」となり、余計な同語反復ということになりそうです。また、aが〈存在〉ではないとすれば、あるいはそれが非存在(non-ens)であるとすれば、超越概念つまり最も共通なもの（類）は非存在となり、したがって構成要素となり、種となるすべてのものは非存在であることになります。普遍はすべて非存在であると言い換えても構わないでしょう。〈存在〉以外はすべて非存在であるというのでは、「存在の砂漠」が広がることになりそうです。

こういった状況に対して、スコトゥスは四つの答え方があると述べています。

(1) 存在は類と種差には共通ではない、とする考え。

(2) 存在は同一性によって共通である(commune per identitatem)が、両者の概念に形相的に含まれているのではない。たとえば、存在が一と善の両方に共通である場合のように。

(3) 共通なものが、それ自体で捉えられたものとしての両者に形相的にかつ本質的に共通になる。しかしながら、一方の本性がもう一方の本性を派生語的に修飾するものとして捉えられた場合には、存在は形相的に両者に共通なのではなく、同一性によって共通なのである。

(4) 存在はどのように捉えられようと、あらゆるものに共通である。しかし、それは個別的なものに下降していっても何ら新たなものが付加されることなく、下位のものが表すのと同じことの全体でしかない、と捉えるものである。要するに、全体は個物の総和に過ぎないという見解である。

スコトゥスは、第三の解答が有望に見える(videtur probabilis)と述べています。スコトゥスはまだここでも躊躇しています。そして、この躊躇と逡巡にはスコトゥスらしさが現れているようにも思われます。思索を徹底的に掘り下げ、長い時間をかけて、誰も訪れないような暗い奥底に辿り着き、そこでの逡巡の反復が閾値を超え、一定の強度を帯びるようになったときに新たな思想が現れ出てきます。『レクトゥラ』『オルディナチオ』においては、迷いなく、存在の一義性が語られています。理解されにくい、困難な主張であるにもかかわらず、そこではスコトゥスは自信を持って一義性を語っています。これが長い逡巡の後であったということは、スコトゥスもやはり「表現者」の一人であったということではないでしょうか。

話を戻しましょう。存在が一義的であるためには、そのままでそれが含まれている必要はなく、派生語的に含まれているということで十分ではないか、とスコトゥスは書いています。少し回りくどいようですが、事柄としてはそれほど複雑なことではありません。

スコトゥスは、こんな例を使って説明しています。つまり、色(color)は白さ(albedo)の中に形相的に含まれているが、白いもの(album)の中には形相的には含まれておらず、派生語的に含まれているというのです。「白いもの」は「色」ではなくて、「色のついたもの(coloratum)」――「白」は「色」ではないかもしれませんが、ラテン語ではおかしくありません――です。「豆大福」は「おいしさ」ではなく、「おいしいもの」です。

存在は、「白いもの」「おいしいもの」よりも、「白さ」「おいしさ」に類似したものです。したがって、「白い色」は余計な同語反復ではない、とスコトゥスは述べます。色(color)は白いもの(album)には含まれていないので、「白い色(color albus)」は正しい表現なのだとするわけです。

「色」「白さ」「白いもの」を、「存在」「無限性(infinitas)」「無限なるもの(infinitum)」に置き直してしまいましょう。「存在」は「無限性」の中に含まれていますから、「無限性・存在」という必要はありませんが、「存在」は「無限なもの」には含まれていないので、「無限な存在」とは無駄な同語反復ではなく、それ自体として成り立つというのです。

スコトゥスは、一体こういった議論で何を目指そうとしているのでしょうか。スコトゥスの歩みを忠実に辿るとすば、長い論述が必要ですから、ここでは、その結論にあたる部分を先走りして見てみましょう。大事なのは、「存在」が「無限なもの」にも含まれているという点です。「無限なもの(infinitum)」とは形容詞の中性名詞で、中性名詞は中性の名詞を修飾することもありますが、それだけで「もの」を表しもます。ですから、「存在」が「無限なもの」に含まれているというのは、限定されるものと限定するものとの関係において、限定するものが限定されるものでもあるということです。

「人間」は「理性的動物」と定義されていましたが、「理性的なもの」は「動物」でしかない――天使と神様が存在しなければそういうことになります――とすれば、「動物」は不用になります。「甘い砂糖」「塩辛い塩」「白い白墨」「青い青空」「丸いボール」「乾いた砂漠」、そういったものは全部、余計な同語反復です。しかし、存在の一義性とはそういった余計な同語反復を認めようとするものではありません。

「無限な存在」という場合、「存在」の中に「無限」が入り込んでいるわけではありません。しかしながら、「無限」というにしても、それが「無限性」なのか、「無限なもの」なのか、「無限な」ということなのか、その含意はいろいろあるとしても、いずれの場合も何らかの仕方で「存在」を分有しています。「無限な存在」という場合、「無限な」ということも「存在」を含んでいるのです。しかしながら、そこには余計な同語反復はない、とスコトゥスはいうのです。

「白さ」と「白いもの」との関係は名詞派生語的な関係でしたが、それと同じような関係が「存在」と「無限」にはあるのです。したがって、単なる同語反復ではありません。

しかしそういった差異は、文法的な差異とは言い切れないとしても、それに類した小さな差異のように見えます。そのような小さな差異を持ち込むことで、何がもたらされるのでしょうか。

スコトゥスの逡巡もそこにあったはずです。アリストテレスの典拠に抵抗し、長い伝統と常識に反抗してまで、存在の一義性を述べる意味などあるのだろうか。論理的にはそうも考えられる、有力そうである(videtur probabilis)というだけでは、あまりにも大きな賭がなされています。そういったリスクに見合う意義はどこにあるのでしょうか。

アヴィセンナが存在の一義性を主張したとしても、それは何を目指したものだったのでしょうか。

2　内在と超越

アヴィセンナは存在の一義性を主張した、とスコトゥスは整理しました。スコトゥスがアヴィセンナの影響を強く受けているのは確かですが、そこで問題となっているのは、無限性と有限性、神と被造物との媒介の問題でした。一義性は、無限性と有限性の間の落差を解消するように見えます。しかし、そこには解明すべき多くの論点が隠れています。

ドゥルーズは、スコトゥスにヒエラルキーの破壊を見ました。つまり、存在の一義性に、ヒエラルキーの破壊、境界のないノマド(遊牧民)の発想を見出しました。すべてのものは存在であり、一義的であるとは、確かに境界を取り除いた、遊牧民の世界を思い起こさせるテーゼかもしれません。

しかし、スコトゥスの思想はそのような平地の思想ではありません。むしろ、断崖絶壁を登攀しようとする思想に私には見えます。とはいっても、ドゥルーズのスコトゥス理解を何も否定したいわけではありません。否定するしかないと私としても思っていた時期もありますが、ドゥルーズはスコトゥス研究者ではなく、ジルソンの研究書を手がかりにして、わずかのテキスト読解を踏まえてスコトゥスへのオマージュを捧げたのでした。私もまたスコトゥスにオマージュを捧げたいのです。ドゥルーズのスコトゥス理解はその後もつねに私の心に浮かび、実はこだわり続けているのです。

一義性の思想が完成をみる『オルディナチオ』においては、現世の人間知性は神を自然的に認識可能か否か、という問題との関連で存在の一義性は論じられています。現世の人間と神の間には、無限の距離が介在しています。存在の一義性説は、その距離を照明や恩寵を借りずに、自然的に到達可能かどうか、と問うのです。そんなことは可能でない、というのがこの時代の普通の人々の反応でしょう。そして、もしそれが可能だとすれば、アリストテレスの哲学書だけを読むことで、神の認識に到達できることになりかねませんから、それはキリスト教を蔑ろにする、哲学的宗教の可能性を示しているようにも見えてしまいます。

神と被造物の間には無限の距離があるというのがキリスト教の基本であり、自力ではその距離を踏破できないからこそ、仲保者(キリストやマリア)や媒介となる教会に頼って、その落差を渡してもらおうという発想があったはずです。もし、自然的に神が認識可能であるとすれば、人間は神と直接に向き合うことが可能になってしまいます。

いや、こうして単独者として神と直接に向き合うというヴィジョンをスコトゥスは持っていたのかもしれません。だからこそ、新婦が新郎と初めて出会う場面に準えられる至福直観(visio beatifica)を理論化した直観的認識に、スコトゥスはこだわったのかもしれません。

自然的認識とは、神と人間の無限の落差を前提して初めて成り立つ緊張を含んだ状態です。アリストテレス以来の伝統と常識にも反して、スコトゥスがこのようにもハレンチなことを述べるのは、かなり強烈な意図を持っていたからだと考えるべきなのです。スコトゥスは、狙いも定めず、闇雲に新奇な思想を垂れ流す人ではありません。

無限の落差を自然的に媒介すること、ここにスコトゥスの狙いの半ばが込められていると思います。「無限の落差を媒介すること」、これは簡単なことではありません。そして、『形而上学問題集』第四巻第一問においては、その落差を媒介する概念装置が決定的に欠如していました。

この問いに向けられた新たな装置は、第四巻第二問「存在と一は同じ本性を表すのか」を論じるに際して少しずつ登場してくるように思われます。「存在」と「一」とは超越概念ですが、ここにおいて超越概念をめぐる考察に、スコトゥスは独自の論点を少なくとも二つ付け加えます。一つは、統合的包含(continentia unitiva)ということ、もう一つは、超越概念に数多くの離接的様態を付け加えるということです。特に、離接的様態を見出したこと、これによって途方もなく、新しい地平が開けてしまいます。それは絶望的な広大さなのです。スコトゥスは、自分が切り開いてしまった、この広大で荒涼とした地平、哲学上の「荒れ野」に戦慄を感じたことでしょう。真理とは常に恐ろしいものです。見ずに済ませることができるならば、見ない方が幸せなのかもしれません。スコトゥスもまた、そういった地平を切り開いてしまわなければ、もっと長生きができたはずだ、と私は思います。もちろん、「表現者」スコトゥスはそれに沈黙したままではいられなかったのでしょうが。

第四巻第二問では、アヴィセンナ説の紹介とヘンリクス批判がなされています。アリストテレスとアヴィセンナ※とヘンリクス※とが入り乱れて紹介され、そこにスコトゥスの思想の変化が加えられ、思想の万華鏡というよりは、カオスのようなものが展開されています。アヴィセンナの立場は、基本的にスコトゥスの立場と重なりますから、ヘンリクス説の紹介を少しだけ見ておきましょう。

スコトゥスの考えを理解する上で、ガンのヘンリクスはきわめて重要です。ジルソンは、「ヘンリクスのスコトゥスへの影響ははなはだ大きいので、手元にヘンリクスの著作を置いておかなければ、ドゥンス・スコトゥスを読むことはできない」と述べているほどです。ヘンリクス学者の中には、スコトゥスの思想が円熟したヘンリクスの思想にきわめて類似しているとか、スコトゥスはヘンリクスの注釈者であったとまで極論する人もいます。スコトゥスが、ヘンリクスから大きな影響を受けたのは事実ですし、ヘンリクスへの注釈と見える箇所も確かにあります。しかし、スコトゥスの思想は、そこからさらに独自な展開を遂げたのです。ヘンリクスについてはまた次章で語ります。

話を戻しましょう。『形而上学問題集』第四巻第二問では、ヘンリクスの立場は「存在と互換的な一と、数の原理としての一に対して、一というのは多義的である」というものとして整理されています。

アリストテレスの意図についての議論に関わりがあるのは、基体について考察すること(たとえば、存在)と、離接的様態について考察すること(たとえば、一または多)、そして離接的様態の一方について考察することが一つの同じ学に属するということだ。したがって、アリストテレスがここで証明したかったのは、存在と一とを考察することが同じ一つの学に属するということだった。このことを証明するためには、一が存在と本質的に同じである必要はないし、一が存在と互換的である必要もなくて、ただ離接的様態(disiunctum contra oppositum)が存在と互換的であるということが必要なだけである。

(スコトゥス『形而上学問題集』第四巻第二問異論論駁)

スコトゥス自身、ここには大きな困難があることに気づいています。そのことも手伝って複雑な議論が続きますが、話を少し端折りましょう。右の箇所でスコトゥスが見通しているのは、存在、存在の離接的様態(例として、無限または有限)、離接的様態の一方(無限)について考察することが、すべて一つの形而上学に属し、そしてその際に重要なのは、存在と一といった超越概念相互の互換性といったことではなく、離接的様態との互換性であるということだったのです。スコトゥスは、超越概念を拡張し、離接的様態にまで拡大し、超越概念の数を大幅に増加させました。そして、その離接的様態の一方について、その全部ではないとしても、「純粋完全性」として超越概念に組み入れました。ここにおいてスコトゥスの存在論の領野がやっと完成します。

ヘンリクスの哲学は、スコトゥスにとって、基本的な枠組みを提供してくれるものでした。アリストテレスの論理学を講義しているときは、ヘンリクスに依拠することも少なかったようですが、やがて神学を論じるようになり、当時の先端的思想であるアヴィセンナの思想を取り込もうとするに至ってヘンリクスに大幅に依拠するのです。一義性を否定し、アナロギアを繰り返し主張するヘンリクスの思想の中に、おそらくスコトゥスは形而上学の課題を発見したのです。

スコトゥスにとって残された課題は、領野や次元を準備し、そこに含まれる要素を並べ立てることではなく、超越概念の構造が全体として示すべき無限性の構造だったのです。神と被造物の間にある落差を解消するのでもなく、理解可能性の彼方に置くのでもなく、またその中間において無限性を解消することもなく、何らかの仕方で理解可能性の内にもたらすことは可能であるはずです。つまり、無限性の内在化こそ、スコトゥスが解明すべきことだったのではないでしょうか。そして、この無限性こそ内包的無限であり、スコトゥス形而上学の特徴が現れるところなのですが、無限性は量的無限性とは姿を異にして現れるために、ずいぶん見えにくい議論となってしまいます。

無限性については第I部で見ましたが、さらに次の節では、スコトゥスによる無限性の話を、そのヘンリクス批判を結びつけて語ることにします。

3　概念と媒介の論理

スコトゥスのガンのヘンリクスに対する態度は屈折しているのですが、どの点を批判しようとしていたのかを確認しておくことは重要でしょう。以下で考えたいのは、被造物から出発して、神の認識に至る道筋がどのように整理されているかです。

無限存在に至る道において、スコトゥスはヘンリクスのそれを対立する理論と考えていました。スコトゥスの哲学の分かりにくさは、このヘンリクス批判という論点が絡むことに多くよっています。ヘンリクス思想自体が、その研究は進んでいませんし、すこぶる分かりにくいのです。ここでは、加藤雅人氏の労作『ガンのヘンリクスの哲学』(創文社、一九九八年)を参考にしてまとめます。

我々は、特定の対象を「この存在」というように、存在を限定して捉えています。そこから、神の存在に至るにはどうすればよいのでしょうか。

ヘンリクスの道筋の概略を追ってみましょう。この行程は、スコトゥスが存在の一義性に至るために辿ったものにもなっていますから、スコトゥスの整理に依拠して述べていきます。ヘンリクスは、神に至る認識の序列として、概略的・最も一般的(generalissime)、概況的・比較的一般的(generalius)、概括的・一般的(generaliter)という三段階を設定します。日本語だけによって見ると、この間の区別がつきませんが、generale(一般的)という副詞の最上級、比較級、原級がここに並んでいます。最も概括的な認識から、中間段階を経て、より特殊な段階に至るということです。

ヘンリクスは以上の三段階の認識のうちの最初のレベル(最も一般的)に、さらに三階層の様態を設定します。

(1)　いかなる存在も「この存在(hoc ens)」として知られていますが、存在は概念の一部として把握されており、神の把握はまったくなされていません。

(2)ヘンリクスは、まず「この」という限定性を除去します。そうすると、限定されていない存在一般の概念、つまり「存在(ens)」の概念が得られます。ここでヘンリクスは、神の存在は分有不可能なものであり、被造物の存在は分有可能なものとして捉えています。神の存在は、純粋形相があらゆる質料から離存しているように、超越的に自存しています。したがって、神の存在と被造物の存在は乖離しており、両者は類比的な関係にあるにすぎないのです。神の存在と被造物の存在の間にはいかなる共通性もありません。

(3)ここでヘンリクスは、第三階層に移行します。(2)の段階で得られた概念を、ヘンリクスは、存在一般の概念において、「否定的意味での無限定的存在(ens indeterminatum negative)」と「欠如的意味での無限的存在(ens indeterminatum privative)」を区別することで、神の存在が得られると考えています。「否定的意味での無限定的存在」の方が神の存在で、「欠如的意味での無限的的存在」の方が被造物の存在なのです。否定的意味の方は、それ自身とは異なるものから「そうではない」という否定によって切り離されるわけですが、それ自身は何も失うものはありません。欠如的意味の方は、欠如し抜け落ちています。被造物においては、存在のある相が欠如しているというのです。ヘンリクスにおいて、神の存在は単純であるという論点が強調されるかどうかを確認してみないと分かりませんが、単純であるというのが当時の常識です。したがって、神の存在と被造物の存在は共通性を持ちません。このようにして、第三段階のものとして「自存する存在(ens ut subsistens)」の概念が得られる、とヘンリクスは述べます。

ここを通り抜けて、やっと第二段階の認識、概況的(比較的一般的)な認識の次元に至ります。しかし、この次元で得られる属性は単純ではない、とスコトゥスはいいます。たとえば、「善」という概念――「善」もまた「存在」です――について、否定的意味での概念が得られたとしても、他の無限なる属性は別個のものとしてあります。

そこで、さらに一歩を進めた概括的把握(一般的把握)においては、神が単純であるために、いかなる属性も神の第一の固有性である「存在すること(esse)」と一つになるものとして把握されます。そこでは数多くの完全性が、存在に溶け込み、一なるものとなっているのです。これは分かりにくい議論ですが、神は単純なものでなければならない、という前提の元に話が進められているのです。

ここにおいてスコトゥスは、どんでん返しのように見える独自の議論展開をします。神の単純性に匹敵するものはないから、そして神を固有の形象を通して認識することはできないがゆえに、推定力・評定力(aestimativa)を通して神を認識しなければならない。この「評定力」というのは、アヴィセンナの『デ・アニマ』に登場する概念で、対象としての事物の善悪を知性的認識を介さないで認識する能力です。獣の場合には、感覚が与える表象の背後を穿鑿して(suffodere)、有害・有益を探り出しますが、人間の場合は、被造物を表現するものでしかない形象の背後に神に帰属する事柄を穿鑿することになります。

しかし、スコトゥスによれば、いくら穿鑿し地中を発掘しても、もともと地中にないものですから、見つかるはずはありません。神に固有の性質を表現する概念も形象も、被造物に当てはまるものとは全く別個のものとなっていたのですから、穿鑿しても見つかるわけはないのです。

最も一般的、比較的一般的、一般的という三段階の区別も分かりにくいのですが、まずはヘンリクスの認識論の前提として、認識は未限定のものが限定されることだ、という理解があることを踏まえる必要があります。だからこそ、ヘンリクスは二重否定を個体化の原理として考えるのでしょう。これは理解できないことではありません。そして存在の場合は、存在そのものが一般的なものですから、そこに限定化の働きを見出すとすれば、一般的なものにおいて、最上級、比較級、原級と進む階梯を設定すればよいと考えたのだと思われます。

そこにおける一番の問題は、第二段階目にあると思われます。ヘンリクスの言葉でいえば、「ある種の卓越性の下に(sub quadam excellentia)」、神の何性を知るということですが、これはスコトゥスでは、離接的様態を介してその一方の純粋完全性に至ることを指しているようです。

全く別個である二つのものを媒介するとき、その媒介となるものは、被媒介項のそれぞれとまた媒介を持たねばならず、媒介の媒介が二つ必要になり、その媒介の媒介の媒介が四つ必要になって、結局媒介が無限に必要になり、とどのつまりは媒介されないという議論があります。相異なる二者を媒介するのに、中間となる第三項を設定するのは基本的にうまくゆきません。

媒介できるのでしたら、初めから類似性がどこかにあったはずですし、全く類似性がなければ、どんな媒介を持ってきたとしても、媒介は成り立たないということです。二つの項の間に、媒介となる事物やプロセスをいくら埋め込んでも媒介とはならないのです。

神の存在は、特殊な穿鑿によって知られるのではなく、初めから自然的に認識されている、という議論にスコトゥスは向かおうとします。話が面倒になる一つの理由は、神の存在が単純であり、しかも純粋完全性をすべて潜在的に含むもの、つまり無限存在だということにあります。無限存在のあり方を説明できなければならないので、そのためにたいへん複雑な議論にはなりますが、神の存在の自然的認識の可能性と、その前提条件としての存在の一義性とは、事柄としてはそれほど複雑ではありません。

スコトゥスが存在の一義性に至り、それを強く主張するようになるのは、かなり晩年のことです。存在がアナロギア的であるという主張を捨て、存在の一義性を力強く主張するようになったのには、なにかしらそこに大きな変心があったとしか考えられません。存在の一義性に至ったことには必然性があったと思われます。そこでは、融合的包含(continentia unitiva)、無限存在、内包的無限、このもの性、超越概念等々の概念が、きわめて緊密に結びつき、存在の一義性という大きな枠組みを構成しているのです。そういったすべてのものが配置され、一つの布置＝星座(constellatio)として現れ出てくるとともに、存在の一義性は姿を現し、光を放ち始めます。その布置が完成するのには多くの時間が必要でした。そして、その布置も完成途上でした。存在の一義性は、論理的な枠組みではなく、巨大な形而上学の体系全体を総称する名称となっています。存在の一義性が、神の存在と同じように、すべての理論的枠組みを一つにし、融合的に含んでいるのです。それを「大文字の一義性」と呼んでもよいでしょう。「大文字の一義性」は一つの理論であり、部分を切り離せるものではありませんから、スコトゥスがこの「大文字の一義性」に思い至ったのも、徐々にというよりは、大きなヴィジョンとして一度に与えられたのではなかったのでしょうか。いや、そうとしか思えないのです。

言葉遣いは難しいのですが、要点となるのは、ヘンリクスにおいて、神の存在は無限性を担うことで乖離したものとなるということです。分有不可能なものと分有可能なものとの間の落差は、自然的知性によって乗り越えられるものではありません。両者の関係は類比的であり、照明によって媒介されるしかないのです。

我々は、被造世界には無縁の、神にのみ固有の多くの概念に到達することができる。そうしたものとしては最高度の〈純粋完全性〉の概念すべてが挙げられ、いわば「写し絵」(descriptio)のようにありありと神の面影を伝える至妙の(perfectissimus)概念を得るには、それらすべての最高度の〈純粋完全性〉を集約して思考しなければならない。だが我々に可能な範囲内で、比較的精妙かつ単純な概念となると「無限的存在」の概念である。

（スコトゥス『存在の一義性』邦訳七四頁）

ヘンリクスの道を辿れば、純粋完全性のそれぞれについては、その姿が得られるかもしれません。しかし、神の存在は無限存在であって、それは単純なものです。ヘンリクスの道は、闇鍋のような得体の知れないものしか与えてくれない、とスコトゥスは解説しています。その点でスコトゥスは、「内在的様態」という概念を手がかりにして、神の単純性と内包的無限性の両者を説明する枠組みを提供しています。

まず単純であるというのは、それが「善い存在」「真なる存在」といった類の概念より単純にできているからである。なんとなれば、「無限」は、存在ないし基体＝主語の属性、性状などではなく、その「存在実質の内在的様態（modus intrinsecus entitatis）」を表しており、したがって「無限存在」という言い方で表されるのは何も基体と性状との偶有的結合などから成る概念ではなく、特定度の完全性、つまり無限性に達した主語それ自体の概念からである。その事情は、「純白（albedo intensa）」が「可視的な白」のような偶有的結合から成る概念を表しているのではなく、「純度（intensio）」により白それ自体の内包量（gradus intrinsecus）が示されていることと一般である。

（スコトゥス『存在の一義性』邦訳七六頁）

神が単純であるからこそ、諸々の属性を神の「実在（esse）」へと帰一還元する思考が神認識の終極をなす、との先述のヘンリクスのような見解は明らかに誤っている、とスコトゥスはいうのです。ヘンリクスが、アナロギア説を採るのも、照明説を採るのも、結局は同じことになるのです。

ヘンリクスにおいては、神の存在が「否定的意味での無限定的存在」とされています。スコトゥスからすれば、ここには受け容れられない論点が少なくとも二つ含まれています。その一つは、否定は我々の最大の愛の対象にはならない（negationes non summe amamus）ということです。

また当時、神の無限性を理性的領野から除外して考えようとする方向性もありました。せいぜい無限定性として扱おうというのです。それに対して、アンセルムス－フランシスコ会的な流れにおいては、神の無限性を積極的に扱おうとする傾向が見られました。ボナヴェントゥラは、「魂は無限の善、すなわち神を表象すべき本性を与えられており、そこにのみ安らい、享受せざるをえないのである」（『命題集注解』一、三、二）と述べています。

ヘンリクスの思想の理解の難しさもさることながら、スコトゥスのヘンリクス批判もまた、半ばはヘンリクスを受容した上での批判的超克として話が進められていますから、どうしても読解が困難なものになります。仮にその「心」を表現するとすれば、ヘンリクスの立場では、個体は否定性の鎧に覆われて、対面的認識はできず、したがって愛の対象としては現れないということになると思われます。

離接的様態、同一性、無限性が一緒になって、「統一的内含」に結びつくのか、そしてこの概念を提出することで、『形而上学問題集』第四巻第二問が終わり、話が済んだことになっているのか、この辺りの粗筋を押さえて、ここでは次に進みましょう。

離接的様態とは、スコトゥスが設定した拡張された超越概念でしたが、それはA∨～Aというように両項が一緒になることで、存在と互換的になるものでした。そこには同一性があります。この離接的様態で特筆すべきは、「無限∨有限」、つまり、無限または有限ということです。これは無限の落差を含みながらも、無限と有限とは一つになって、存在に溶け込んでいることを表します。この溶け込み（融合）を示すために用いられるのが、「馬性は馬性でしかない」というアヴィセンナの格率なのです。無限か有限かは偶有性であり、それ自体ではどちらでもない、したがって一なるものだ、とスコトゥスは考えたということです。この一性は、中立無為的なものではなく、実体の無限の海として、一なるものでありながら、すべてを潜在的に含むものなのです。ヨハネス・ダマスケヌスの「無限の実体の海」という表現をスコトゥスは好んで用い、統一的包含や無限性や形相的区別といったことを同じ水準で一緒に語ろうとしていますが、それは気持ちとしてはよく分かることなのです。それらが密接に結びついた形而上学的連鎖だからです。

第四章　一義性と存在論

話が行きつ戻りつして、なかなか進まないと苛立っている人がいるかもしれませんが、存在の一義性とは「存在は一義的である」という結論を呈示して終わるものではなく、そこに存在論全体の改革が潜在的に包含されたものだということを示したいがためです。ご寛恕ください。潜在性が先行であるという論題が、スコトゥスにおいて強調されますが、それは「存在の一義性」というテーゼ自身にも自己言及的に当てはまることに思えます。

スコトゥスにおいて、存在の一義性と普遍実在論とはどう関連しているのでしょうか。いや、もちろんスコトゥスの普遍実在論がいかなるものか、まだ語られていませんし、そもそもスコトゥスを実在論者に分類してよいかも扱ってはいません。ここでは存在の一義性が、形而上学の改革を目指すものであったということは、どの程度に蓋然性を持つものであるかを考えてみたいのです。しかし、普遍実在論とは、守旧的な立場と考えるのが普通の哲学史でしょう、すると、思考の系譜全体における位置関係が疑問になってきます。

既に見てきたように、スコトゥスの存在の一義性は、アヴィセンナ※の存在論をヘンリクス※を経由してスコトゥスが批判的に受容したことで成立した、という道筋が考えられます。そして、スコトゥスの普遍論は、やはりアヴィセンナの「馬性は馬性以外の何ものでもない」という格率に代表される存在論を受容しています。スコトゥスの個体論もその格率の周辺を回っていたのです。そこでは、感覚によって捉えられるような、現前に拘束された存在ではなく、感覚的には現前していないが、それでも現前する存在が問題となっていました。存在は、手で確かめられるナイーヴなあり方を脱して、感覚されないけれども確固たる実在性を持つようになったのです。

スコトゥスの存在論を考える上では、やはりヘンリクスの存在論について、その外見だけでも見ておく必要があります。既に何度もガンのヘンリクスに登場してもらいました。それは、アナロギア説、照明説などにおいてでした。しかしまた、ヘンリクスの存在論についても少し触れておく必要があると思います。ヘンリクスの思想には、実は私自身触れたいわけではないのです。しかし、スコトゥスはヘンリクス批判に基づいて自分の思想を築いていったので避けて通ることはできないのです。もし、ヘンリクスを避けて、スコトゥスに至ることができれば、どんなに楽でしょう。そうすれば、私ももっと早くスコトゥスの内実を理解できたはずです。しかし、ともかくヘンリクスの存在論についてです。

1　ヘンリクスの存在論

ヘンリクスは、一三世紀後半の哲学を考える上で逸することのできない大哲学者です。時代的にはトマス・アクィナスとスコトゥスの間に位置し、しかもその体系はゴシック建築のように絢爛たる概念装置に満ち、華やかです。トマス・アクィナスの神学とゴシック建築との対比を行ったのは、パノフスキーでしたが、光への志向と高さへの希求、装飾華美な様式は、トマスよりもヘンリクスにふさわしいように思います。ヘンリクスの哲学は残念ながら、ほとんど埋もれたままになってきました。『任意討論集』と『規定問題集大全』の校訂版が出されるようになったのは、二〇世紀に入ってからでしたし、研究が集中的になされるようになったのは一九九〇年代以降のことです。

研究が進まなかった一つの理由は、ヘンリクスが特定の教団に属さない在俗教師だったからです。当時、大学教師はすべて聖職者でした。ですから、在俗教師とは奇妙な言い方ですが、地域ごとに教会が存在し、そういった地域（教区）で高等教育を受け、教師となるようにとパリ大学に派遣され、そして教師となったのが「在俗教師」です。それ以外の教師は、特定の教団、修道院、托鉢修道会から派遣されていました。特に一三世紀においては、新進の托鉢修道会、ドミニコ会とフランシスコ会の伸長が著しかったのです。この二つの托鉢修道会は、とりわけローマ教皇の期待を集めていました。大学における対立の軸は、在俗教師と修道院・托鉢修道会との間にありました。ここではしかし、この時代の大学内部の対立を描きたいのではありません。

トマスとスコトゥスが、ドミニコ会とフランシスコ会を代表していたという対立の枠組みで位置づけられてきましたが、この二人が対立の構図には立っていないことに、ここでは焦点を合わせたいのです。ドミニコ会とフランシスコ会は、大学の中では対立していたのではなく、むしろ利害を共有していました。敵対するよりも、敵対する相手を他に抱え、ライバル意識も持っていなかったと思われます。両者が対抗関係に立つのは、双方の教団が組織的に安定し、理論的正当性の問題に心を振り向けられるようになってからのことでしょう。そして、スコトゥスもまた、トマス理論の反駁に力を注いではいたわけではないのです。むしろ、ヘンリクス批判に、場合によってはヘンリクスの弟子であったフォンテーヌのゴドフレイも批判されますが、圧倒的にヘンリクスを批判の的にしています。ただその場合にも、誤解してはならないのは、自分と対極に立つ思想としてヘンリクスを批判しているのではないということです。

フランシスコ会において神学の教科書として使用可能であったのは、同時代のものとしてはヘンリクスの著作だけだったのです。公式には、トマスの著作は許されていなかったのです。許されなかったといっても、その禁止は緩やかだったようですが。そのこともあってか、スコトゥスの思想は、ヘンリクスの思想にかなり接近していきます。にもかかわらず、激しく批判を向けもしているので、両者の関係を捉えるのはとても難しいのです。その上、先に触れたようにヘンリクスのテキストの編集作業は遅れていましたし、本格的な研究書としては二〇世紀の前半に出されたジャン・パウルスの研究書があるくらいで、全体を見渡すのが困難でした。そしてさらに、ゴシック建築のように複雑なヘンリクスの哲学を位置づけなければ、一三世紀後半のスコラ哲学史は完成しませんし、スコトゥス研究も深化することはありません。

スコトゥスとヘンリクス、それぞれの生涯については、二人共に取り立てて語るほどのことも起きていない平板な人生に見えますが、枢軸を担う二人ですから、ここで簡単に触れておきます。ヘンリクスは、一二四〇年以前にベルギーのヘント（仏名ガン、英独名ゲント）に生まれます。トゥルネの司教座聖堂付属学校で学び、六五年にはパリで学んでいました。神学部でも学び、七六年から九二年まで神学部の教授を務め、九三年六月二三日にトゥルネで亡くなりました。一二七七年のタンピエの弾圧に際しては、異端的命題の選定委員会に加わり、その中心的人物であったと考えられます。

ヘンリクスの存在論の中で、いままで触れてこなかった側面を取り上げます。その論点は、存在偶有性説ということ、〈本質存在〉と〈現実存在〉の区別ということ、事物（res）を二つに区別していることの真意、という三つが問題となります。

ヘンリクスは、被造物の中に、〈本質存在〉、本質、〈現実存在〉という三つの層を分けました。本質と存在というように、これは二つに分けて考えられることも多いのですが、ヘンリクスでは三つに分けられています。

〈本質存在〉・〈現実存在〉と、本質（essentia）・現存在（existentia）という二つの概念対が使われているのは、混乱を引き起こします。実際、〈本質存在〉と本質、〈現実存在〉と現存在は、ヘンリクスにおいて同じように用いられてしまいました。

〈本質存在〉とは、事物がそれ自体で〈in se〉有するものです。ただし、事物はその〈本質存在〉を分有的に有しますが、それは神の中にある形相的範型を模倣する限りにおいてです。ところで本質とは、神の知性の内にある範型を起源として持つ限りにおいてのあり方ですから、〈本質存在〉とは若干異なります。また、〈現実存在〉は、神の意思の結果であり、いわば本質の外部からくる、偶有性の様態を有しています。

〈本質存在〉と〈現実存在〉を導入する道具立ては。一見不明確なものですが、馬性の存在性格と、存在偶有性というアヴィセンナにあった存在論を同時に取り込むことのできる概念装置だったのです。分かりにくいところもありますが、卓抜な装置に違いありません。

〈本質存在〉と〈現実存在〉は、事物のエッセ〈esse〉を表現しています。このエッセは、トマスにおいても大問題となるものです。そして、山田晶先生の人生のかなりの部分は、このトマスにおけるエッセの解明に捧げられていたと思われます。エッセを「存在」と訳し、ens にも「存在」の語をあてれば、いったい何が問題なのかという気もしてきます。エッセは存在の現実態〈actus essendi〉と言い換えられるものですが、どこまでいっても、タマネギの皮剝きのように、「分かり」の芯には到達できません。

ヘンリクスが、〈本質存在〉つまり本質のエッセ、〈現実存在〉つまり現存在のエッセといっているのは、エッセの語によって起源との関係におけるあり方を指しているためと思われます。アヴィセンナも、原因・起源との関係で語るという特徴を強く持っています。

〈本質存在〉について、それ自体で〈in se〉としたり、神の中の形相的範型を模倣する限りでを付したり、いろいろな規定が付加されていますが、神の知性、ないし神の知性の内なる範型との関係におけるあり方が〈本質存在〉ということでしょうし、神の知性との関係において、神の意思の結果としてのあり方が〈現実存在〉ということでしょう。神の力の何らかの結果であることによってのみ、〈現実存在〉(esse actualis existentiae)を有すると言い換えても同じなのです。

起源から切り離してみれば、それらはそれぞれ本質と〈現実存在〉となります。これはトレーサビリティを有するか有さないかの違いと見ることができます。ところが、本質と〈本質存在〉には、ヘンリクス自身が述べているように、微妙な違いしかありません。ある料理の素材と、そしてそれが何であるか(本質)ということと、そのレシピとは完全に別物ではありません。

> 第二のエッセ〔=〈現実存在〉〕は、偶有的な様態を有してるので、偶有性の述語に還元される。しかし、〈現実存在〉は偶有的なものではない。なぜなら、それは先在する何ものかに到来するものではないからである。そうではなくて、〈現実存在〉によってものは存在するのである。したがって、このようなエッセの分有(participatio huius esse)が「外的」(extrinseca)といわれるのは、本当の偶有性のように基体に内属するからではなく、創造の刻印によるのである。
>
> (ヘンリクス『任意討論集』第一巻第九問。訳文は加藤雅人のものに修正を加えた)

ヘンリクスは、この区別を説明するために、事物(res)の区別を持ち出します。これまた少し苦労させられる用語です。既に第Ⅰ部第五章で説明しましたが、重要なところなので畳長に再び説明を加えておきます。

1　「私は考える」「あなたは考える」ことからいわれる〈もの〉(res a reor, reris dicta)
2　妥当性に基づく〈もの〉(res a ratitudine dicta)
3　現実に存在する〈もの〉(res existens in actu)

訳しただけでは意味不明の用語が並んでいます。まず res a reor, reris dicta とは、一見すると、愉快なほどに奇妙な用語です。reor とは「私は考える」、reris は「あなたは考える」というように動詞の一人称と二人称の活用です。英語に直訳すれば a thing of "I think, you think" です。本当に楽しくなってくるほど意味不明です。res a ratitudine dicta という場合の ratitudo(>ratitudine)は、哲学用語としてはほとんど使われることのないものです。「妥当性、確かさ」といった意味です。res a reor, reris や res a ratitudine は、ボナヴェントゥラも使用していますから、一二六〇年頃パリ大学では皆が理解できる言葉として流通していたのでしょう。しかしながら、由来も分かりませんし、意味も不明なのです。

とはいえこれらはとても重要な基本用語なので詮索するしかありません。哲学とは、空中に浮かぶ純粋概念を思考の中で組み合わせることではなく、図書館の中で、重い本の上げ下げに汗水を流し、腰と手を痛め、埃で咳き込みながら、なされる肉体作業なのです。肉体のない天使にはできない作業、哲学とは人間でなければできない作業です。何ものかへの捧げ物のごとく、思考を蕩尽しながらなされる作業なのです。そういう意味では、これらはとても哲学的な用語です。

res a reor, reris dicta という場合、reor, reris は opinor, opinaris と同じことだ、とヘンリクスは述べます。虚構(figmentum)で、精神によってのみ(secundum animam tantum)存在するものだともいわれます。ですから、res a reor, reris dicta は「頭で考えただけの事物」、res a ratitudine dicta は「確固とした事物」という意味でよいと思います。

事物(res)という語によって、ヘンリクスが語ろうとしているのは、それをどのように考察しようとしているかということのようです。「本質は、それが神の内に永遠の範型を有する限りにおいて、神への関係を基礎として、事物といわれる」と彼は述べます。本質は事物(res)と呼ばれるのですが、それは原因(範型因)としての神との関係においてなのです。

物事と起源（原因）との関係については、⑴原因によって生み出された結果として、⑵原因と関係づけられたものとして、⑶原因とは切り離して、と三様に考えることができます。原因は、物事に現実性（＝存在）を付与するものですから、それぞれ出来上がった完成品、制作者が作りつつある姿、頭の中で考えられただけのアイデアというように分けて考えることができます。

事物（res）という場合に考えられているのは、日本語の〈もの〉という語で表現されることよりも、「あり方、見方」ということであり、しかもそれが起源との関係で考えられているのです。

事物と存在とは、被造物においては全く同じ本性を表している。しかし、ここまで述べてきたように、「事物」は純粋に理解されたものとして本性を表し、「存在」は神の精神の内に範型を有するものとして本性を表している。

（ヘンリクス『大全』第二一篇第四問）

res a reor, reris dicta とは、単なる空想や幻想まで含めた、最も広い意味での〈もの〉であり、それに対立するのは「純粋な無（purum nihil）」だけです。無でないものは、何らかの意味で〈もの〉なのです。「金の山」も「山羊鹿」も「キマエラ」も、皆この意味での〈もの〉に含めることができます。

res a ratitudine dicta は、空想・虚構（figmentum）に対立するものですが、存在するか存在しないかには中立的なものです。本質としての規定性だけは持っていますから、絶対的に考察された本質の世界といってもよいでしょう。こちらもカテゴリーを越えるもので、規定性は有しながらも、一／多、可能態／現実態といった二項対立の一方を構成するのではなく、それらに対して中立的にあります。

そして、第三に現実に存在する〈もの〉の相があります、これは「何らかのカテゴリーに属する〈もの〉」「結果として存在する存在」「自然的な事物(res naturales)」「自然にあるもの(res naturae)」といわれます。〈もの〉・事物とは、完成品、レシピ、アイデアというように、完成状況を表しています。こういう区分を踏まえて、次の一節を見てみましょう。

すべての被造物において、存在(esse)と本質(essentia)は異なっており、存在の本質規定(ratio ipsius esse)と本質の本質規定(ratio ipsius essentiae)は異なっている。ところで、このことは〈現実存在〉について当てはまるだけではない。こちらについては、新しい規定を時間の経過から得ているので分かりやすい。ここから、既に述べたように、事物の〈現実存在〉は、本質の上に、実在性において何ら新たなものを付け加えることはないけれども、本質の本質規定(ratio essentiae)と存在の本質規定(ientendio ipsius existentiae)はまったく異なるということが帰結する。そして、〈現実存在〉と〈本質存在〉、〈本質存在〉と本質も異なる。〈本質存在〉と本質の違いは、それほど明らかではないが。

（ヘンリクス『大全』第二一篇第四問）

ヘンリクスの言葉遣いは必ずしも一貫していません。しかし、基本的にアヴィセンナが語った「馬性はそれ自体では馬性でしかない」という存在論的事態を取り込もうとしていることは事実です。ヘンリクス自身、馬性の格率を何度も引用し、それに続いて議論しているのですからこれは確かです。しかし、使われている概念の対応関係が明瞭には見えにくいということがあります。

まず、偶有性は、とても重要な契機で、馬性の格率の核心にある事態です。それについては別のところで説明しますが、一でも多でも、精神の外にも事物の中にもない、つまり「ないないづくし」の事象が〈もの〉といえるのはなぜか、それはどういうリアリティを持っているのかが語られているのです。「ないないづくし」の事象が、周辺にある些末なことではなく、中心的位置にあるとすれば、放っておくことはできないのです。

「ないないづくし」とは、空虚ということではありません。固有名は内包を持ちませんが、しかし「あなた」という代名詞で指示される事物が「名なし」であるとしても、規定性を欠いた空虚なものではありません。すべてのものは「ないないづくし」の規定相を有しています。それは一つのあり方なのです。そしてこの「ないないづくし」は、語りにくいながらもさまざまな現れを持ちます。ヘンリクスとスコトゥスの対立も、この「ないないづくし」をいかに捉えるかをめぐるものでした。「ない」という否定辞を使うのは人間だけであり、「ないないづくし」は言葉の中では分かりにくくなってしまいますが、河原の小石のようにありふれたものです。

いったん話を戻しましょう。事物を三つの層に分けたのは、存在と本質の関係を示すためでした。本質と〈本質存在〉と〈現実存在〉とを分けた理由を考える必要があります。〈本質存在〉が「……である」と捉えられ、〈現実存在〉が「……がある」で捉えられるというのがシンプルな説明ですが、本質と〈本質存在〉との違いや、事物を三つの層に分けたこととの関連が見えにくくなります。

ただ、この〈本質存在〉と〈現実存在〉という用語自体がなかなかの難物なのです。ヘンリクスに先行する用例はありますが、いつ頃から、何を意味するものとして用いられたのかは、なかなか分かりません。私もずいぶん気になり調べましたが、ついに由来は分かりませんでした。しかし、アヴィセンナの「馬性は馬性でしかない」という事態の、「馬性」を説明するために用いられるということではほぼ共通しています。アヴィセンナの存在論受容を探る場合にはこれが鍵になるのですが、まだまだ写本の中に埋もれたままのようです。ヘンリクス自身の用例でも、その内実は一義的に定まっているのか、多分に疑念の余地があります。

事物を分け、その一つに res a reor reris dicta を置いたのは、その空虚さを指摘するためではなかったのです。

そうではなくて、物事は端緒においては、あるのかないのか分からないような、微細なものとしてあります。事物(res)といえども、その端緒においては、あるのかないのか分からないような、儚い相において存在しています。儚いながら端緒として、その後の事物の生成の進展を担うように、未来を担うように確固たるものでもあるのです。

〈本質存在〉と〈現実存在〉とを分ける説明は、ヘンリクスの『任意討論集』での説明が分かりやすいと思います。そこでは、存在(esse)を、

1　事物において客観的にある在り方(esse naturae extra in rebus)
2　概念志向における存在(esse rationis)
3　〈本質存在〉(esse essentiae)

の三つに分けています。

動物というものが、個物の中に偶有性とともに考察されている場合には、自然的事物(res naturalis)である。しかし、精神において偶有性とともに考えられている場合には、概念志向における存在であり、そしてそれ自体で考察されているときには本質存在である(res essentiae)。

（ヘンリクス『任意討論集』第三巻第九問）

〈本質存在〉という「ないないづくし」の分かりにくいものが、何度も説明に登場するのは理解しにくいことですが、それは未分化で未規定的なものが、生成の過程の中で具体性を帯び、そして最後に具体的な姿として完成して獲得されるということを考えれば分かりやすくなると思います。

本質と〈本質存在〉が区別されたのは、〈本質存在〉が端緒にある未規定相を表し、本質が規定を表すからでしょ

う。〈本質存在〉は本質の一つのありかでもありますから、区別しにくいのは当然です。数学の比喩を使うのは、そこに何か勘違いがある場合には、混乱を引き起こすだけですが、〈本質存在〉は初期状態、本質は方程式、〈現実存在〉は具体的数値によって限定された現実の状態に喩えてよいかと思います。まだ生まれ出ていない状態は「未生」といわれます。自然言語が、生成の相や端緒となるこの「未生」ということをうまく表現できないのは、退けられるべき害悪ではなく、そうした不完全な道具であることを前提として、その中にうまく始末して取り込まなければならないのでしょう。

アヴィセンナが導入した存在論の契機とは、原因との関係において、未生の状態をも存在論に取り込むことでした。そういった抽象的な領域を、存在者の彼岸に置き入れ、経験の彼方に置くのではなく、経験の手前に、経験を成立させる条件の次元に設定したことは重要なことなのです。そして、アヴィセンナが語る馬性（＝共通本性）は、〈本質存在〉という存在相に位置づけられるのです。これは、現実相に先行して存在する共通性の相が、神の内になる範型としてある限りでは、実在性を有していても、被造物の中にある限りでは、希薄な実在性しか持ちえないように見えて、にもかかわらず独自の確固たる実在性を有することの説明になっていると思います。普遍性の希薄な実在性が、ここでは確固たるものとして確保されているのです。

ヘンリクスが存在論において行ったことは、神の知性における範型論という神学的なことばかりではなく、そういった議論をも巻き込みながら、人間の具体的な経験の手前にある次元を語り、そしてそれを存在論の中に取り込んだことです。具体的な経験の手前にあり、経験が成立する可能性の条件を扱うものとしての形而上学という論点は、ヘンリクスにおいて明確に現れ、そしてそれをスコトゥスは受容したのだと思います。

馬性とは、ある事物(res quaedam)としてある、馬の本性であるが、それは馬性でしかない。その定義は普遍性も個別性も含まれず、一性も多性も含まれず、個物の内の存在も精神の内の存在も、可能的存在も現実的存在も含まれていない。そうではなく、この馬性にすべてのことが偶有的に生じる（accidit）ものなのである。

（ヘンリクス『大全』第二八編第四問）

馬性すなわち〈本質存在〉にすべてのものは偶有的に生じます。この偶有的に生じるということは、生成展開を意味します。〈現実存在〉とは、ここの具体的な事物の姿ですが、その際に、存在は偶有性であるということは、右に記した事柄の言い換えでしかないのです。存在が偶有性であるというのは、存在は生成の相にあることの言い換えです。

存在が偶有性であるというアヴィセンナの主張は、中世スコラ哲学では、愚かな言明と捉えられました。しかし、それはアリストテレス的用語法ではそうなっても、別にアリストテレス的存在論と対立するものではありませんでした。ただ、オルガノン（論理学）の用語法とは、折り合いが悪かったのです。アリストテレスのオルガノンと、彼の形而上学との関係は、アナロギアによって架橋されながらも、アナロギアはオルガノンから得られるものではなく、つまり此岸から延びる橋ではなく、彼岸からもたらされるのを待つしかないような道具だったのです。ヘンリクスは、そこに否定性を介して、自然的な道を半ば切り開きました。

ヘンリクスもスコトゥスも、「馬性の格率」から偶有性の構造を見抜き、その論点を取り入れています。その受容の仕方が、ヘンリクスの存在論に表現されていると思います。偶有性とは、本質に含まれていないものが、外部から付加されるものと捉えられていましたが、アヴィセンナが述べた偶有性は、外側から付加されるのではなく、内部に潜在的に存在していたものが分節化し具体化したものです。スコトゥスは、このようなアヴィセンナ存在論の核心をヘンリクスから学びます。そしてその結果、スコトゥスは自らの哲学を大幅に作り変えていきます。その途中の改築過程が記録として残されたのが、『形而上学問題集』です。その第四巻には、初期に書かれたものの上に、後期の再考が書き加えられていて、思想としては一貫せず混乱していますが、変化の過程を辿ることができます。ここでもやはり、「馬性の格率」が一つの鍵になっています。「馬性の格率」は、個体化論においても鍵として登場しますが、個体化論との関連については後に触れます。ここでは、『形而上学問題集』第四巻第二問の書き加え部分において、「馬性の格率」に関わるところを見ておきます。

アヴィセンナが『形而上学』第三巻〔第二、三章〕や七巻〔第一章〕で述べていることは次のように説明できる。つまり、偶有性とは何であれ、自体的に知解された、何性の外部にあるもの(quidquid est extra per se intellectum quiditatis)のことである。これについて、アヴィセンナは『形而上学』第五巻で「何性は何性でしかなく、普遍でも個別でもない云々」と述べている。これは、何性の内、それらのいずれも知解された内容の内に現実的に含まれていないということではなく、いわば自然的に予め何性を前提している(quasi prius naturaliter praesupponit quiditatem)ということである。しかしこのことは、必ずしもそれらが偶有性となることを措定するのではなく、統一的に包含されたもの(unitive contenta)であることを措定するのである。

（スコトゥス『形而上学問題集』第四巻第二問）

この文章の含意していることを読みほどくと、次のように考えられます。偶有性は、何性の外部にあるということですが、その「外部」ということの意味は、何性の構成要素として具体的に含まれていないということばかりでなく、離接的様態に見られるように、すべてのものはAまたは～Aになるのに、それ自体ではどちらでもないから、Aも～Aも含んでいない場合にも見出されます。するとAも～Aも、「偶有性」と呼ぶことができます。未生のものにはすべてが偶有性となります。そして、そういう呼び方が、アヴィセンナやヘンリクス、その他この時代の哲学者の用法に見られるが、スコトゥスとしては、偶有性という呼称を認めながらも、さらによい呼び名として「統一的包含」を提出したい、と考えたいのでしょう。

重要な点なので、しつこいくらいに考えておきます。偶有性とは、「自体的に知解された、何性の外部にあるもの」であり、その際、外部にあるということは、何性のうちに「現実的に含まれていない」ということではなく、何性を「いわば自然的に予め前提している」ものだというのです。本質が概念把握され、分節的に捉えられたものが何性ですが、ここで大事なのは、何性の外部にあるとは、何性に含まれていないことではなくて、何性を前提していることだ、という点です。何かを待ち望んでいるといってもよいでしょう。これは何を意味しているのでしょうか。馬性は、一でも多でもなく、一とか多の外部にあります。ですから、馬性は一でも多でもないのですが、それは一や多を前提している、あるいは渾然一体となって(unitive)含んでいるのです。

この渾然一体となって含んでいること(unitive continere)を、「統一的包含」とスコトゥスはいうのです。これは、ヨハネス・ダマスケヌスが語った「無限なる実体の海」と重なることです。

ここにおいて、馬性の格率、偶有性、統一的包含、実体の海など、さまざまなスコトゥスのモチーフが重なります。そして、そこに存在の一義性も重なるようにして現れているのです。未分節の共通の基体——ここでは「馬性」——は、分節態にとっては分節化以前であり、したがって外部にあるものですが、分節した姿が基体の内に潜在的に内在しているということです。外部にあるものが予め内部を含んでいた、といってもよいかもしれません。そして、内部と外部とに通底する事態を、スコトゥスは拡張された一義性の名で呼んでいたと考えられるのです。一義性は、含みつつ含まれるということの言い換えなのです。

さて、この「統一的包含」という概念をスコトゥスが取り入れたのは、グロステートの『ディオニュシウス

『神名論』注解』を読むことによってだと考えられます。グロステートの著作に登場する特異な概念ですし、スコトゥス自身がそのことを明示していますから確かでしょう。「統一的包含」については後に触れますが、この節では、アヴィセンナの存在論を踏まえてヘンリクスの存在論が構成されていること、そしてスコトゥスがヘンリクスを介して、アヴィセンナ存在論の論点を受容したことを確認できればよいでしょう。

しかし、スコトゥスはヘンリクスを批判しました。スコトゥスは、神の自然的認識の可能性を論じ、そこにおいて存在の一義性を唱えたのは、神の認識への自然的な通路を開くためだったのです。スコトゥスにとっては、ヘンリクスの歩みは半ばまで共感できるものでありながらも、その否定性の道ゆえに半ばまでしかともに歩むことはできないものであったのです。両者の相違は、個体化の問題に典型的に現れます。否定性に、愛が向けられることはないのです。

2　〈もの〉のリアリティ

ヘンリクスの存在論は、〈もの〉の存在論と名づけることもできるでしょう。彼ほど中世において〈もの〉にこだわった人はいませんから。しかしその際、〈もの〉は必ずしも物質的事物のことではありませんでした。〈もの〉こそ、実在性（リアリティ）の基礎ですが、〈もの〉は現代人が考えるよりも、手応えのないものなのです。人間は、手応え、重さ、固さ、暑さ、痛さといった物理的なものを基礎にしてしまいます。〈もの〉を感覚や物理的なものを範型にして捉えてしまいます。中世においては、〈もの〉の範型は神の知性にありましたが、現代ではそれは硬い物質か、指でいじれるものか、になってしまっています。かつては樹や石や虫が話しかけてくるような世界がありました。日本でも思いの外最近まであったように思います。〈もの〉とは抽象的なものでありながら、きわめて具体的なものなのです。中世哲学において、res（＝〈もの〉）に代表されるような超越概念は、身近なものであったはずです。そういう感覚が失われてしまえば、存在論の世界は空虚であり、そこは概念の砂漠でしかありません。

〈もの〉の存在論の課題はどこにあるのかといえば、それは目に見える世界からいかに離れるかということであるはずです。このようなことにこだわるのも、普遍論争において、普遍の実在論が論じられる場合に、実在論とは普遍が〈もの〉のごとく存在し、その場合の〈もの〉としては物理的な事物が考えられてしまうことが多いことを見てきたからです。「実在する」ことと「世界の中の事物として存在する」こととは同じなのでしょうか。実在論を語る場合、両者が同じではないことは語るまでもないこと、と私は思っていました。普遍が事物として存在すると考える人は、たとえ実在論者であろうが、存在しません。事物としては存在していないとしても、事物以上に実在性を有するものは存在します。

さて、ヘンリクスの存在論において、〈もの〉に関する分類、存在に関する独自の分類がなされていましたが、これはアヴィセンナの存在偶有性説と馬性（＝共通本性）の存在相を示すための、ヘンリクス独自の工夫だったと考えられます。

ヘンリクスにおいて、〈もの〉の存在は、手で触れるかどうかといった即物的なリアリティの次元ではなく、もっと抽象的な〈もの〉のあり方を指すものとなりました。中世から近世への移行は、実体的思考から関数的思考への移行であった、と整理されることもあります。確かに、中世はやはり実体的思考が優勢でした。しかしそこには、実体だけを実在性の宿る原型と捉えることには止まらない流れが現れていたように思います、

普遍実在論という定式があり、そこでは普遍は実在するというテーゼが強調されるわけですが、ここまで見てきたように、実在性は感覚可能な質料的事物（物質）を原型として捉えられるようなものではなくなっていたので

す。スコトゥスは普遍論をめぐって実在論の側に位置づけられますが、そのスコトゥスにしても普遍を物質のようなものとして考えていたとは考えられません。個体化の原理である「このもの性」についても、それを特定の性質として考えていたということではないように思えます。

さて、ここではまず、スコトゥスの普遍実在論が中世においてどのように受け止められていたかを、少し見ておこうと思います。

中世末期の哲学者ヨハネス・シャルペ（一四世紀末から一五世紀初頭に活躍）は『普遍に関する問題』という著作を著し、そこで普遍に関する見解を八つに分けた後、自分自身の見解を第九番目として提出しています。スコトゥスの見解はそこでは六番目に紹介されています。スコトゥスの普遍論が、実在論と捉えられていたのかを調べる上で、これは有力な資料かと思われます(Johannes Sharpe, *Quaestio super universalis*, ed. by A. D. Conti, Firenze, 1990)。

それぞれを簡単に紹介しておきましょう。個々の理論の具体的内実よりも、普遍論争をめぐる全体的配置・地図を把握してもらうためです。

1　ビュリダンの見解——普遍といえるものはこの世には存在しない。普遍とはある記号(aliquod signum)にほかならない。

2　オッカム※の見解——きわめて有名な見解で、普遍はすべて概念か記号(intentio vel signum)にほかならない。

3　ペトルス・アウレオリ※の見解——普遍は精神の内にのみあり、事物でも外なる記号でもない。オッカムが述べたように精神の概念(intentio animae)も本来の意味での普遍ではなく、事物が精神の内に有する客象的存在のみが、真の意味での、本来の意味での普遍である(esse obiectivum quod res habet in anima est vere et proprie universale.)。

4　エギディウスとアルベルトゥス※の見解——第一に、精神の内と記号の内に普遍を措定し、その後で精神の外部の事物の中に、記号は区別されるものとしての普遍を措定するが、しかしそれも外的にのみあり、精神の内なる普遍的概念との比較を通じてあるにすぎない。

5　プラトンの見解——個物とは独立に、客観的に(ex parte rei a sigularibus separata)普遍は存在する。それらは、端的に不可滅的で、個物に依存せず、個物の変化推移にも依存しない。

6　スコトゥスの見解——普遍は客観的に(ex parte rei)存在し、それは抽象的名詞、またはそれに類する物によってのみ表示される。

7　ウォルター・バーレーの見解——個物から分離しないで(non separata a singularibus)、個物に内在し(ipsis inexsitentia)、しかも本質的に共有される(essentialiter communicata)ものとして普遍を考える。人間という種は、共通人間(homo communis)、種的人間(homo specificus)、人間性(humanitas)、人間本性(natura humana)ということもできる。

8　ウィクリフの見解——抽象名詞によっても、具体的名詞によっても、第一次的に表示可能な普遍が客観的に存在すると考える(talia universalia ex parte rei tam per abstracta quam per concreta primarie significabilis)。

9　シャルペの見解——普遍は精神の内にも、客観的にも措定してよい(est dare universalia in mente et extra mentem)。

この八つの見解のそれぞれについて、説明を付さなければ分かりにくいのですが、ここでは通り過ぎることにします。実は代表(suppositio)の問題があって、その記号表示の問題が特に1と2の見解には関わってきます(この点については、拙著『普遍論争』平凡社ライブラリー、二〇〇八年をご覧ください）。

5から9は、すべて実在論に位置づけます。これは、この時代は実在論が主流だったというよりも、シャルペ自身が実在論者だったので、実在論に重心が置かれて整理されているということでしょう。スコトゥスの立場は、実在論の中では中間的なものにとどまっています。

さて、普遍が存在するとはどういうことでしょうか。いや、それよりも先に「普遍」とは何かが知られるべきでしょう。普遍が一種類ではなく、何種類も存在するとなると、普遍が存在するということも一通りで語れることではなくなります。

いろいろな考え方がありますが、普遍には最低三種類あるというのが中世の標準的見解でした。事物の前にある、事物の中にある、事物の後にある普遍というようにです。それぞれが、プラトン的普遍、形而上学的普遍、論理学的普遍などと呼ばれました。事物の後にある普遍とは、概念としてある普遍です。名称としてある普遍とは、唯名論という言葉があって、「普遍とは名のみのものすぎないと考える立場」などと捉えられがちですから、それは成り立ちそうですが、そんなはずはありません。名称が普遍として機能するのは、複数のものを表示する場合ですが、その機能は「Aは人間である」という場合の「人間」のように述語としてある場合か、「人間」という語に精神が概念を対応させて複数の事物を表示する場合でしょうが、そこに概念の機能が生じてこそ普遍となります。普遍が名前であるというのは、成り立ちにくい立場だと思われます。

このような誤解が生じたのは、言葉（nomen）に対するいい加減な対応によるものでした。普遍は、音声（vos）や言明（sermo）であるという言い方なら成立したのですが、普遍は名詞（nomen）であるというのは、言葉を正しく使わない態度に由来しています。唯名論を立て、nominalismとまとめたのは、一五世紀の学説整理屋だったのですが、一言でいえば名前をいい加減に使う立場（nominalism）が「唯名論（nominalism）」を捏造したわけです。

基本的に、普遍は概念としてあります。しかし概念が知性によって形成されるのに対して、概念に関するさまざまな規則・法則は決して知性によって構成されたものとは思えません。形式的な推理の体系だけでなく、実質的な推理の体系は、客観的に成立しているはずです。いわゆる実在論の立場は、その辺りに着目することで成り立っています。

こんなことをくどくど並べているのも、普遍実在論とは、普遍が実在すると述べる立場としても、事物と同じような仕方で存在する、と主張されているわけではないといいたいためです。普遍実在論には、普遍がどこかに事物のようなあり方をして存在すると考える人々がいます。もし、普遍をそのように時間空間に拘束されるものと考えてしまうのであれば、普遍はどこにも存在しない、この世に存在はしない、そしてそれこそ普遍実在論だといいたくなります。

普遍の実在性は、〈もの〉としてのあり方に拘束されないのです。先程〈もの〉のあり方を自由なものにしました。その場面での語り方を踏まえれば、普遍はまさに〈もの〉と言えます。ただここでは〈もの〉に事物のごとき姿をとってもらいます。スコトゥスは実在論とされますし、それは何ら奇妙なことではないのですが、普遍が客観的に存在するというような立場ではないのです。その意味で、シャルペの整理は誤っています。一五世紀から一七世紀にかけての哲学の教科書の多くも誤ってしまいました。唯名論と実在論をめぐる哲学史の混乱や、一九世紀における「概念論」の捏造については『普遍論争』で扱ったので、ここでは触れません。ともかくも、スコトゥスの思想はずいぶん長い間誤解されたままであったということです。もちろん、これは責められるべき事柄ともいえないのです。正しく理解できる材料を持っていたのは、いつの時代でもほんの一握りの人間だけだからです。

いまは批判的校訂本が刊行されて、これまでの誤解に拘束されずにテキストを読むことができます。

シャルペはスコトゥスの普遍実在論を、普遍が客観的に(ex parte rei)存在するとする立場と整理しましたが、これは完全な誤解です。おそらく、共通本性が数的一性より小さい一性を有するという主張を誤解して、この一性は実在的であって、知性の作用とは独立してあるのだから、普遍は独立に存在しているということで、客観的に存在する立場としたのでしょう。

スコトゥスは、仮に不注意にであっても、そういう言い方はしていないはずです。そんなことは成り立ちえませんし、一三世紀においてそんなルーズな言い方が見逃されるはずもありません。一四世紀において実在論批判の嵐が吹き荒れ、ウィクリフが極端な実在論を主張するという時代を経て、一五世紀に紋切り型の哲学史が目論まれ、平板な普遍論争の歴史が構成されていきます。

スコトゥスの実在論の核心はどこにあるのでしょう。どこにその実在論の徴候があるのか、なかなか分かりません。オッカムによるスコトゥスの実在論批判にしても、形相的区別の批判が中心であったりし、その上いつのまにか「普遍とは精神の概念にほかならない」という考えが提出され、スコトゥスが普遍を概念としてより、客観的存在者として考えていたと読めるようにして終わっています。

スコトゥスの実在論は、実はそれほど実在論らしくはありません。しかしそこに実在論の真骨頂があるのです。次の一節は、スコトゥスの実在論の核心にある、と私が考えるものです。

> いかなる普遍に対しても、事物の側である存在性格の度が対応している(Cuilibet universali correspondet in re aliquis gradus entitatis)。
>
> （スコトゥス『定理集』）

ここには二つの論点を見出すことができます。一つには、たとえば「人間」といった普遍に対して、事物の側に(in re)何か対応する物があるという論点です。もう一つは、その対応するものが、ある存在性格の度(aliquid gradus entitatis)であるということです。

この「存在性格の度」はこだわらなければならない表現です。存在性格とは、たとえばソクラテスの場合でしたら、存在、有限、質料的、感覚的、哺乳類、理性的等々といった最も普遍的なものから、より具体的なものに下降していく、属性の一覧を考えればよいでしょう。それらは階梯をなしていると考えられています。そして、それらが度(gradus)をなしているとされるのです。度は、内包量と訳すこともできます。普遍はここでは〈もの〉に担保される必要はないのです。普遍に対応するのは、度なのですから。そして、その次のところに「普遍性の序列に対応するように、個体の側での存在性格の度の序列が成立している(secundum ordinem universalium est ordo graduum entitatis in individuo)」と書かれています。

度(gradus)は内包量と呼ぶこともできます。「内包量」といっても、哲学においてそれほど頻繁に用いられるものではありませんが、強度(intensio)とも言い換えられます。〇から一、ないし〇%から一〇〇%までの、程度で表現されるものです。外延量の場合ですと、基礎となる単位(たとえば、個・本・円・台・人等々)があり、非連続量であることが多いものです。内包量の方は連続量であり、上限があります。一〇〇%に辿り着いたら上限はないのです。この上限は、限界事例ですから、この現実世界には稀であるか、存在しないものと捉えられることも少なくありません。砂糖や食塩の水溶量の上限に行き着くことは難しくありませんし、上限が稀であるものも多数存在します。

この「度」の性質については、注意すべき論点は少なくとも二つあります。「度」は量的に測られますが、ここでは存在性格(entitas)の度が考えられていることです。「延長した、目に見える、感覚を有した、脊椎のある、哺乳類の、理性的な」といったものはすべて「存在性格」ですが、それぞれ度を構成します。諸性質が存在論の階梯の中の、物差しの中の目盛りのように、一段階を指しているのです。こういった理論的枠組みから、内包的無限つまり力における無限に行き着くにはいろいろな概念装置を付加する必要はありますが、その道筋は見えやすいでしょう。以上が一つの論点です。

もう一つは、度は何性・概念規定(quiditas)において何も付け加えないということです。しかし、「最も甘い砂糖水」というのは、「砂糖水」に概念規定においては何も付加していないとしても、一なるものに限定しています。スコトゥスは、ここに「個体化論」の原型を見出したのです。「このもの性」については、既に触れたところですが、概念規定に何も付加せず個体化だけを行う要素を「このもの性」と呼んだのです。そして、こういう概念規定を加えず、本質に変更をもたらさないものを「内在的様態」としたのです。ここまできて、「内在的様態」として、スコトゥスが超越概念やこのもの性を挙げることの理由が見えてきたのではないでしょうか。

さて、「実在論」についてまとめておきましょう。実在論とは、普遍が事物として実在することを主張するものではありません。スコトゥスは実在論者といわれますが、その特徴を無理矢理ひねり出そうとして、個物のそれぞれに見出される「このもの性」——たとえば「ソクラテス性」や「坂本龍馬性」など——がそれぞれ普遍であり、したがってスコトゥスは普遍を無数に増やしたとか、共通本性には数的一性より小さな一性があり、したがって一種の普遍であって、普遍実在論を主張するのだといったようにまとめられます。スコトゥスは、実在論者として整理されるべきですが、くりかえし述べてきたように普遍の実在をナイーヴに主張したのではありません。チャールズ・サンダース・パースは、未限定なものが先にあって、それが分節化して個物が現れる、と考えるのが実在論であると規定しました。未分化のものの先行性こそが実在論の本質だというのです。これは重要な指摘で、アヴィセンナの存在論にも当てはまりますし、スコトゥスの実在論にも当てはまります。〈もの〉として実在するから実在論ということではないのです。

パースは、分節化の過程に実在論のメルクマールを見出しましたが、中世ではそれは、個体性の理論や区別の問題に見出されます。個体化の問題は、共通本性にどのような個体化の原理が付加されることで個体が成立するのかを問うものですが、その際重要なのは、個体化の原理が何であるかということよりも、個体化というプロセスをいかに捉えるかということであり、それぞれの契機の定義を求めることではないのです。それは、必ずしも定性的・定量的に設定できることではないのかもしれません。

よい塩加減とは、一〇〇グラムのお湯に何グラムの塩を加えるかということではなく、出汁の加減、水の質、温度、湿度、塩の種類、体調などを総合的に吟味することで決まってくるものです。決してア・プリオリに決まっているのではありませんし、そこに規則やマニュアルは存在しません。人間が用いる自然言語はそういったプロセスを表現するのが得意ではないので、そのつどの主語と状態を記述した言葉を用いがちだということなのです。

実在性の範型は〈もの〉としてのあり方にあるのではなく、ライプニッツが実在的定義（definitio realis）で示したように、プロセスにあります。スコトゥスは、実在性ということを形相的区別に求めました。この形相的区別の現れが、個体化の問題だったり、統一的包含だったり、内包的無限だったり、存在の一義性だったりするのです。これらの論点の内には、まだ説明していないこともありますから、とりあえずの説明はこれくらいにしておきますが、スコトゥスの実在論は大きな体系的ヴィジョンを備えたものであることに注視してもらえればと思います。

次の節では、無限性の話に進みます。というのも、ここまで見てきたことから示されるように、存在の一義性は、存在を一なるものとして設定し、同時にそこに潜在性や無限性を見出そうとする立場だからです。

3　偶有性としての存在

前節では、普遍の実在性に触れながらも、強度の話に行き着きました。神という一者の中の無限とは、神のすべての面を表すわけではないとしても、重要な側面であるに違いありません。形而上学という道を通って認識できる神の姿を、たとえそれが一面にすぎないとしても、それは確実に捉えるべき手がかりです。認識が先行しなければ、なんだか分からないものに愛を捧げることになりかねません。鰯の頭に愛を捧げ続けることはおそらく愚かなことです。同時に、意志の対象としての神、〈個体本質〉として神、至福直観の問題などは、こういった自然的認識の問題や形而上学だけでは扱いきれない問題であって、それらに迫るためには別の問題設定を必要とするということも頭に入れて、先に進んだ方がよいでしょう。

ここでは、存在と無限性の関連について考えをまとめておきます。存在と一に関する問いには多くの困難があることには、まず注意すべきです。(1)一は積極的規定であるのか、(2)積極的である場合、一は存在と互換的であるのか、(3)もし、互換的である場合、存在と互換的な一は、数の原理であるのか、それとも端的に超越概念であるのか、(4)もし、超越概念である場合、それは存在とは異なる別の事物であるのか、といった困難がそこには存在しています。

この存在と一との関係に関する問題こそ、『形而上学問題集』第四巻第二問で論じられていたことですが、ここでは「一」という量的な側面に注目して、どのようなしかたで存在が無限という量的な問題と関わっているのかを考えます。

スコトゥスは『形而上学問題集』の当該箇所で、⑴と⑵については、簡単に肯定的に答えて済ませています。ここでは地べたをはいずり回るような議論が続きます。しかし、ここは胸突き八丁です。細かい議論を理解する必要はありませんが、全体として何を打ち出そうとしてるのか、大まかなところを追いかけてください。

存在と互換的な一とは、数の原理という当たり前のものなのか、それとも超越概念として、事物の生成に関わる神的な痕跡を備えたものなのか、ということが問われています。結論部分には、「実際には、一性であって超越概念でないものはない(In re, nulla est unitas nisi transcendens)」と述べられています。数の原理と超越概念とは重なるのです。

⑷の問題については、一は超越概念であって、存在とは異なるものを意味すると答えます。ドゥンス・スコトゥスはまだこの時点では、形相的区別(distinctio formalis)というスコトゥス特有の概念で、理解しにくいあまりに評判の悪い概念を明確に打ち出すまでには至っていません。しかし、ここでこそ打ち出すべき概念ですし、それをめぐる考察を踏まえていることも事実です。

この辺りには、アヴィセンナの考えが二点も取り入れられています。一つは、存在は知性に第一に刻印されるという論点と、もう一つは「馬性は馬性でしかない」という論点です。「馬性は馬性でしかない」という点については繰り返しになりますが、「馬性は馬性でしかない」とは同語反復ではなくて、複数のもの、もっと限定すれば諸完全性がある基体の中に統一的に包含されている事態を示すために用いられているのです。

馬性は一なるものか多なるものか、無限であるか有限であるかのいずれかですが、それ自体で考えればいずれでもない＝中立的ということになります。この中立的ということは、どちらでもないという無規定性ではなくて、両者の規定のどちらにもなりうるという潜在的可能性を指すものと捉えられました。

Ａと～Ａという事態を考えましょう。両者は両立不可能です。しかしながら、Ａと～Ａとに分化する前の場面があって、そこでのAと〜Aのあり方を考えれば、両立可能です。現実性のレベルで両者は両立可能ではありませんが、可能性のレベルでは両者は両立可能なのです。「馬性は馬性でしかない」というのは、「馬性」という本質が現実化する場合には、一か多かなどと、Aと〜Aのどちらか一方にしかなれないような仕方で具体化します。右と左とに岐かれる道があった場合、同時に左と右の両方に進むわけにはいきません。しかしながら、右か左かという分岐点に至る前には、右でも左でもありません。道は道でしかなく、右の道でも左の道でもないのです。「馬性は馬性でしかない」というのはそういうことです。

このように考えると当たり前のことですが、問題として立てられているのは、Aと〜Aとが、無限と有限、必然と偶然というように、神と被造物に跨るような無限の落差を問題領域としていることです。

すると、「馬性は馬性でしかない」とは、無限の乖離を媒介するような論理空間の存在を示したものになっているわけです。無限と有限とに分かれてしまえば、特に無限存在は人間知性の限界を超えることですが、その分化に至る前の概念の次元において、共通の論理的空間が考えられるとすれば、それは無限の落差を媒介する共通の空間として現れ、それは概念である限り、人間知性の手の中にあるものだということになります。

同じことになりますが、馬性は無限と有限を融合的に含む(continere unitive)ということもできます。無限と有限は、未分化な状態では一なるものですが、両者は全く別個のものです。スコトゥスは、これを形相性(formalitas)と呼んだりします。形相性は人間知性が構成したものではなく、事物の中に存在しているものなのです。

こういった枠組みが、被造物の諸完全性が神の内に含まれていること、人間の魂の諸能力が魂の中に含まれていること、個体の中に含まれる質料性、形相性、統一体のそれぞれに、共有可能なものと共有不可能なものとがあって、六つの構成要素がありながら、それらが統一的にあること、といった場面を論じる際に用いられています。

さらにスコトゥスは、統一的包含を、存在が一、真、善といった他の超越概念の規定を含む場合にも用いています。するとここから、統一的包含という概念がなぜ持ち出されているのかを少し推理できます。

一つには、包含するものの単純性を守るためです。存在の単純性、神の単純性、魂の単純性、個体の単純性、そういったものを守るために立てられているのです。

二つには、同時にそういった単純なものが無限に多様なものを含んでいることです。ということは、単純性と多様性の両者を同時に満たさなければならないということです。しかし、無限の多様性とは、それほど難しい事柄ではありません。一なる原因から無限に多くの結果が生み出されることは、自然界においても見られます。海は無限に多くの滴からできあがっていますし、太陽からは無限に多くの生命の源が、宇宙には無限に多くの星があります。

第三の論点は、スコトゥスが初めから持ち出している論点でもありませんし、これは一つの解釈になるのですが、スコトゥスが目指していたものの統一的姿を捉えるためとすれば、奇妙な論点ではないと思っています。その論点とは、超越概念に離接的様態を含めていることから暗示されるのですが、無限の落差を媒介する論点を含んでいるということです。

もちろん、この第三の論点の道具立てとしては、離接的様態、超越概念、形相的区別、論理的可能性といった道具立ても必要です。そして、『形而上学問題集』第四巻の論述を見れば、スコトゥスがそれらに射程を向けていることは明らかだと思います。

ここで、存在偶有性説に触れておく必要があります。存在偶有性説は、アヴィセンナに由来するものですが、西洋中世では、存在と本質の実在的区別というように姿を変えて受容されたりしました。アヴィセンナにおける存在と本質の実在的区別は、きわめて大きなトピックだったのです。ゴアション女史は『イブン・シーナーによる本質と存在との区別』(一九三七年)という大著を著しています。この本を井筒俊彦氏は評価しませんでしたが、同じゴアション女史による『イブン・シーナー哲学用語辞典』(一九三八年)については高く評価しています。ゴアション女史は、イブン・シーナー研究に一生を捧げた女性です。誤解が多かろうと少なかろうと、その一生には頭が下がりますが、ことほどさように存在と本質という西洋中世における基本的問題を考える場合、アヴィセンナの理論を避けて通ることはできないのです。

アヴィセンナの思想は、『治癒の書』の『神学』の部分がラテン語に翻訳されて、『形而上学』として流通しました。それが、アリストテレスの『形而上学』の解説書として受け止められたからでした。ここでも存在偶有性説は展開されていますが、それほど明確に記されているわけではありません。第五巻に登場する「馬性の格率」に偶有性の構造が示されているとはいえ、「馬性は馬性でしかない」という表現に、西洋中世の人々は当初戸惑いを覚えただけだったようです。存在偶有性説の特徴は、ラテン語訳されていませんので、西洋への影響はほとんどありませんでしたが、後期の著作『指示と勧告』の方にもう少し明瞭な形で示されています。そこでアヴィセンナは、次のように述べています。

> 本質を有するものはすべて、事物の内に存在するものとしてか、または精神において表象されたものとしてかのいずれかとして現成する。(中略)もしその事物が、いま述べた二つの存在様態の内のいずれでもないリアリティを有し、それらのいずれをも構成要素としない場合、存在は事物のリアリティに付加される概念(maʾnan muḍāf)である。そして、それは随伴的(lāzim)であるか、または非随伴的であるかのいずれかである。

存在の原因は、本質の原因とは異なったものである。たとえば、「人間性」それ自体はあるリアリティ・本質であるが、事物の内か、または精神の内かのいずれかの内に存在することは、その構成要素(muqawwim)ではなく、人間性に付加されるもの(muḍāf)にすぎない。(アヴィセンナ『指示と勧告』第一部第一〇章)

右の引用箇所に登場する「リアリティ」は haqīqa(ハキーカ)の訳語です。haq が「真実のもの」で、その抽象名詞ですから「真実性」と訳すこともできます。ラテン語に訳されたときには、確実性(certitudo)になってしまい、論理学の用語のように受け止められましたが、本来は経験の根底にあって、経験と世界を支えるものということだったはずです。このリアリティは、トマスにおいては「絶対的に捉えられた本性(natura absolute considerata)」になっていきます。それだけ基本的な位置を占める用語だったのです。

アヴィセンナは、『指示と勧告』において、存在は属性(ṣifāt)であると述べており、偶有性という語をあまり存在に適用していませんが、内容的には重なります。存在は、他の属性と同じものではなく、それに先立つ属性が存在しないような特殊な属性なのである、と整理しています。また、晩年の『再考録』においては、次のように述べています。

一般に偶有がそれ自体で存在するということは、すなわちそれがある基体にとって存在することを意味する。ただし、同じ偶有でも存在だけは違う。存在以外の偶有はいずれも〈存在するもの〉となるためには、どうしても基体を必要とするのに反して、存在だけは〈存在するもの〉となるために全く別の存在を必要としない。したがって、ある基体の中に偶有があることがとりもなおさずその偶有の存在だという命題は、これを存在が存在に付加されるというふうに解するならば正しい命題とはいえない。なぜなら、これはたとえば白さ〔という偶有〕に存在が付加されるような場合とは違うからである。そうではなくて、〔存在という偶有が〕基体の中にあるということが、すなわちその基体があるということなのである。これは〔通常の場合、つまり〕存在以外の偶有にあっては、偶有が基体のなかにあることが、すなわちその偶有自体の存在である、のと逆である。

（アヴィセンナ『再考録』）

この『補遺記』は広く読まれるものではありませんでしたが、そのテキストの重要性に気づいたのが、モッラー・サドラー※でした。

のみならず、存在は（偶有としても）他の全ての偶有とは全くその性質を異にする。というのは、存在以外の偶有の場合、それの存在は、本来的に特定の基体に存在しているということであるのに反して、存在という偶有は、それの基体になるものを存在者たらしめるものであって、何かある基体に偶成するところの性質のごときものではないからである。つまり、他の全ての偶有は、それが現成するためには必ず基体を必要とする。ところが存在はそれが現成するために何ら基体を必要としない。逆に基体の方で、自分の現成のために存在を必要とするのである。

（モッラー・サドラー『存在認識の道』）

「現成」と訳されている語は「現実化」と同じことです。アヴィセンナにおいて、存在の偶有性とは、存在が後から付加されるということではなくて、まったく逆に存在の先行性を意味するものでした。そして、このアヴィセンナの主張は、明確に浮かび上がるものではありませんでした。通常の意味での偶有性と捉えれば、それは愚かな主張です。ガザーリーにしろ、アヴェロエスにしろ、そのように受け取りました。アヴィセンナの存在偶有性説の真の意味を見抜いたのが、イスラーム世界ではモッラー・サドラーでした。そして、それを「存在の第一次性」として定式化したのです。

このように、イスラーム世界においても、なかなか理解されにくかった存在偶有性の理論は、やはり西洋中世でもなかなか理解されませんでした。トマスも、アヴィセンナの意図を理解しませんでした。これは、トマスがアヴェロエスやガザーリーによるアヴィセンナ説の紹介を踏まえていたためと考えられます。

偶有性を右のようにいくつかのタイプに分類することは、アヴィセンナにおける存在偶有性説と、トマスにおける存在と本質の実在的区別との分離が背景となっています。トマスは『形而上学講義』(一二六九―七二年)において は、「アヴィセンナは存在は実体ではなく、付加物(aliquid additum)を意味すると述べた。彼が存在についてそのように記したのは、他のものから存在をうるあらゆるものにおいて、事物の存在は本質と異なるからだ。(中略)しかし、アヴィセンナは正しい語り方をしていないように思われる。事物の存在は、確かに本質とは異なっているとしても、偶有性のように付加されたもの(aliquid superadditum ad modum accidentis)と考えられるべきではない。存在はむしろ本質の原理(principia essentiae)によって構成されているようなものである」(『形而上学注解』第一二巻)と述べています。

アヴィセンナは「馬性は馬性でしかない」としましたが、それについて、馬性の中には普遍性も個別性も、一も多も、個物の内にあるのか精神の内にあるのかという区別も、可能態にあるのか現実態にあるのか、という問題も含まれないと語っていました。ヘンリクスはこの箇所について、そういったすべての規定は馬性に対して偶有的に付加されるものだ(cui accidunt omnia haec)ということを見抜きました。

偶有的に現象するものが、実は先行しているのだということの構造は、「馬性の格率」において典型的に示されているものでした、ヘンリクスは、馬性の格率の意味をいち早く見抜いた人物でした。そして、それを存在の構造にも適用したのです。

このような仕方で、存在は存在する事物に偶有的なものとしてある(esse accidere rei enti)、と述べたのである。それは白いものや黒いものの中の傾向性のように、事物に到来するある絶対的なものとしてあるのではない。アヴェロエスは『形而上学』第四巻のこのような見解を、アヴィセンナに帰しているけれど、そうではない。というのも、馬性である限りの馬性とは、それらの内のいずれでもない。というのも、馬性以外の他の規定が馬性に適合し、馬性を限定する(appropriat et determinat equinitatem)のであり、そしてそれらの規定が馬性と共に理解されるときには、馬性はあたかも部分であるかのように、〔馬性と他の規定という〕二つのものからなる合成体に含まれることになる。

(ヘンリクス『大全』第二八編第四問)

さらに次のようにもいいます。

現実的存在(esse actuale)は、事物の本質に相伴ったり相伴わなかったりするので、偶有性のあり方を有している。アヴィセンナが『形而上学』第二巻の冒頭で存在を述べたように、存在は偶有的であるといわれる(Et ideo dicitur esse accidentale)。

(ヘンリクス『大全』第二六編第一問)

スコトゥスは、アヴィセンナを評価しています。「もし、渾然たるものの方が先に認識されるのであれば、あるものが端的に本来的に〔精神に〕刻印されていることになり、これをアヴィセンナは〈存在〉であると述べたが、これは正しい主張と思われる（Si confusa prius nota, aliquid simpliciter primo imprimitur, quod bene asserit Avicenna esse ens.）」（スコトゥス『定理集』）という断言は、その一端を示すものです。

存在は偶有的であるということは、スコトゥスにおいては、存在は一義的であるとして表現されることになります。そして、存在が新しい意味で一義的と捉えられることで、超越概念の拡張を準備することになります。

第五章　超越概念の革命

「超越」といえば、上方に向かって飛躍するようなイメージがありますが、中世哲学での「超越概念」は、そういうこととは少し違うのかもしれません。超越概念をめぐっては、「超越」ということにばかり心を奪われてしまうと問題を見失う場合があります。カントの超越論的統覚という場合もそうですが、「超越」は、それほど本質的なことではないのです。確かに「超越」には「越えている」という意味合いはありますが、「越えている」とは、力や高さや勢威においてではなく、序列を越えているということです。

さらに、超越概念では、「越えている」ということより、超越概念が群としてのあり方をしていることの方が重要であると思います。これをもう少し正確に説明すれば、超越概念とは、相互に「互換される(converteri)」ものであり、代入しても命題の真理を損なわないようなものなのです。現代的に言えば、外延が等しく、内包が異なるものといえるでしょう。こういう内包的な観点から、超越概念を中世哲学の議論の中に取り入れたのが、大学総長フィリップ(一一六〇―一二三六年)でした。当初は、「存在」「一」「真」「善」の四つが超越概念と考えられていましたが、フィリップは一二二五年頃の著書『善に関する大全』で超越概念を定式化し、そこでは存在と善とが互換的であると述べています。これは、存在するものはすべて善だという、おめでたい楽天主義ではなく、被造物の目的因に向かう可能性としてのあり方と、現実態(現実作用)が切り離されないことを主張するものでした。現実的に善なのではなく、可能性の現実化を目指して善＝完全性に向かいつつあるあり方が、存在者の中に見出されるということを述べているのです。アリストテレスは、生きていることはエネルゲイアであり、そのつど生きることは完全性に達しているといいましたが、それと似たことがここで告げられているのです。シンプルでありながら、深く豊かな思想がここにも見られます。自己関係性を備えた生成のプロセスがそこにある、といってもよいでしょう。

超越概念の理論は、中世哲学において重要な特徴となるもので、豊かな内実を備えていますが、話が先に進みすぎたようです。

「存在、事物、一、あるもの、真、善」といったものは、カテゴリーに分割される以前のもので、まとめて超越概念(transcendentia, transcendentalia)といわれます。カテゴリーは、「実体、量、質、能動、受動」というように、事物の分類する項目です。「範疇」という言葉もあります。手で書くのが憚られるほど難しい漢字を使いますが、要は分類方法のことです。アリストテレスはカテゴリーを一〇に分けましたが、一〇でなければならない必然性はないという指摘がいろいろとあり、三個で十分だとか、カントのように一二の方がよいとしたり、いろいろな考え方が提起されました。近世以降では、物事を大きく二つずつに分けていく二項分割が流行するようになり、そうなるとカテゴリーは大きな意味を持たなくなってきます。このダイコトミーの元祖が、ペトルス・ラムスです。ラムスは、アリストテレス論理学を攻撃し、アリストテレスが語ったことはすべてでっち上げだと語ったほどです。

1　超越概念の拡張

さて、超越概念は、西洋中世では一三世紀から盛んに論じられるようになります。一つには、形而上学を説明する際に有用だったからでしょう。アリストテレスの『形而上学』は、全体として何を目指しているのか分からないとしても、大学において、一三世紀の半ばから、神学、法学、医学の基礎学問として盛んに学ばれるようになります。パリ大学では何度も講読禁止の命令が出ますが、聖職者・神学者の卵がヨーロッパ全土からパリ大学に集まりましたが、彼らにしてみればまずアリストテレスを学ばずしては、学位も取れませんし、留学も無駄になってしまいます。アリストテレスの形而上学を学んで初めて、専門学部に進むことができるのです。

もしかすると、「形而上学」と『形而上学』という著作とは分けて考えた方がよいのかもしれません。『形而上学』は一度ひもといた人はお分かりのように、雑多な講義ノートの集まりです。総称する言葉もなくて、『自然学』という著作の後にくる著作群ということで、「メタ・タ・ピュシカ」と呼ばれていました。「メタ」は本来「後にくる」という意味の前置詞でしたが、自然学で扱われる概念の基礎的考察がなされることを意味するようになります。「原因」「質料、形相」「本質」「可能態、現実態」といったものです。しつこく論じられているのが、「存在(オン)」とは何か、「ウーシア(実体・本質・実有)」とは何かということです。ウーシアとは本当に存在するものということですが、それを探求するのが「形而上学」なのです。「形而上学」は、後になって作られた言葉で、アリストテレス自身は「第一哲学」と呼んでいました。

『形而上学』という著作は、講義ノートの集まりですから仕方がないのですが、全体としてまとまりが悪く、著述の順序も偶然的で、反復重複、内容の食い違い、概念の煩瑣な整理が多く、またプラトンのイデア論批判が何度も出てくるといった次第で、アヴィセンナが四〇度読んでも分からないといったのも納得できるほどのものです。しかし、目的が与えられていれば、「秩序づけ」ないし布置が現れ、そこに意味が見えてきます。ここでも、アリアドネの糸を見つけることが必要なのです。

『形而上学』は雑多で理解しがたいとしても、それが基礎学であることは明確でしたらから、それを学ぶ必要はあったのです。

形而上学が自然学、幾何学、算術、音楽等々と異なることは比較的分かりやすいのですが、区別しなければならない学問が二つあります。論理学と神学です。論理学と形而上学は、中世では両者は近接すると考えられていました。アリストテレスの論理学書は『オルガノン』と総称されますが、そこではやはり実体とは何かが盛んに考察されています。命題における機能を分析する道が採られますが、いずれにしてもそこでは盛んに実体が論じられています。形而上学は「ウーシア」を探求する学問とするだけでは、その特徴が現れてきません。また神学も真の存在者である神を探求する学問です。「有りて有るもの」が「神」の呼び名であるとすれば、アリストテレスにおいて「存在である限りの存在」が形而上学の対象とされている以上、神学と形而上学の違いも小さなものになりそうです。

そのような文脈において超越概念とは、形而上学の姿をはっきりさせる意味を持ちました。論理学も存在を扱いますが、それはカテゴリーに分類された後の存在でした。そして超越概念は、聖書に登場することもなく、教父たちが論じたものでもありません。超越概念は、形而上学者の専有物なのです。しかも存在それだけでは、どうしても空虚で空回りの議論になりかねないものです。超越概念は、存在が多様化する際の媒介になっているのです。

このように形而上学の領域は、右に記したような意味において超越概念で覆われる領域と重なります。しかし、こうした伝統的な枠組みにおいては、形而上学は乏しく空疎な領域かもしれません。

さきほど大学総長フィリップが超越概念を定式化し、中世哲学に大きな贈り物をしたことを紹介しました。それに対してスコトゥスは、アヴィセンナから共通本性の理論を取り込み、超越概念の枠組みを根本から改めたのです。

形而上学とは、言葉の由来としては「自然学の後の本」という、平板な意味しか持っていませんでしたが、スコトゥスは形而上学を「超越的な学知(transcendens scientia)」として説明し、なぜ「超越的」かということについては、超越概念を扱うからであると説明しています。

スコトゥスにおいても、超越概念はすべての事物に共通に該当するというような外延的な捉え方ではなく、いかなる類にも下属しないもの、と捉えられています。この規定と、有限と無限に中立なものというのが、超越概念の説明に用いられますが、これはとても重要なことです。これによって超越概念の拡張が可能となります。

スコトゥスは、超越概念に離接的様態も、さらには純粋完全性をも加えました。超越概念は元来、存在、事物、あるもの、真、善、一という六つでした。ときにはそこに「美」も加えられて七つになったりしましたが、いずれにしても比較的少数のものから構成されていたのです。

離接的様態とは、「無限か有限か」「一か多か」「必然か偶然か」といったものです。またこの離接的様態の一方は、存在論的に上位にあり、神にのみ帰属するとはいえないとしても、神学的な概念です。たとえば、「無限存在」というのはカテゴリーに包摂されるようなものではありません。

ここで、超越概念に大きな変更が加えられていることを確認することは無駄ではないでしょう。超越概念とは、カテゴリーを越えるもので、存在と互換的なものでした。存在と互換的ということは、あらゆるものは存在ですから、すべてのものを包摂するようなものが超越概念とされていたことになります。しかしスコトゥスは、該当する事例が少ない場合でも超越概念として考えられるとしました。つまり、普遍的妥当性が超越概念の特徴とは考えないのです。

スコトゥスはまた、最終種差(differentia ultima)という用語を提出します。ここでもそうですが、「最終」とか「究極」というのは、処理しにくい概念です。

存在を超越概念に区分する差異や、種を限定して個体を成立させる個体化の原理などが、最終種差ですが、こうした限界的事例はたいがいにおいて説明しにくいのです。たとえば、「草食の」の哺乳類という場合でしたら、「草食の」という差異は、「偶蹄目」と「奇蹄目」に分かれます。この「草食の」という差異は「哺乳類」を分類するものとなっていますが、それ自身が他のものによって分類されています。分類するけれども分類されもするのが通常の種差ですが、分類することしかしない種差というのもあります。それが「最終種差」です。なぜそんなものが成り立つのでしょうか。もし、「草食の」という場合のように、そこに「偶蹄目」と「奇蹄目」という二つの以上の部分を含む場合には分類できます。ところが、単純で部分を持たないものの場合は、分類されることはありません。

個体化の原理となる「このもの性」とはそういうものです。「このもの性」は個体化は行うけれどもそれ以外の機能は持たない単純なものなのです。「人間」と「この人間＝ソクラテス」とを比較すると、概念規定(quiditas)においては両者は同じです。つまり、「この」という個体化子は、概念規定では何も付け加えないのです。

ここでもまた、「概念規定」というスコラ哲学ではお馴染みでも、理解には注意を払うべき概念がでてきました。「何であるか(quid est)」という問への答えとして与えられるのが、「概念規定、何性(quiditas)」というものです。言い換えれば、カテゴリーという語りの地平に現れて取り出されるものが「概念規定」です。ですから概念規定においては何も加えないけれども、個体化は行うということは、それほど謎めいたことではないのです。これを「裸の特殊(bare particular)」と呼んだ人もいます。「この人間」という場合の「この」は、「人間」に何も服を着せることがなく、裸のままにしておくというイメージなのでしょう。語りの地平で語られるままにとどまることが、空虚であるということではありません。

話を戻しましょう。「この」ということが最終種差の一つでしたが、「無限」というのもまた最終種差です。神は無限存在です。もちろん、無限存在としての神は、哲学者たちにとっての神ですから、キリスト教やイスラームにとっての神（アブラハムの神）や、キリスト教に特有な本質（「個体本質」）を有する神が扱われているわけではありません。聖書を持ち出さなくても、アリストテレスの『形而上学』を読むことで到達できる神が論じられているのです。

さて、無限存在としての神は単純な存在です。なぜ単純なのかはここでは踏み込みませんが、無限であることは存在に何も概念規定を加えないということです。無限は存在に概念規定を加えないがゆえに、無限存在は単純なままなのです。

ところで、この無限は概念規定を加えないのに、限定を行います。これをスコトゥスは「内在的様態（modus intrinsecus）」と呼びます。スコトゥスは新しい概念装置を次々と提出します。新しいものが好きというよりも、自分の有する存在論的枠組みを表現せずにはいられない、強烈な表現衝迫を有していたのではないでしょうか。スコトゥスを、私が「表現者」と考えるのはそのゆえなのです。

内在的様態をスコトゥスはしばしば「白さ」で説明します。純白から、三日目のワイシャツの白さまでと、白さにも幅があります。「白」ということでは違いがありませんから、概念規定では何も変化はありません。

そこで、スコトゥスは内在的様態を「強度（gradus）」とも呼びます。gradus というのは「程度」や「内包量」とも訳せますが、無限の幅を持った階梯を意味してもいます。この階梯には、ここまでが白でここから白でなくなるといえるような境界がありません。

こうして離接的様態には、さまざまな概念が関わってきます。そういったいわば背後に置かれた枠組みの細部に、スコトゥスのオリジナリティが宿っているのですが、中でも一番大事だと思われるのは、無限と有限の両者を包含するということです。

アリストテレスのオルガノン（論理学）は、有限者の領野を扱うものでした。いや、そもそもアリストテレスは、無限としては潜在的な無限しか考えていなかったのです。

スコトゥスは、オルガノンを拡張することで無限を扱いうる論理学を目指しました。現世の人間知性が神を自然的に認識できるとすれば、当然感覚によっては認識できませんから、知性によって、概念を通して認識することができなければなりません。直観的な認識も現世の人間知性には無理です。

形而上学と神学をめぐる微妙な関係が、ここには現れてきます。しかしながら、そこでは信仰と理性といったような二項対立に還元されてはならない問題が立てられているのです。人間もすべての生き物も二項対立が大好きです。与えられた対象が良いか悪いかを何らかの仕方で判別するように定められているのですから、仕方がないのですが。

そしてこれは、理性に限界があって、その限界の手前なのか、彼岸なのかという問題ではありません。存在するか存在しないかのどちらなのか、という問題設定は普遍論争の場合もそうでしたが、神の存在の場合も同じで、きわめて滑りやすい問題設定です。肯定か否定か、真か偽かという枠組みは人間の言葉や論理の定めであって、神や世界はそういった拘束に従う必要がないかもしれないのです。

スコトゥスは神学を、神の神学、至福者の神学、人間の神学に区分します。離接的様態が導入されることで、無限存在を扱う枠組みが提示されました。それは、人間知性が現世において神を自然的に認識できることを示すために、つまり自然神学の可能性を示すためになされたのです。

2　存在の一義性と形而上学の改革

超越概念とは一般的には、カテゴリーに含まれないものです。具体的には、存在、事物、あるもの、一、真、善の六つが超越概念とされていました。あらゆるものに共通であるもの、存在(ens)と互換的なものが超越概念とされていました。伝統的には、超越概念の規準は外延にあったのです。

存在は、一〇の範疇(類)に分類されるに先立って、無限と有限に分類される。というのは、有限と無限の一方、つまり「有限」の方が一〇の範疇の共通成分を成しているからである。こうして存在に該当しながら有限と無限に中立的なもの、または無限存在の固有なものとしての存在に該当する(convenire)ものは、どのようなものであろうと、範疇に限定されることなく、限定に先行して存在の規定となっているのである。それゆえにまた、すべての範疇を越える超越(transcendens)存在の規定を成している。神と被造物の共通成分は何であろうと、有限と無限に中立的なものとしての存在に該当するものなのである。つまりそれらは、神に該当すれば無限なものとなり、被造物に該当すれば、有限なものとなるのである。このように、神と被造物の共通成分は、存在が一〇の範疇に分類されるに先立って、存在に該当している。したがって、かかる条件を充たす限りは、どれも超越概念に算えられるのである。（スコトゥス『存在の一義性』邦訳、三〇七頁）

ところがスコトゥスは、神と被造物に共通なもの、たとえば「知恵」も超越概念であり得ると考えています。超越概念の規準を変更しようとしているのです。

ウォルターは『ドゥンス・スコトゥスの形而上学における超越概念とその機能』(一九四六年)において、超越概念を四層に分けています。

1　存在
2　一、真、善、事物、あるもの
3　離接的様態
4　純粋完全性

このうち、純粋完全性については、既に第Ⅰ部第三章で論じました。このうちの離接的様態について少し説明しておきます。

離接的様態も超越概念であり、離接両項(disiunctum)のどちらの項も超越概念である。どちらも、被限定項をある特定の範疇に限定することはないが、離接両項の一方の項は本質規定として(formaliter)特殊的なものであって、一方の存在にしか該当しないからである。たとえば、「必然か可能か」の分類における「必然」、「無限か有限か」の分類における「無限」がそうであり、他の離接関係についても同様である。

(スコトゥス『存在の一義性』邦訳、三〇九頁)

離接的様態の定義よりも、まず先に具体例を見てみましょう。離接的様態としてスコトゥスが挙げているのは、先なる - 後なる、独立的 - 非独立的、必然 - 偶然、絶対的 - 相対的、無限 - 有限、現実的 - 可能的、単純な - 合成された、一 - 多、原因 - 結果、帰結作用 - 帰結、凌駕する - 凌駕される、実体 - 偶有、同一 - 差異、等 - 不等などです。

これらのものは、離接両項が一緒になると、存在と外延がひとしくなります。したがって、存在と互換的であり、カテゴリーを越えているので、超越外延に含められるのです。なお、「離接的」という言葉はそれほど一般的なものではありませんが、九鬼周造『偶然性の構造』には、「離接的偶然」として登場しています。「重なることはないが接している」ということで、「AまたはAでないかのいずれかで、その中間や両方が成り立つことはない」ということです。

この離接的様態が超越概念に組み込まれるようになったのは、スコトゥスの独創です。超越概念は、総長フィリップによって基本的枠組みが提出されて以来、存在と互換的なものとされてきました。いくら多くを加えても、つまり「美」を加えても七つ程度にしかならなかったのです。スコトゥスは、そこに離接的様態を加えました。離接的様態として挙げられているものはそれほど多くはありませんが、基本的には「AまたはA〜A」の形に収まるものはすべて離接的様態に算えることができます。スコトゥスは、超越概念を拡張しました。そして、さらにそこに純粋完全性も加え、さらに超越概念を豊かにしたのです。これはさまざまな意味で画期的なことでした。近世の形而上学の教科書は、超越概念の後に数多くの離接的様態を挙げています。これもスコトゥスの形而上学の改革プログラムが浸透した結果と見なすことができます。

離接的様態は矛盾対立し、離接両項の間に共通の部分はありませんが、両者が共有する部分はあります。分有(participatio)といってもよいのですが、この分有の語は、ヘンリクスとスコトゥスでは異なった用いられ方をします。名前のみ共通で内実の共有部分がなく、アナロギア的に類似している場合を、ヘンリクスは分有と呼びます。これはトマスにも見られる正統的な用法でしょう。スコトゥスも用いる場合がありますが、共有部分を前提する用い方として正当なものではないかもしれませんし、スコトゥスはヘンリクスと議論を合わせるために便宜的に用いたのでしょう。

ヘンリクスでも、離接的様態という語は登場しないとしても対応する概念はありますが、それは神と被造物を媒介する絆になってはいません。スコトゥスの場合、離接的様態こそ、神と被造物を媒介する絆なのです。概念における絆であり、自然的な絆なのです。

可換的な単純様態(passio simplex convertibilis)が基体に本来的に含まれているように、離接的様態も基体に含まれている。

（スコトゥス『存在の一義性』邦訳二四頁）

離接的様態とは、両項が矛盾対立関係にあって両立することなく、必ずいずれか一方であって、その中間は存在しないということです。事物が分節化する場合の根源的な相を表現しています。その場合、系統樹のように、二つずつに枝分かれしていくように表象されてはならず、むしろ強度のスペクトルとして表象されるべきなのでしょう。一方の項は、強度の階梯の一方の極に位置し、もう一方は、その極から最小の強度に向かって延び広がっているのです。

存在は、互換的単純様態(passiones simplices convertibiles)――たとえば、一・真・善――ばかりでなく、対立するものが排反的な関係にある別種の様態(離接的様態)――たとえば、「必然か可能か」「現実態か可能態か」その他同様の離接的様態――をも有している。ところで、互換的様態は超越概念である。何らかの範疇に限定されない限りでの存在に随伴するものだからである。同様に、離接的様態(passiones disiunctae)も超越概念であり、離接両項(disiunctum)のどちらの項も超越概念である。

（スコトゥス『存在の一義性』邦訳、三〇八―〇九頁）

離接的様態においては、矛盾律が支配し、両項が同時に成り立つことはありません。そして、そこでは排中律も成り立っています。しかし、本当にそうなのでしょうか。矛盾律や排中律が成立するのは無条件なのでしょうか。

いや、アヴィセンナが「馬性の格率」で示したのは、そういった次元とは別個に、事物をそれ自体で捉えるということでした。アヴィセンナは、馬性は馬性であって、一でも多でもないとして、中立無記的な次元を示しました。中立無記性とはのっぺらぼうの状態なのでしょうか。しかし、『意識と本質』において十二分に示されたように、井筒俊彦先生は「無性」と表現する場合もあります。無性（nothingness）ということなのでしょうか。そして既に何度も触れてきたように、無性の世界は何もない世界ではなくて、森羅万象が現れ出る源泉、多様性の源泉としての「無性」でした。スコトゥスは、存在を「無限の実体の海」と表現しました。一なるものの中に無限に多様なものが溶け込んでいる姿なのです。

書くべきことはまだまだたくさんあるのですが、もう終わりに向かわねばなりません。物事も人生もいつもそのように進みます。離接的様態が、超越概念に組み込まれることは存在の一義性の狙いと直結しています。離接的様態は、矛盾対立する両項を概念において媒介し、一つの存在論的地平を持ち込みました。最も離れたものを媒介することになったのです。乖離や断絶を媒介する論理がそこで提出されていますが、そういう試みが意味を持つのは、乖離や断絶が成立し、認識され、その構造が理解され、そしてその乖離と断絶を越える意図と、その後にもたらされるものへの展望と、それを求める意志が準備されているときでしょう。認識と知識は臆病な存在ですから、それを克服するためには意志も関与してくるのでしょう。ともかく、概念における平坦な地平を切り開くのが存在の一義性ではなく、案外険阻な小径を謳うのが存在の一義性だったのかもしれません。ドゥルーズが謳うようなノマド（遊牧民）の論点はひとかけらもないのです。ここでこそ私はドゥルーズから解脱できるのです。

存在の一義性について語り終えてはいないのですが、筆を擱かねばなりません。紙数も尽きてきました。ただ、この存在の一義性から導かれる二つのことには触れてから筆を擱きたいと思います。一つは、存在の一義性は、スコトゥスの愛の思想、未完成のままにとどまった愛の思想に結びつくことです。愛の思想といっても、甘美なものではないでしょうが。二つめは、一義性のその後の流れです。これから先に存在の一義性の系譜について書く機会があるのか分かりませんが、今回この点については書いておきたいのです。そのために全体の見通しが分かりにくくなるかもしれませんが、お赦しください。駆け足になりますが、この二つのことを以下に記しておきます。

存在の一義性を基礎として展開される、スコトゥス哲学に特徴的な思想として、ここでは愛の問題を取り上げておきます。愛が神と被造物の絆であることは大前提となりますが、スコトゥスにおいて、愛は少なくとも二つの大きな働きを持っていると考えられます。その一つは、神の愛とは内包的無限性の一つの典型例だということです。もう一つは、自己愛が神への愛に継ぐ基本的な位置を占め、そして倫理の基本にあることを示している点です。スコトゥスの愛の思想についての以下の記述は、ヴォスらの研究に依拠しています（Duns Scotus, *Duns Scotus on Divine Love: Texts and Commentary on Goodness and Freedom, God and Humans*, ed. by A. Vos, H. Veldhuis, E. Dekker, N. W. den Bok and A. J. Beck, Ashgate Publishing Company, 2003）。

スコトゥスは、愛を考える場合にまず、対向的作用（actus directus）と反省的作用（actus reflexus, reflexio）とに分けます。「対向的作用」とは私の造語ですが、対象に直接向かう作用のことです。「直接的作用」という訳語も考えられますが、媒介を必要としない作用＝無媒介的作用というのも登場しますから、この語はそちらにとっておきたいのです。

反省的作用とは、作用に向かう作用のことです。こちらは、二度にわたって登場する作用について、主体が別ということも考えられます。自分の作用についてばかりでなく、他人の作用についても反省できるのです。日本語で反省といえば、自分のことに限定されますが、ここでは他人にも及ぶということに注意してください。

対向的作用は、「私は神を知る」という場合に見られます。また、「私1は、私2が神を知っていることを知っている」、または「私は、あなたが神を知っていることを知っている」という場合は、反省的作用が見られます。この場合、「私2」や「あなた」は「媒介的対象」ということができます。

こういった枠組みを「愛」や「欲求」に適用しましょう。「私は、あなたが神を欲することを欲する（I want you to want God.）」という場合、you が「媒介的対象」ですが、目的語の意味上の主語といってもよいでしょう。英語の方が分かりやすいかもしれません。

さて、「私が神を知ること」は、「私が、あなたが神を知っていることを知っていること」を含意できないが、「私が神を愛すること」は、「私が、あなたが神を愛することを愛する」ということを含意することができます。

ところが、スコトゥスは、「私は神を欲する」という命題は必然的に反省的作用、「私は他の人々が神を欲することを欲する（I want other persons to want God）」を含意していると考えます。ここに登場する「他の人々」こそ、「隣人」に対応します。スコトゥスの隣人愛の特徴は、神が愛の第一の対象で、隣人が愛の第二の対象であるというのではなくて、私の愛の対象にいわば偶有的に関連する対象なのであり、媒介的対象なのです。

神への愛と隣人愛とが結びつくことには、それほど長い説明を必要とはしないでしょう。いろいろなところで何度も語られてきましたから。問題となってくるのは、神への愛と、隣人愛と、自己愛との関連です。スコトゥスの場合、興味深いのは、神への愛から直接自己への愛が導出されるというのです。しかもそれが正当である、とスコトゥスは考えます。「人は自分自身が神を愛するように欲するとき、自らを愛ゆえに愛する(In volendo se diligere Deum, diligit se ex caritate)」(『オルディナチオ』第三巻第二九篇)とスコトゥスは記します。神を愛する者は、正確に述べれば自分が神を愛するように望むという自己関係的な欲望を持つとき、神の次に自己を愛するというのです。これは、とても重要なことが語られていると思います。

この論拠を、スコトゥスは次のように説明します。善性と一性(bonitas et unitas)こそが愛の基礎となるのです。善性の最も完全なあり方である限りで、第一義的に無限に善なる神を愛する場合に、自らの内に別の最高度のあり方(alia ratio maxima)、つまり一性が現れるが、これは完全な同一性(perfecta identitas)なのです。また、スコトゥスは「愛ゆえに愛するものはすべて、無限の善へと秩序づけられて自らを愛する。というのも、善に向かう所以となる作用ないしハビトゥスを愛するからである」(『オルディナチオ』第三巻第二九篇)とも述べます。スコトゥスが愛において注目するのは、「私は神を愛する」という直接的な作用ばかりでなく、「私は、神を愛すべき者としてあなたを愛する」というように、「媒介的対象」が関わる反省的な作用として捉えられるということです。

繰り返しになりますが、ここには重要な論点がいくつも含まれています。〈私〉もまた隣人の一人であるということです。既に触れられていますが、自己愛こそ隣人愛の根源的・本来的姿なのです。自己愛を前提しない倫理はありえません。自己愛はエゴイズムとは異なっています。自己愛は、ある大きなものへの捧げ物なのです。

次に少し長くなりますが、スコトゥスから引用してみます。

愛というハビトゥスは一つのものです。というのも、第一の理由としては、複数の対象に関わるものではなく、神を第一の対象としているからです。もっとも、神が善なるものであり、第一の善である限りですが。第二の理由としては、神が、完全なる愛を手にする人によって愛されることを望み、そして神をそれ自体で愛するような人々によって愛されることを、それ〔サン＝ヴォクトルの愛の思想〕は望んでいるからです。というのも、神への完全な、そして正しい(oridinata)愛なのです。このように愛することで、〈私〉は〈私〉をも私の隣人をも愛によって(ex caritate)愛することになります。愛によってというのは、〈私〉も隣人も神をそれ自体で愛するように望むことによって、ということです。これこそ、無条件に善なる、正義に適った作用なのです。このようにして、愛の第一の対象は、それ自体として捉えられた神しかありません。そして、他のものはすべてある中間的な対象なのです。それらはいわば反省的作用の対象なのであって、それによって神である、無限なる善に向かうことになるのです。しかしながら、同じハビトゥスが、この対向的作用についても反省的作用についても原理となっているのです。

（スコトゥス『オルディナチオ』第三巻第二八篇、Vos 2003. 44-47）

スコトゥスの神学において、逸してはならないのは、神と人間の間の絆は愛であるということです。

ここで、乱暴のついでにいささかの筆の飛躍をお赦しください。このことと関連してフロイトの精神分析に登場した備給(Besetzung)という概念が、私に思い出されてならないのです。欲望は、欲望主体と欲望対象の間の二項関係なのでなく、欲望の作用そのものに機構の形成や、初動の機縁、欲望の作用を行使したり集中したり維持するための原資など、システム形成と維持と調整に多くの原資を必要とするものです。フロイトのエネルギー論的な考察法は批判されることも多いのですが、重要な指摘を含んでいると思います。というのも、欲望においては、対象備給もさることながら、自己備給（システム備給）も同じぐらい大事なのです。システムに備給が十分成されていないと欲望は喚起されません。ここでは、アリストテレス的な欲望＝欠如という図式は成り立たないのです。

自己愛といっても、対象への愛なのか、自己の作用への愛なのか、を区別することは重要です。そして、神への愛はどうなるのでしょう。神の似姿としての三位一体が人間の内にある場合、自分そのものが神を映し出す鏡になるわけですが、そこでの神と自己とは、対象というべきなのでしょうか。それ自体で(ex se)ということも、おそらく対象として愛することではないのでしょう。

自然的認識は愛が発動するための条件です。そして、存在の一義性も愛が発動するための条件なのです。その際、愛は対向作用というのではなく、反省作用なのです。それ以上の具体的な構成は、スコトゥスにおける愛の思想の専門書に任せるしかありません。ここでは、存在の一義性がスコトゥスの愛の思想と密接に結びついていることを示すことができれば十分なのです。

3　スコトゥスからオッカムへ

スコトゥスは、存在の一義性の革命性を十分意識していました。「存在の一義性を主張することは、全哲学を破壊することになるのではないか」という反論もあったようですし、スコトゥスもそのことを意識し、異論の中にそれを取り上げてもいます。そういった批判はスコトゥスの生きている間から出ていたのです。しかし残念ながら、そういった批判に答える時間的余裕はスコトゥスには与えられていませんでした。スコトゥスが存在の一義性を完成させられなかった以上、そういった批判の流れは付随的なものですが、エピローグとしては意味があると思います。

さて、存在の一義性については、サットンのトマス、ロバート・カウトン、コニングトンのリカルドゥス、ハークレイのヘンリクス、アントニウス・アンドレアス、ペトルス・アウレオリ、ウォルター・チャットン、ウィリアム・オッカム、アニックのウィリアム、ペトルス・トマエ、メロンヌのフランシスクスなどといった人びとが登場して、盛んに議論を交わしました。ナヴァラのペトルスやアクィラのペトルスもいます。もはや百家争鳴、暗中模索の状態です。この辺りのことは、スコトゥスを理解する上ではどうでもよいことでしょう。少し分かりやすい流れとして記述しようとするだけで一〇年はかかります。できるだけここには立ち入らないことにします。ここでできるのは、直感的に感じ取った荒筋だけです。ですから、この節は読み飛ばしくださってもかまいません。

いろいろな哲学者が登場しますが、確認すべき流れは一つです。それは、サットンのトマスに始まる一義性批判がどのように受け継がれ、オッカムにどのように帰着し、オッカムがどのように一義性を捉えているかということなのです。オッカムにつながる荒筋だけは追う必要があります。ステファン・Ｄ・デュモンはこの流れを追求しています。彼の研究によって辿っておきます。

いくら辿り直しても地図は描けないところですが、以下のように世代ごとに整理すれば少しは見やすくなります。しかし、多数の神学者が何者なのかを識別できないのが普通ですから、あまり意味はないのかもしれません。【　】を付した神学者は、本書の論述と直接関わりませんが、時代感覚を呼び起こすために有効と思える人物をランダムに加えたものです。記号Ｓは「スコトゥス・シンパ」、ＡＳは「反スコトゥス」です。ＡＳが少ないのは研究が進んでいないことから、批判している当の神学者が注目されていないためなのです。

・一一六〇年代　【ロバート・グロステート】

・一一八〇年代【ヘールズのアレクサンダー】
・一二〇〇年代【アルベルトゥス・マグヌス、ルッペラのヨハネス】
・一二二〇年代【トマス・アクィナス、ボナヴェントゥラ、ガンのヘンリクス】
・一二四〇年代【フライブルクのテオドリクス】
S　ペトルス・ヨハネス・オリヴィ、ゴンサルヴス・ヒスパヌス
AS　フォンテーヌのゴデフリドゥス、エギディウス・ロマヌス、ボローニャのゲラルドゥス、ヘルウェウス・ナタリス、サットンのトマス、
・一二六〇年代【エックハルト、ダンテ・アリギエリ】
S　ヨハネス・ドゥンス・スコトゥス、ハークレイのヘンリクス、コニングトンのリカルドゥス、アニックのウィリアム、ウェアのウィリアム
AS　ロバート・カウトン
・一二八〇年代
S　ペトルス・アウレオリ、ウォルター・チャットン、アントニウス・アンドレアス、ペトルス・トマエ、メロンヌのフランシスクス、アクィラのペトルス、ゲラルドゥス・オドン、ヨハネス・ベイコンソープ
AS　ウィリアム・オッカム

スコトゥスの存在の一義性説は、一義的に共通なものは事物ではなく、概念であるというものです。では、概念が一義的であるとはどういうことなのでしょうか。現代の哲学においては概念が一義的であるのは当然のことで、議論する余地はありません。議論することもできないほど当然のことなのです。

一義的な概念における共通性を設定できれば、神と被造物の間に積極的な何ものかがあるということはできます。否定的な神学ではなく、いわば肯定的な神学(theologia positiva)が可能になります。肯定的な神学のあり方を求めるために一義性を主張したのが、スコトゥスでしたが、その点に関してスコトゥスを擁護したのが、ハークレイのヘンリクスでした(ガンのヘンリクスと区別するために、慣例に合わせて、以後ハークレイと呼びます)。ハークレイもガザーリーを踏まえていますが、サットンを踏まえているようにも思われますから(年齢から見ても文章表現から見ても)、年代は一三一〇年を過ぎた辺りなのでしょう。

スコトゥスの存在の一義性をほぼ最初に批判したと目されるのが、サットンのトマスです(以下では、トマス・アクィナスと区別するためにサットンと呼びます)。サットンは、トマス哲学を擁護した立場を採った者としても最初期に属します。サットンは、オックスフォードでスコトゥスの立場を知ったようです。

a　トマス・サットン

サットン※の一義性批判は『定期討論問題集』に記されています。時期としては一三〇五―一〇年頃でしょう。サットンは、存在の一義性説に正面から批判を加えます。よく知られているのは、「〔存在の一義性は〕言葉の議論にすぎないと私は主張する(Dico ergo quod non est nisi controversia in verbis)」というものです。サットンがその際、一義性理解の典拠として使用するのが、ガザーリーです。スコトゥスの一義性論はアヴィセンナの影響を踏まえていましたが、それが今度は、やはりイスラームの哲学者ガザーリーの解釈を踏まえて、一義性が批判されることになりました。

ガザーリーは、西洋中世においては『形而上学(*Metaphysica*)』という名称で流通した著作の中で、一義性に三つの条件を付与しています。つまり、(1)先行性と後行性を持たない(non prius et posterius)、(2)大小の程度がない(non magis et minus)、(3)中間となる媒介がない(non uni mediante altero)というものです。そしてこの整理は、サットンに拠るもののようです。

ガザーリーの『形而上学』は、意味が取りにくいラテン語になっています。一義性に関するところも、一義性の三条件として「能力の差異がない、弱さの差異がない、先行性と後行性がない(sine differentia potentiae, debilitatis, et sine prius et posterius)」となっています。その後の記述を丁寧に読まなければ内容を把握できませんし、この一義性の三条件の後に引き続いて、存在とは多義性と一義性の中間であると断言され、そして「したがって、存在が偶有性であることは明らかである(Manifestum est igitur quod ens accidentale est)」とされていますから輪をかけて理解が困難になります。アヴィセンナの見解を踏まえていますから、存在が偶有性であるとされても驚く必要はありませんが、一義性か多義性かという議論の後に、アナロギア的という結論がくるのではなく、偶有性としてまとめられていることにはとまどいを禁じえません。

サットンによれば、スコトゥスは「一義性」という語を誤用して、アナロギアであるものをも一義的と呼んでいると批判しています。

サットンがこういった批判を展開しているのは、スコトゥスが一義性の意味を拡張していると考えるからです。スコトゥスによる一義性の拡張は、一義性を述語づけにおいてのみ考察するのではなく、概念において考察しようとすることからきています。後のスコトゥス学派の一人で、「小スコトゥス(Scotellus)」と呼ばれたアクィラのペトルスは、カテゴリー的一義性(univocatio praedicamentalis)と超越的一義性(univocatio transcendens)とに分け、スコトゥスの一義性を超越的一義性と整理しましたが、これもまた同じことになります。

ガザーリーは一義性に三条件を設定しているわけですから、一義性を狭い意味で受け取っていることになります。そして、アリストテレスとアヴェロエスは広い意味で理解しているというのです。このガザーリーの一義性解釈の導入とともに、一義性の理論は変移していきます。スコトゥスには、ガザーリー見解は取り入られていません。ハークレイ以降、スコトゥスの弟子たちも、ガザーリーを受け入れ、その上でスコトゥスの一義性論を批判的に受容するようになります。ペトルス・トマエもアニックのウィリアムもそうです。

ハークレイがガザーリーの一義性理解を取り入れるのは、サットンの批判を踏まえてのことと考えられます。言葉遣いから見てもそう推理できるのです。ハークレイは、一義性の意味の拡張を正当化しようとします。

ただ、ここには面倒な事情があります。ガザーリーの影響の痕跡は調べにくいのです。ガザーリーの著作は一二世紀にはラテン語に翻訳されていましたが、典拠として使用されることはアヴィセンナやアヴェロエスほど多くはありませんでした。しかも、このガザーリーの『形而上学』は、ガザーリーの思想を述べたものではないのです。ガザーリーは、キンディー、ファーラービー、アヴィセンナといったアリストテレス派哲学を批判するための著作『哲学者の自己矛盾』を執筆しようとしましたが、そのための準備として彼らの思想の要約を試み、『哲学者の意図』を執筆します。これはアヴィセンナらの思想の要約の本なのです。『哲学者の自己矛盾』は西洋中世では翻訳されず、『哲学者の意図』だけが訳されて、ガザーリーの思想を表すものとして流通してしまいました。一義性の狭義の理解を示すものとしてガザーリーの立場は考えられましたが、実はその内容はアヴィセンナまたはアリストテレスのものだったのです。

ともかくも、ガザーリー理解が受け入れられることで、一義性理解は変移します。スコトゥスはアヴィセンナの一義性理解を取り入れて、一義性理解を変化させ、そして形而上学の大きな変革が成立したと考えられますが、ガザーリーの解釈が受け入れられたことによっても、変移が生じたのです。しかし、ガザーリーの理解に伴う変移は比較的小さな影響力しか持ちませんでした。

いずれにしても、ガザーリーの思想と思われていたのが、偽ガザーリーであり、実はその元にはアヴィセンナがいたということ、そして要するにアヴィセンナに由来する一義性がアヴィセンナに基づいて批判されるという自己言及的な事態が生じたというわけです。ここにも、存在そのものの自己関係性が現れていると考えるのは行き過ぎでしょうか。

b　ロバート・カウトン

さて、ロバート・カウトン※という人物も関わってきます。一三〇九―一一年頃に、ロバート・カウトンは『命題集第一巻』の講義の中で一義性の批判を行います。サットンはカウトンの議論を踏まえていますが、それはカウトンが一番先であったことを意味するのではなくて、サットンがまずスコトゥスへの批判を行った後に、カウトンも加わってくるという流れであったようです。したがって、一三一〇年代の前半にサットンは批判を加えたのでしょう。カウトンの批判は、存在は一義的でもアナロギア的でもなく、不完全な多義性であるというものです。

カウトンは、存在の一義性の元祖はアヴィセンナであり、スコトゥスはそれと軌を一にしているのだと考えています。

> 存在は、無と反対対立し、あらゆる存在者、つまり神や被造物であれ、実体や偶有性であれ、形相的に共通な一つの概念を意味するという考えがある。そして、アヴィセンナがこの見解の創始者(auctor illius opinionis)であるように思われる。
>
> （カウトン『命題集注解』第一巻序文第四問）

右の引用にもうかがえる通り、カウトンは伝統的な枠組みで、一義性の問題を考えています。存在が不完全な多義性であるという整理は無難ですが、それでは少なくともスコトゥスの開始した革新性を踏まえていないことになります。

カウトンもサットンも、スコトゥスの存在の一義性を批判しました。ハークレイは存在の一義性を擁護しているように見えますが、概念に定位した一義性理解には至っていません。存在の一義性が、一義性概念の拡張を行い、概念に定位した次元での考察という新しい次元を開いたことに気づかれるのは、その後の世代でした。しかし、その流れも直線的ではありません。

コニングトンのリカルドゥスも一三〇五―〇七年にオックスフォードで神学を講じ、スコトゥスの一義性説批判を行いました。これはカウトンの批判と似ており、ヘンリクス説を踏まえて、スコトゥスが主張する神と被造物、実体と偶有性の間での一義性はそもそも概念が異なるので、それは一義性とはいえないという批判を行いました。一つのものとして概念把握されていて、人間には区別できないとしても、これらの概念は異なっており、多義的なものであるという主張なのです。

c　ボローニャのゲラルドゥス

ボローニャのゲラルドゥス※は、スコトゥスより一世代上になります。ヘンリクスは二世代上でした。この連続する世代の思想家は、スコトゥスによって批判されることになります。ゲラルドゥスは、神と被造物について、存在が一つの同じ本質規定によって（secundum unam et eandem rationem）語りうるのかを問題とします。しかし、この本質規定とは、帰属類比によって一つであるということです。それらは相対的な一性を持ちながらも、端的には多なるもの（unitas secundum quid et multitudo simpliciter）なのです。ratio が内在的な規定であれば、スコトゥスの立場と近くなりますが、ゲラルドゥスでは ratio が関係規定とされているのです。

d　ハークレイのヘンリクス

さてここまでがスコトゥスの先輩たちの批判です。次は、同世代による比較的近い見解を並べてみます。ハークレイのヘンリクス※については研究が進んでいませんが、一義性理論においては重要な人物です。ハークレイは一三〇〇年頃、パリで『命題集』を講義しています。ドゥンス・スコトゥスから影響を受けた第一世代と考えられます。五歳ほどしか年齢も異ならず、同世代に属しますが、ハークレイはスコトゥスとオッカムの間に位置し、両者を媒介する思想家とされています。スコトゥスの影響を受けており、近い見解を有していますが、スコトゥス派(Scotista)に整理しきれない思想家だろうと思います。スコトゥスの一義性説への言及は以下に挙げる『規定問題集』に含まれるもので、サットンの一義性批判の後のものと考えられますから、一三一〇―一五年と推定されます。

ハークレイも、アナロギアと一義性の対立は言葉だけのものと整理しました。

私は〔一義性とアナロギアの対立は〕見かけ通り(ut videtur)、言葉の問題(controversia in verbis)にすぎないと述べたい。というのも、知恵が神と被造物に一義的にではなく、アナロギア的に語る者は、一義性を狭い意味で受け取り、知恵が他方よりももう一方により該当すると考えているが、一義的に該当すると考えるものは、一義性を広い意味で受け取っている。

（ハークレイ『規定問題集』第一二問）

ハークレイは、一義性を狭い意味に解釈した人物としてガザーリーを挙げ、広い意味で受け取った人物としてアリストテレスとアヴェロエスを挙げています。先にも触れたガザーリーによる三つの一義性の成立条件、つまり先行性も後行性もない、大小がない、中間的段階がないことを挙げています。

このような一義性理解が、テキストに即しているのかという問題はありますし、ガンのヘンリクスとスコトゥスの対立にどのように関連するかには難しいところがあります。というのも、ガンのヘンリクスとスコトゥスのアナロギア対一義性の対立は、アヴィセンナのテキスト理解に関わっていたのですが、ハークレイの理解では、スコトゥスの一義性の問題をオルガノンの中の「一義性」の理解の仕方の問題であるかのように論じています。ここには大きな問題があります。

しかし、このように「言葉の問題」として一義性の問題を扱うやり方は、オッカムにも継承されますから、時代的に見ても理論的に見てもスコトゥスとオッカムとの間の中継的な位置に立つことははっきりしています。

ペトルス・アウレオリは、一義性の問題と、概念が一つであるという論点とを分けました。このように捉えれば、存在は当然一義的なものではなくなり、スコトゥスの一義性論は批判されます。スコトゥスはあえて両者を結びつけて、新しい枠組みを呈示しましたが、アウレオリはこの点では従来の枠組みに戻したといえます。

e　アントニウス・アンドレアス

アントニウス・アンドレアス※（一二八〇年頃―一三三三年）というスコトゥスの忠実な弟子がいました。彼の解説は、古いスコトゥス著作集（ウォディング版）にも収録され、よく知られてはいますが、内容は字句の注解にとどまっており、忠実ではあるにしても、一義性論争史ではほとんど言及されません。

アンドレアスは、スコトゥスの『形而上学問題集』の整備を目指したのですが、その際、スコトゥスの一義性概念を完成させようとしました。彼は、自らの『形而上学問題集』（これは、スコトゥスの偽書としてスコトゥス全集に含まれている『形而上学解明（*Expositio*）』とは異なります）で一義性を三種類に分類します。詳細は省きますが、アンドレアスは、スコトゥスの一義性が形而上学的一義性であって、アナロギアと対立するものではないということを示そうとしています。

アンドレアスの議論は、サットンの批判に対するハークレイの応答をあまり踏まえていません。その辺りの事情は、これから解明されるべき事柄です。アンドレアスの『形而上学問題集』は、ずいぶん読まれたものですが、形而上学的一義性という用語はあまり用いられませんでしたので、影響はかなり限定的だったようです。

やはり、一義性論争の表道は、サットンとハークレイとの論争に由来するものです。サットンはスコトゥスの一義性は言葉の誤用であるか、せいぜい言葉の論争でしかないと一刀両断するのに対し、ハークレイは言葉の論争ではあるけれども、実はそういう一義性理解の方が王道であるとしています。

ここにおいては、一義性概念が変容しているのです。この変容を許容した上で一義性を認めるのか、変容そのものを許容しないか、で立場は分かれます。変容を認めるものは、一義性の拡張を認め、スコトゥスが形而上学を改革しようとしたことに賛成する者です。細部において批判したとしても、全体としては賛成しているのです。概念における一義性こそがここで問題とされることになります。

そして、このように問題が変移すれば、アナロギアにおける問題設定はほとんど意味を失ってしまいます。アナロギア説は、神秘主義の枠組みのスコラ哲学への取り込みという契機を有していたと思われます。偽ディオニュシウスの神秘神学の系譜では、神と被造物がともに善であると語られるとしても、両者は無限にへだたり、神は超善(super-bonus)、被造物は善(bonus)であるとして、両者は隔絶していると捉えられていました。存在については super-ens と ens という対比で整理されることはなかったとしても、構図としてはそのような図式が働いていたと思われます。神が被造物を凌駕するという言い方がよくなされますが、そういう事態がそこに読み込まれていたのです。

このような枠組みでは一義性は成り立ちません。アナロギアは両者を媒介できます。しかし、こういった超善と善、超存在と存在という対比の枠組みでは、神学は否定神学としてしか成り立ちません。「Aではない、Bではない、Cではない、等々」という否定的言辞を重ねることは、超越者への祈りにおいては献身に結びつく重要な契機になりうるとしても、教育カリキュラムとして、あるいは異教（ユダヤ教やイスラームや異端）との対抗においては、強力なものにはとうていなりえません。

戦うためにも、体系を構築するためにも、カリキュラムを構成するためにも、肯定的な神学が求められます。否定的表現がいかに神にふさわしくても、それは敗北するしかないのです。

f　ペトルス・アウレオリ

ペトルス・アウレオリ※（以下、「アウレオリ」と記します）は、一義性論争史ではあまり言及されませんが、かなり重要な人物です。スコトゥスが一義性に組み込んだ真意をつかんでいるように思えます。

アウレオリは、スコトゥスより一世代下の時代に属しています。アウレオリは、一三一六―二〇年にパリで講義をしましたが、それ以前に（一三一五年前後と見当をつけます）『命題集第一巻論集（*Scriptum in primum Sententiarum*）』を著し、そこでスコトゥスの一義性説を批判しています。そこではアウレオリは、ドミニコ会士のヘルウェウス・タナリスとボローニャのゲラルドゥスのアナロギア説をも批判します。その際、アウレオリは、アナロギア説よりも、スコトゥスの立場に近く、存在概念が単一であることを主張しています。しかし、存在は最終種差に述語づけられたのであって、「一義的」とはいえないと述べています。存在はアウレオリにとって、一義的な概念ではなく、渾然たる概念（conceptus confusus）なのです。そして、この渾然たる概念とは、明晰にされるべき曖昧な概念ではなく、存在の単純なる概念があらゆる差異を含んでいるという意味で渾然たるということでした。この点では、スコトゥスが統一的包含(continentia unitiva)と述べたことと重なっており、スコトゥスの立場にきわめて近いのです。表面的には、一義性を批判しているために、スコトゥス派の人びとから、批判されることとなりました。ウォルター・チャットン、ペトルス・トマエ、ゲラルドゥス・オドンは、一義性を何とか擁護しようとした人たちです。スコトゥスが一義性を主張するときに、一義性の「名」を取るのか「実」を取るのかで立場が分かれますが、忠実な弟子たちは「名」を取ろうとし、アウレオリは「実」を取ろうとしたのです。

g　アニックのウィリアムとペトルス・トマエ

ハークレイ以降の一義性論争史も、なかなか流れが見えにくいものとなっています。ほとんど一〇年間程度の幅の中で同時代的に進行していった論争なので、きわめてつかまえにくいのです。ただ、オッカムにどうつながるかだけは概略でも見たいところです。

スコトゥスの弟子たちも、一義性については、さまざまな批判を加えました。アニックのウィリアム※はスコトゥスの弟子で、一二七五年頃の生まれと推定されていますから、スコトゥスの一世代下でした。またペトルス・トマエ※もスコトゥス派に属しますが、スコトゥスを批判的に継承しました。一二八〇年頃の生まれで、アニックのウィリアムとほぼ同世代です。アニックのウィリアムは一三二一―一三二四年頃、『命題集』を講義しています。ペトルス・トマエがこれを講義したのは、一三二〇年頃を考えればよいでしょう。なお、ウィリアム・オッカムは一三一七―一九年に『命題集』を講義し、スコトゥスの存在の一義性を半ば擁護しています。

さて、アニックのウィリアムとペトルス・トマエの二人は、全体としてはスコトゥスの存在の一義性を継承しますが、それぞれ批判を加えてもいます。その立場は、存在の一義性を、⑴存在は一義的な概念を有する、⑵存在は、すべてのものに本質的に含まれている、ないし本体述語として述語づけられるわけではない、という二つの契機に分けることができます。

後者は要するに、存在は超越概念と最終種差には本体述語としては述語づけられず、派生語的にしか述語づけられないということです。超越概念は存在の様態ですし、最終種差は、存在を限定して超越概念を構成したり、個体を構成したりするものです。

形式的に捉えればこれは、「〈存在〉＋α＝超越概念」と述べる場合、αは〈存在〉なのかという問題です。αが〈存在〉であれば、同語反復になってしまわないのか、といったさまざまな問題がここには生じます。αは端的に単純と考えられていますし、〈存在〉と共通なところがあるとしても、ないとしても奇妙なことになります。存在の一義性は、神と被造物の共通性を認めると神の単純性を損ないかねないという議論がありましたが、それと似たところがあります。

ここでは単純化してみましょう。さきほどのαが〈存在〉なのかどうか、という問題です。これは「あらゆるものを切断できる刃物は、自分自身を切断できるか」というように、自己関係性の問題として捉えることができます。〈存在〉を限定するものは〈存在〉なのか、と考えてもよいでしょう。

アニックのウィリアムは、〈存在〉は最終種差を含めて、あらゆる種差に本体述語的に含まれていると整理します。しかし、そのあり方は類（genus）ではなく、種（species）に近いと述べています。この内実を敷衍すると長くなりますが、要点は、存在を限定する最終種差は、外部から限定するのではなく、内的様態として限定するということです。種の概念規定（quiditas）は個体の概念規定を尽くす、という言い方があります。種の概念規定において、何かが付加されることで個体が成立するのではありません。

アニックのウィリアムは、これを個体化の問題と結びつけていきます。議論はやたら細かくなっていきますが、要点は堂々めぐりに思えます。本体述語を、名詞の形で述語づけられるという文法的形式(「名」)で捉えるのか、主語の概念を限定するという概念(「実」)において捉えるのかということが問題になっています。スコトゥスは、一義性を「実」の次元にもたらそうとしていたのですが、どうもスコトゥス派では、「名」を問題にする傾向が強いのです。

スコトゥスも、この本体述語を十分に定義していません。本体述語(praedicatio in quid)は理解しにくい概念です。スコトゥスの説明では、「本質を本質の様態で述語づける(praedicare essentiam per modum essentiae)」というように、ほとんど同語反復のような記述になります。

ともかく、一義性や本体述語を文法的な形式で考えるのは、スコトゥスの本意からずれやすいのですが、スコトゥス派のスコトゥス派たる所以を守るためには、「一義性」を「名」と「実」の双方で擁護するしかありません。これは善悪を越えて、擁護者や弟子の義務です。

かたや、ペトルス・トマエは逆の方向に極端な主張をし、〈存在〉はいかなる種差に対しても、本体述語的に述語づけられることはない、とします。概念と述語づけを明確に分離して、概念の一義性を擁護するために、述語づけの方を改編するのです。

概念における一義性を押し進めれば、これは一義性という述語づけの分類の枠に収まることはなく、そもそも一義的か多義的かという枠にこだわる必要はなくなり、不等性のアナロギアとして整理してもかまわなくなります。あえて、存在は一義的であると強弁する必要はなくなるのです。

では、存在の一義性は、槿花一日の栄と言われるごとく、スコトゥスとともに始まり。オッカムで死命を制された短い運命の理論だったということになるのでしょうか。もちろんそうではありません。スコトゥスは、一義性という概念を改編することで、形而上学の改革を行ったのです。そのために意味を大幅に変移させたのです。そういった変革が済んでしまえば、「一義性」という言葉は用の済んだ梯子として放り出してもよいものなのです。そのように見ると、オッカムの批判はスコトゥスを葬り去ったのではなく、完成させたといえるのかもしれません。オッカムをスコトゥスの批判者としてではなく、完成者としてみる哲学史は、これから書かれなければならないものです。

h　ウォルター・チャットン

チャットン※は、オッカムの説を引用しますから、一三二〇年以降、自説を展開したのでしょう。チャットンは、客象的存在と認識作用を同一視しました。中間的なものを除去し、それを事物の側に置いたのです。実在論者は事物に従順なのです。

チャットンは、存在の一義性のその後を考える場合に重要になってきます。チャットンは、一四世紀に見出されるオックスフォード実在論者の一人に分類されます。オッカムと激しい論争を行ったことで知られています。普遍については、オッカムが概念論的な立場に立つのに対して、チャットンは実在論的な立場でした。

この点については立ち入りません。存在の一義性についてチャットンは、アウレオリとオッカムを批判して、スコトゥスを擁護しているのです。アウレオリが『命題集』を講義したのは、一三二〇年の少し前頃のようです。もうこの辺りになってくると、絡まり合い、交替し合うかのような論旨の網の目のどれが本筋なのか、まったく見当がつかなくなります。カウトン、チャットン、アウレオリ、オッカムらにおける一義性への態度に関する研究は先駆的な研究はありますが、まだまだ十分ではありません。そしてここでは、そこに立ち入ることはできませんし、スコトゥスの一義性を理解する上では、それほど重要でもないのです。

i　ウィリアム・オッカム

不等性の類比と一義性は対立し合わない、したがって存在の一義性をわざわざ言い立てる必要はないというのが、サットンのトマスの考えでしたし、同様にオッカム※もそう考えていました。

超越概念、内包的無限、形相的区別、論理的可能性等々のさまざまな新しい改革を伴って、はじめて成立している存在の一義性を、不等性の類比によって語ることは、論理的には可能でしょう。しかし、そうであれば人々は、スコトゥスの改革を目の前にして、またぞろの新説奇説として、すぐに再び微睡んでしまいます。言説の流通上の効果の問題として考えれば、一義性としてそれを語る必然性はあったのです。そのためには、存在という概念に跳梁する力を与える必要がありました。その跳梁する力が与えられたことに気づき、その力を削ごうとしたのがオッカムでした。跳梁する力を見抜いていたのでした。その力を見抜くことができた形而上学的な眼力こそ大事なのであって、思想的対立は二の次なのです。

オッカムは、「名」においてスコトゥスに対立しながらも、「実」においてスコトゥスを継承し、それを発展させたようにも見えるのですが、これについてはさらに別のところでの検討が必要です。私にその余力があれば、いつか試みたいと思います。

j　その他のスコトゥス主義者

オッカム以降の展開はもはやここで考察すべきことではありませんが、一三三〇年代にはナヴァラのペトルス（?―一三四七年）、アクィラのペトルス（?―一三六一年）がスコトゥスの一義性を擁護する理論を立てています。メロンヌのフランシスクス※（一二八八年頃―一三二八年頃）もいます。フランシスクスは「存在の一義性について

(De univocatione entis)」という論文を書いて、スコトゥスの一義性を全面的に擁護しようとします。しかし、一義性と多義性をいずれか一方というように対立させて、多義性は不合理だから、一義的だという議論に、私としては積極的なものを見出せないのですが。もちろん、フランシスクスの議論は丁寧に追いかける必要がありますが、今は断念するしかありません。

まったく目が眩むようです。複雑なのに、紹介しえた議論としては表面をなでただけで、言葉をなぞったにすぎません。私自身が十分に承知しています。こういった個々の哲学者の研究はまだ進んでいませんし、それらを俯瞰することはほとんど不可能なのです。「一四世紀前半、存在の一義性論争史」は誰も書いていないのです。

ともかくも、最後に記しておきたいのは、スコトゥスの批判者として知られたオッカムが批判したのは、スコトゥスのこのもの性、普遍実在論、形相的区別などですが、それらの批判はすべて形相的区別の批判に帰着するということです。そして、存在の一義性についても、オッカムはスコトゥスを批判しています。とすれば、オッカムはスコトゥスの敵対者なのでしょうか。しかし、それは浅い見方のような気がします。『命題集注解』で展開されているスコトゥス批判を見ると、そこでのスコトゥスのテキスト分析は、それ以前のスコトゥスの弟子たちの誰のものと比べても、オッカムの分析の方がより緻密で、スコトゥスの真意に肉迫しているように見えます。そして、スコトゥスの議論の難点を指摘し、自説を展開し、スコトゥスとは違った見解を提示しているように見えますが、スコトゥスのテキストの丁寧な分析を読むと、単なるスコトゥスの批判者とは思えず、誰よりも忠実な弟子に見えるほどなのです。当時、神学者になるためには、他の思想家の見解の受け売りではなく、分析と批判と自説の展開が求められました。スコトゥス主義者も、スコトゥスを批判することが求められたのです。スコトゥスとオッカムの思想的関係については、今後に研究するしかないでしょう。渋谷克美さんは両者の関連を追い求め、オッカムとチャットンの関係にこだわっていました。いずれも、これからの課題として残されています。

スコトゥスの形相的区別に対するオッカムの批判は、区別は実在的区別か、概念上の区別かのいずれかであって、その中間はない、という議論を用いるものでした。これはしかし、いわゆる水掛け論になっていて、必ずしも有効な批判になっていません。しかし、スコトゥスの形相的区別の曖昧さを指摘する議論としては有効です。ここでのオッカムの批判を、スコトゥスの理論の不徹底さに対する内在的批判と読むことができます。スコトゥスがアナロギア説や可知的形象を批判したのは、媒介として立てられた両者が媒介として機能していないことを示すためでした。直接性を理論化するのですが、媒介を取り除いて済ませる無媒介の思想ではなく、その背景を構築し直すような道を取りました。それがスコトゥスの存在の一義性であり、直観的認識でした。このような道筋をオッカムは継承しました。「オッカムの剃刀」という節約性の原理は、そういったものの反映なのです。もちろん、それは存在者の削減という単なる思惟経済説ではありません。このように見ると、形相的区別は、そういった媒介を排除しようとするスコトゥスの戦略と一致しないように見えます。オッカムの批判はそこに向けられたものであったと思います。

もう一点、一義性批判についてですが、オッカムは存在の概念が神と被造物、実体と偶有性に一義的であることを認めます。スコトゥスが例外とした最終種差や神について、本体述語として述語づけられることはないという規定をはずし、オッカムは存在はすべてのものに本体述語として述語づけられるとします。概念に定位すれば、それは奇妙なことではありません。このように見てくると、オッカムはスコトゥスの改革を押し進めたことにもなります。

それが本当に正しい読みなのか、これから検討を進めていかなければなりませんが、いずれにしろもう一度スコトゥスからオッカムへの道を再検討する必要があるのです。スコトゥス以降、オッカムに至る一義性理解の流れを整理してみたのは、オッカムがスコトゥスを批判したにしろ、スコトゥスへの深い敬意を有し、存在の一義性を継承したということを確認するためでした。哲学は理論の装いをまといながらも、その「心」に流れるものは理論的なものではなかったはずです。少なくとも、スコトゥスを実在論者、オッカムを唯名論者として（概念論者とするにしても）両者を対立させてみるだけでは一面的なのです。オッカムは確かにスコトゥスを批判しました。しかし、批判とはどういう営みなのでしょうか。普遍論争の構図は両者の関係を隠してしまいます。この本で扱ったのは、ほんの三〇年間の動きですが、そこには見えにくいながらも、大きな変動が潜んでいました。その動きの根底にあったのが、存在の一義性でした。その大きな流れをスコトゥスとオッカムは共有していました。その流れが近世に至るまで、いやそれどころか、その「心」は現在まで流れ続けているのか、これは未解明です。これから解明されるべきことなのです。

コラム

哲学史の中のスコトゥス

「存在の一義性」というトリビアルで自明にしか見えない主張の背後に、壮大でスケールの大きな展望が隠れているということを何度か書いてきましたが、その壮大さを描くことができないままにここまできてしまいました。このままでは、オオカミ少年になってしまいます。そういった心苦しさを感じながらも、存在の一義性について、その背景を含めて説明する機会を求めながら、なかなかその機会はありませんでした。『天使の記号学』(岩波書店、二〇〇一年)でも試みたのですが、うまくはいきませんでした。今回は再挑戦です。

スコトゥスが自らの哲学に何を込めたのかを知ることは簡単ではありません。これは、他の中世哲学者のすべてにあてはまります。彼らは自分の考えを表明しているというわけではないのです。それは、彼らが自らの思想を偽装して、本心と異なることを語っていたということではありません。中世では、韜晦することの方が普通で、自分の思想を述べることの方が少なかったのです。もちろん、クレルヴォーのベルナールのように、説教の最中に友人の死への悲しみから、説教を中断し、自らの心情を吐露したというテキストも残っています。しかし、そういうものはきわめて少なかったのです。というのも、文章を書くということは、基本的に共同作業であり、自分の所属していた教団の見解を代表して述べるという責任感の下で、著作を行っていたと思われるからです。

著作も、ゆっくりとした言葉で、同じことを何度も繰り返しながら、それが書記によって、ナイフで羊皮紙を削りながら、ペンで書き込む作業とともになされていたのです。ものを考え、ものを書き、それを人前での講義として、ゆっくり朗読するというのは、近代人の考える哲学的思索とは異なっています。近代思考は人称性を持っていますが、中世的思考は人称から独立しているわけではないにしろ、韜晦の中で思索が営まれ、それが記されたのです。ですから、スコトゥスが哲学に何を求めていたか、テキストの中に読み取ろうとしてもそれは直接には無理かもしれないのです。

しかしながら、その韜晦の中においても、思索が個人の営為でもあり、そして個人の解釈や価値観がある程度は反映する以上、そこにスコトゥス独自の思索も反映しているはずです。

スコトゥスの思想はどのように位置づけられるのでしょうか。トマス、ボナヴェントゥラと並ぶ中世の三大哲学者という評価に根拠がないわけではないとしても、スコトゥスの思想の特徴が明確でなければ、なぜ三大哲学者に含められるのか分からないままです。

フランシスコ会に属しますが、フランシスコ会派の中での位置づけも分かりにくいところがあります。フランシスコ会派を代表する哲学者であるがゆえに、三大哲学者の一人とされたということでもないでしょう。ボナヴェントゥラに代表される保守的なフランシスコ会派とは違って、オッカムに代表されるような、近代に直結する哲学者の源流にスコトゥスが位置することは確かなのです。しかし、それではスコトゥスは中世の終わりに位置づけられるべきなのでしょうか。近世の始まりに位置づけられるべきなのでしょうか。

私が知りたかったのは、中世の終わりか近世の初めかということではなく、彼の切り開いた形而上学の系譜における位置づけでした。スコトゥスは形而上学の改革を行いました。それは、アヴィセンナに始まるもので、「存在の自己展開」の系譜における革命ともいうべきものです。もちろんそれは存在自体が自己展開していくというのではありません。スコトゥスが、存在の一義性や超越概念や論理的可能性や形相的区別に関わって切り開いたのは、存在という一見空疎なものが実は充実したものであり、それが展開していくように語られる場面の記述だったと思えるのです。

近世の形而上学書では、「一と多」「実体と偶有性」「必然と偶然」といった対をなす諸概念が羅列してあります。そのような対概念が、スコトゥスの離接的様態に由来するものであったことを知るとき、そこに一つの流れが見えてきたように私には思われました。論理学は、スコトゥスの用語でいえば形相的述定を扱い、形而上学は自同的述定を扱います。それはまさにスコラ的で空疎で煩瑣な分類に見えます。このような枠組みでは、形而上学も論理学も化石としての役割しか持たないように思えます。そうしたスコラ形而上学の形式化した分類は、学校の教科書の中に埋没し、初学者が暗記すべき基本事項に堕落してしまいました。しかし、それらが基本であるというのは、出発点であるからということもあり、他方で同時に到達点でもあったということをも表しています。

スコトゥスの超越概念をめぐる形而上学の改革は、スアレス、バウムガルテンなどを通し、カロフやカントにも流れ込んでもいるでしょう。超越論的議論といってもよいのですが、そういった現実の手前にあって、現実の可能性の条件となるものの考察こそ、そこでの課題だったのだと思います。

存在の一義性とは、存在の理解をめぐる部分的な思索なのではなく、形而上学全体の改革を目差した大きな運動であり、フランシスコ会の神学に根ざしたものでもありました。存在の一義性は、認識の可能性の限界を極限まで押し進め、その限界において、跳躍すべきことを教えるものでしょう。そして、認識の可能性の限界を探求しながら、同時に認識の彼岸への衝迫を語るものなのです。もし、そう捉えてよければ、存在の一義性は認識の次元に止まるものではなく、認識を越えるものだったのでしょう。だからこそ、その次元で意志的対象としての神、神の個体本質が語られたのです。そして、この本で見てきたように、存在論をめぐる大きな改編をもたらすものとなりました。存在の一義性とは、激しく、大きく、荒々しい旅なのです。

存在を考えるためには、途方もない概念の訓練が必要です。そういう畳長なものは、効率を求める現代においてはアナクロニズムです。人間が天使かコンピュータのような存在であれば、廃棄した方が賢明でしょう。しかし、人間は天使でもコンピュータでもない以上、手間ひまかけてハビトゥス化し、身体に根づかせるプロセスを必要とします。ハビトゥスは、人間の知性にとっては足枷なのですが、人間が人間であるための条件にもなっています。弱さと、有限性と、はかなさと、愚かさを離れられないからこそ、人間の救済ということが永遠の課題として残るのです。

スコトゥスの旅は、ドゥンスから始まり、オックスフォード、パリ、そしていくたびかの英仏の間での往復、そして最後にはケルンに終わり、彼は眠りにつきます。スコットランドの辺境の小さな村から始まった彼の旅は、故郷に戻ることもないまま、未完結のまま終わりました。哲学にも終わりがないように、旅にも終わりなどないのかもしれません。

人間はこの世では旅人(viator)のままであり、旅人は帰りません。帰ることがなくても、道は残り、そこを歩む人が今もいます。

ここで旅が終わったのではありません。人間は死んでも旅を終えることはありません。死は存在を超越することはありませんし、存在ということは旅をしていることなのですから。

私もまた、ここまできて準備も済み、やっとヨハネスへの旅が始められます。ドゥンスの小さな道から始まる旅を、ここで歩み始めることができます。いかなる一歩も、永遠に歩み始める、いや歩み始め続けることを分有しています。もしそうであれば、私が歩んでいるのではなく、存在が歩んでいると、なぜ言ってはいけないのでしょうか。

ヨハネスへの手紙
――後書きに代えて――

あなたにどう呼びかけたらよいのでしょうか。綴り通りであればヨハネスでしょうが、あなたが生きていた中世では、ヨアニス、ヨアン、ジョアン、ヨハンなどと、行く先々でさまざまに呼ばれていたのでしょう。どう呼びかけるかを考えるときは、初めて恋人の名前を呼ぶときのように、ためらいととまどいを感じます。声の名残りを与えられていない私たちにとっては、文字に従って呼びかけるのが正しい道でしょう。

ヨハネス、この本はあなたへの大きな花束とたくさんの線香です。

私はあなたによって中世哲学に導かれ、中世哲学に入り込んでしまいました。中世哲学、いやヨハネスの哲学から抜け出ることのないまま一生を終えそうです。何度読んでもよく分からないテキストに嫌気がさし、そこから何度も何度も離れてしまいました。でも、やっとここまできて、あなたの心に少しは近づいたような気になれました。

あなたの生地スコットランドを訪れました。あなたのお墓にも行きました。そこに思想を理解するための鍵があるのでは、と淡い期待を持っていたのです。胸をときめかせながら私は訪れました。そこには何もありませんでした。あなたはそこにはいませんでした。

それはとてもよいことでした。本当によいことでした。不在は思い違いを正してくれたのです。存在していることが、教えることに結びつくとは限りません。存在よりも非存在が、生よりも死が多くのことを教えてくれました。ある人間の思想の理解に役立つような哲学的な風土や環境というものはどこにもないのです。確かに、哲学とは思索、しかも身体に根ざした、未来に向いた思索です。身体に根ざしているとすれば、何かしら名残りを感じることができるのではと思ったのです。しかし、追憶と理解とは異なります。哲学の抽象性は、理解しやすさに逃避しようとする人間の怠惰への棘なのです。そして哲学は、人間の思惟への棘であり続けるべきです。

ツイード川の小石にも、ドゥンスの荒野に転がる小石にも、パリの大聖堂の敷石にも、オックスフォードの敷石にも、あなたの名残りはありませんでした。それは喜ぶべきことです。哲学は物や本の中に宿るものではありません。思索の中に一時的に宿ります。そして、思索は人とともに、その人の生命とともに消えていきます。頭蓋骨の中にも思想の片鱗も残りません。しかし、その痕跡がテキストとして残ります。テキストは痕跡なのです。とはいえ、痕跡は痕跡でしかないのも事実です。そして、痕跡はあなたそのものではありません。哲学において求められるのは、思想であって、その人であってはならない、ということは真理なのでしょうか。

人間は死んでしまえば、何も残らないのでしょうか。生まれた場所、住んだ場所、亡くなった場所、何も残っていないといえば、そうなのかもしれません。確かに何も残ってはいません。しかし、私は血の中で感じずにはいられないのです。人が死んでも、ハビトゥスが残り、漂います。今もここに思想として漂っていると感じます。それこそ、思想ということの普遍性、伝播性、恐ろしさ、戦慄ということでしょう。あなたが生きていなくても、あなたの思想は〈今・ここ〉に生きています。私はそれを確認したかっただけなのです。哲学は、思想でも理論でもなく、ハビトゥスなのでしょうが、それは〈今・ここ〉に受肉するものなのです。ハビトゥスとは潜在性のことなのです。

あなたの緻密な思想を、どこまで正確に理解しているか私には分かりません。誤解しているところも多いでしょう。何度読んでも愚かにも理解し損ねているのです。私はあなたの前では愚か者です。そしてそれは何も恥ずかしいこととは思いません。死すべき存在とは愚か者と同義ではなかったでしょうか。この本は、あなたを理解した上で記した本ではありません。理解するための準備の本なのです。私自身のためのヨハネス・ドゥンス・スコトゥス入門なのです。そして、それと同時に、あなたが「表現者」であったということは、伝えておきたいと思ったのです。それが私の務めなのです。誤りを広めるだけであっても、それは務めなのです。

あなたに出会って、中世哲学への彷徨が始まりました。ずいぶんと長い時間がかかってしまいました。読み始めたばかりの頃は、不遜にも四、五年かかれば分かるのではないかと思っていました。愚かでした。本当に私は愚かでした。『普遍論争』を書いたときも、中世哲学は通過地点だと思っていました。だが、終の棲家だったのです。あなたがいなければ中世哲学を通り過ぎたはずです。

通り過ぎられると思ったのは、越えなければならない峠の存在を見落としていたためです。しかし、そういう道は、熊野古道のようにいくつも峠を越えていく道にも似て、半ば修行であり、半ば楽しいものでもありました。そして、旅の終わりは享受そのものです。いまだ遠くから遙拝することしかできませんが、ヨハネスよ、あなたの哲学が、夏のドゥンス城を覆っていた霧のように曖昧な哲学ではなくて、澄み切った透明な哲学であるように見えてきました。山路を越えて、やっと峠からはるばる熊野本宮を拝んだときのような歓びがありました。

ずいぶんと回り道をして、やっと出会えた感じがします。回りくどい表現ですが、長い時間の後であなたに出会うために、最初にあなたに出会ったということでしょうか。鏡を通して見ていた者に直接出会うためには時間がかかるように、回り道は無駄ではなかったと考えます。

ここで坂部恵先生の『ヨーロッパ精神史入門』を想起せずにはいられません。アヴィセンナ、スコトゥス、ライプニッツ、パースへと至る実在論の系譜、坂部先生が描きだした系譜は、私自身予想だにしないものでした。東の島国で、中世哲学に生を捧げた人々をここで思い出さずにはいられません。山田晶先生(合掌)、中川純男さん(合掌)、長倉久子さん(合掌)、渋谷克美さん(合掌)、花井一典さん(合掌)。最近相伴うかのように続けて亡くなりになりました。そして、中野幹隆さん(合掌)、坂部恵先生(合掌)。

「器」は、時間と空間を隔てても、共有可能である場合に、その大きさが測られます。ヨハネス、あなたが立てた存在の一義性という思想は、二〇世紀になっても共有する人々を見出しました。その意味で、とても大きな器なのだと思います。しかし、もっと大事なのは、存在の一義性ということ自体が、そういった「器」の無限の広がりを主張したもののように思えることです。生きている「器」のことを、私はハビトゥスと呼びたいのです。そして、ハビトゥスこそ、思想の生育する大地なのです。

七〇〇年を隔てて、遠い東の国から問いかけます。ヨハネス・ドゥンス・スコトゥス、「哲学とは何か」、あなただったらどう答えますか。哲学も人生も事実に絡め取られてはならないと思います。事実を越えていけるハビトゥスが与えられなければ、人生には人生の価値がありません。

あなたをこのような大胆な試みに駆り立てたのは、知識(scientia)ではなく、燃え立つ魂の熱気(aestuantis animi ardor)だったのでしょう。あなたを「精妙博士」と呼んだ人々は、あなたの本質を見極めていなかったのではないかと思います。精妙さ、それはあなたの特徴であっても、本質ではないはずです。違いますか?

あなたが、dico(私は述べる)やrespondeo(私は次のように答える)という言葉に続いて述べることは、遠くまで鳴り響くような鋭さを持っています。決してあなたは多弁ではありません。豊饒に語る思想家は中世でもたくさん存在します。躊躇しながら、一歩一歩確かめるかのように進む論述は、破壊的なものや新奇なものを予想させません。しかし、dicoやrespondeoに続いて語られる思想は、強い響きを有しています。オッカムやビュリダンといった人々の思想は、鋭く響き近代的な装いを持っていることが見て取りやすいのですが、ヨハネス、あなたの思想は、一見すると伝統的なもののようにも見えます。しかし、今回あなたのテキストを旅しながら、その進取の心性に、近代的なものを感じました。あなたはジョット(一二六六—一三三七年)やダンテ(一二六五—一三二一年)と同時代人なのですから、奇妙なことではありません。

スコラ哲学の用語で語ることは、重い鎧を着て歩くことに似ています。決して軽やかなものにはならないでしょう。しかし、鎧の下に生きている人間は、やはり血と涙を流す人間なのです。スコラ哲学の文章は、冷たくて、硬い巨岩であるように見えて、叩きどころを知る人には蜜と乳の溢れ出る泉のはずです。存在の一義性の背後には激しい情念が、フランシスコ会士らしい激情とリリシズムが隠れていました。そのことが確認できただけでも、私は満足です。

そういった思想の泉は人類の文化の中に数多くありながら、誰も訪れることなく、気づかれないまま枯れていく、いや昔のまま溢れ続けているものがたくさんあるように思います。

あなたが、dicoやrespondeoの後に続けて述べる言葉は、大きな響きではなくても、遠くまで、いや現代、そして遠く東の島国にまで届いているように思います。そうでなければ、あなたの思想を私がこれだけ長い間追い求めるはずもないのです。

哲学というのは、声の名残りを越えて、遠くにまで届くものだと私は感じます。私はその思想を分からなくてのです。声を感じ取りたいのです。その声の響きが思い違いであっても、それはそれでかまわないことなのです。遍在性は天使にのみ許された特権ではないのです。いかにかすかであっても、その声に耳を傾け、それを聴こうとする者は必ず存在し続けるはずです。そうでなければ、哲学とはどういう営みなのでしょう。天使に哲学をすることはできません。断じてできません。この人間にしか哲学をすることはできないのです。

存在は小さなものに宿ります。哲学もまた小さな声に宿ります。

■岩波オンデマンドブックス■

存在の一義性を求めて
——ドゥンス・スコトゥスと13世紀の〈知〉の革命

2011年7月28日　第1刷発行
2016年10月12日　オンデマンド版発行

著　者　山内志朗《やまうちしろう》

発行者　岡本　厚

発行所　株式会社　岩波書店
〒101-8002　東京都千代田区一ツ橋2-5-5
電話案内　03-5210-4000
http://www.iwanami.co.jp/

印刷／製本・法令印刷

ISBN 978-4-00-730502-3　　Printed in Japan

スコトゥス哲学・用語解説

＊　中世において用いられた哲学用語について，簡単な説明を付しておく．いずれもそれぞれの思想の核心に接近するための手がかりとなすべく，簡略な解説を付したものである．詳しい説明というより，本文で触れられなかった論点の追加的説明である．スコトゥス哲学の用語のうち，本文中に登場しないものもスコトゥス思想の理解に関連があると思われるものは挙げておいた．

ア　行

アナロギア(analogia)

アナロギアの概要については，本書第II部第一章第3節を参照されたい．存在の一義性とアナロギアの対立が，大きなトピックとして扱われるようになったのは案外最近になってからのことである．近世に入り，学説史において対比されることはあっても，一義性に対する真摯な考察がなされることはあまりなかった．そのこともあって，両者の対立的な構図が強調されることは少なかったと思われる．スコトゥス研究が，ヴァティカン版全集の刊行によって進捗をみるようになってはじめて，一義性が主題とされるようになったのである．アナロギアについては本文でも触れたが，存在は神と被造物について，一義的にでも多義的にでもなく，アナロギア的に述語づけられるという説であり，その立場はすでにヘールズのアレクサンダーにおいても主張されていた．アナロギア説は，トマス・アクィナスに代表されるというよりも，13世紀を通して標準的な立場であり，圧倒的な流れであったのである．スコトゥス以降においても，アナロギア説が標準的な見解であることは変わらなかった．存在の一義性は，スコトゥス派のうちにしか広がらなかったが，あえてスコトゥスが一義性を主張したことの意図については検討され，それをめぐるさまざまな考究は，15世紀ぐらいまでは継承されていたと思われる．

位格(persona)

訳しきれないので「ペルソナ」のままで用いられることも多い．人間に適用される場合「人格」となり，神については「位格」となるが，この訳語ではペルソナ(父，子，聖霊)のもつ「身近な」側面が消えている．ペルソナは「面貌」であり，具体性と個別性をもった存在なのである．それはまた，直観的認識の対象でもある．抽象的な存在ではなく，具体的で身近なものを表すことは確認しておいてよいだろう．→ペルソナ

カ　行

可感的形象(species sensibilis)

「形象(species)」とは，物質的事物の認識において，抽象理論に基づき，因果的にその認識過程を説明する場合に用いられる機能的な操作概念である．操作概念であるゆえに「形象」は定義されることはないし，明確な内実を有するとはいえない．機能としては，感覚を触発するものであるが，物理的な内容を伝達する媒体(メディア)として措定され，具体的な事物として考えられていたのではないと思われる．機能的操作概念とは「コツ」のようなものであり，定義も具体的な内実もないのが通例である．中世哲学の諸概念には，こういった操作概念が多い．それらを，「ハビトゥス」に定着させて使用することができるという点が重要なのである．

可述語(praedicabile)

「客位語」とも訳される．複数の事物に述語づけられるように，知性によって概念把握された事態と説明される．「類，種，種差，特有性，偶有性」の五つからなる．「ポルピュリオスの五つの語」ともいわれる．特有性と偶有性は，特有な偶有性(accidens proprium)と共通な偶有性(accidens commune)と整理される場合もある．類と種が述語となる場合には，本体述定(praedicatio in quid)，種差については，本体形容述語(praedicatio in quid quale)，残りの特有性と偶有性については形容述定(praedicatio in quale)といわれる．複数のものに内在する共有可能性(communicabilitas)を有するもの，という循環的な説明が与えられる場合がある．中世では，命題の構成要素に組み入れられてはじめて哲学的思考の対象となったのである．命題化(しかも，ラテン語の命題！)の可能性が，哲学的思考の対象となる条件だったのである．現在ではとりあえず，英語がその役を担っているといえる．

可知的形象(species intelligibilis)

可知的形象に取りあえずの説明を与えると，個体的条件をすべて除去した上で知性に，そのものの何性を，つまり概念規定を提示するものである．これも可感的形象と同様に，機能的操作概念であり，具体的な事物を指すものではない．ガンのヘンリクス以降，この概念は批判されたが，批判の要点は可知的形象の指している対象をめぐるものというより，認識のプロセスを継起的で連続的なプロセスとして説明できると考え説明しようとする枠組みに対してであった．可知的形象が矛盾を含むというのではなく，説明になっていない，ということである．抽象理論は，アリストテレスの多層的な知性論を踏まえ，そこに媒介的過程を一つ一つ埋め込むことで連続的な過程として提示しようとしたが，その過程を連鎖として描こうといくら努めても，そこには決定的な飛躍が残るのである．飛躍・落差を残している以上，それは説明の役割を果たしていないから，そのような形象説に拘泥する必要はない，不必要な存在者を措定

する必要はない，ということに落ち着くのである．これに対して直観的認識は，概念的には架橋できない落差を主観と対象の間に認めるものであり，直接的に対象に到達できると考えていたのではない．直観的認識が認識の基礎となるのは，ライプニッツにおける「事実の真理」の場合と同じように，たとえ絶対的必然性を有してはいないとしても，それを真理として前提するしかない，という方法論に立ってのことだったのである．

カテゴリー(praedicamenta)

「述語形態」と訳す場合もある．類と種の系列(series generum et specierum)において，一つの最高類に秩序づけられる．実体，量，質，能動，受動，関係，時間，場所，状態(situs)，所有(habere)の10個からなる．特定の秩序に基づく，あらゆる事象の系列(series)である．

可能知性(intellectus possibilis)

可能知性とは可能態にある知性であり，何も書かれていない板(タブラ・ラサ)のごときものである．可能知性は二つに分かれ，実践的なものと思弁的なものがあるとされた．

客位語(praedicabile)　→「可述語」

帰属類比(analogia attributionis)

本文第II部第一章第3節参照．中世におけるアナロギアの基本的図式は帰属類比であり，しかもこれは知(scientia)をうるための認識論的方法ではなく，概念の枠組みを整理するための緩やかな装置であった．カエタヌスが「比例の類比」を重視し，帰属類比に擬似的に基礎づけを与えようとしたことは，後世に大きな誤解を残すことになったと思われる．近世に入って，思想の対立がセクト相互の代理戦争のごときものになると，いっそう対立が煽り立てられるようになる．

共有可能(communicabilis)

複数の基体(個体やペルソナ)に見出されるものはすべて共有可能である．ところが，このもの性という唯一性の原理は共有可能ではない．神においては，父，子，聖霊という三つのペルソナ(位格)が共有不可能なものとされる．

偶有性(accidens)

「偶有性」は，その思想上の内実だけではなく，日本語としても分かりにくいところがある．偶有性と偶然性は異なるものだが，同じ意味で用いられることも最近よく見受けられる．偶有性が「偶々ある」という意味であれば，「偶然性」と同じ意味で考えてよい．しかし本来，偶有性の「有」は，「有つ(もつ)」と読み，「もつ」と同義，「所有」という場合の「有」と同義なのである．

「偶有性」は，実体が「偶々」所有していることである．これを「偶然に所有していること」と定義しては，またしても「偶然」の定義に依拠してしまうし，意味に大

きなずれが生まれてしまう．アリストテレスは，実体の内部構造に偶有性の内実の根拠を求めるのではなく，その実体(個体)が帰属する種との関係に求める．つまり，1)その種のすべての個体に妥当する，2)当該個体に常に妥当する，3)その種の個体だけに妥当する，という三条件を考え，三条件のどれか一つでも充足しないものを，偶有性と考えた．これはきわめて曖昧な説明にみえる．確かに，これは分かりにくい．ここで大事なのは，実体の性質が，本質(属性)，特有性，偶有性という三層構造になっていることである．アリストテレスの立場は，1970年以降の様相論理の検討において「本質主義」と位置づけられることが多かったのだが，これによって述語を本質と偶有性とに分けたように捉えられがちになった．ここには問題がある．そして近代以降，述語を総合的か分析的か，というように発想されるようになるが，これも具合が悪い．「特有性」という〈曖昧〉な述語の層を切り捨てては，スコラ哲学の深奥は見えないままになる．特有性は，前述の三条件をすべて満たすものであり，そうすると偶有性は本質と対比的な位置にあるというよりも，特有性と対比的なものとなる．とすれば，特有性とは何なのか，ということがまた問題となる．これについて若きスコトゥスは，主語と互換的な述語(praedicatum convertibile non praedicans essentiam)と整理している．互換的とは置き換え・代入が可能ということだ．特有性は，「存在」をめぐる場合には「様態(passio)」ともいわれる．特有性の場合は，主語が「ソクラテス」のように個体としてあって，それについて「笑える」というように互換的なものが特有性だが，「存在」については一般的なものが主語としてあって，それについて互換的なもの，たとえば超越概念が様態となる．特有性と様態では，主語となるものが別個だが，互換的ということでは重なっているのである．

形相的に(formaliter)

多義的で扱いにくい用語である．近世の哲学辞典(Goclenius, Chauvin, etc.)を見ると，意味が八つあると記され，どの意味で使用されているのかを踏まえていないと誤解が起きやすい．17世紀の人々はそういった煩瑣な区別に習熟していたが，その後忘れ去られていった．スコトゥスが用いる「形相的に」は，客象的に(obiective)と対義的に用いられるものではない．スコトゥス自身の説明では，「白いものが黒いもののうちにある」というように，可能態において(potentialiter)あるのでもなく，結果が原因のうちにあるように，潜在的に(virtualiter)あるのでもなく，渾然と融合して存在するのでもなく，顕在的に，そして言語にもたらした場合にも明確に表現されているのが，形相的なあり方である．したがって，「形相的に」ということは，「形相規定および何性に即して(secundum rationem formalem et quiditativam)」と換言できるとされるが，中世哲学の外部の者にとっては，ますます分からなくなるだけである．「形相規定」と「何性」もまた謎となる概念だからである．次の項「形相性」も参照してほしい．

形相性(formalitas)

形相規定(ratio formalis)と同義とされる.「形相」は事物における構成契機であるのに対し,「形相性」は,「形相」を抽象化したというものではないので,明確に区別しなければならない.定義されることもない操作概念であり,きわめて理解しにくい.事象性(realitas)と対比的に用いられる場合もあり,その場合には形相性の方は段階をもつことはなく,強度もないが,事象性の方は,さまざまな段階に区分されているとされる.ただ,このような整理は近世の用法であり,中世にまで遡行できるわけではない.ウォルターによれば,スコトゥスの形相性は,アヴィセンナの志向(intentio＝ma'na)と同じであるという.「志向」は,事物のうちに存在する本質規定を表現すべく,精神のうちに存在する自然的記号,簡単にいえば精神のうちに存在する概念であり,第二志向は,第一志向を表す概念であり,要するに概念の概念である.第二志向とは,「類,種,種差」というように,第一志向に対して知性が反省作用を加えることによって得られる概念であり,論理学はこの第二志向によって構成されるが,形而上学は第一志向を対象にすると考えられている.

この規定では「概念」や「観念」とどこが違うのか,ということが問題になる.そして,形相的区別が観念上の区別ということになってしまいかねない.ここで重要なのは,形相性が ratio obiectiva と同義であるという説明である.ratio obiectiva も近世以降の人間にとっては難物の概念である.「客観的規定」や「客象的規定」と訳しても判然としたものにはならない.obeiectiva というのは,「(心にとって)客として見られた」ということだから,「客観的」でよいという説明もある.ただし,後の「客観的」とは意味は正反対なのである.ratio obiectiva の訳し方は本当に困惑するばかりなのだが,意味だけを表せば,「現出相」というのに近い.事物そのものではなくて,事物に関して現れ出てきた相,しかも事物のなかに根拠をもって映じてきた相が,ratio obiectiva なのである.極端に走り,事物の側に埋没させても,また主観の構成物としても,議論は見えなくなる.現代から見ると「事象性」と重なるように見えるが,中世人も近世人も,混乱なく明確に使い分けていたと思われる.両者の間にある多様な中間段階にどのように位置づけ,それをどのような概念装置で言語化,理論化するのかが問題である.

形相的区別(distinctio formalis)

形相的非同一性(non-identitas formalis)とも表記される.形相的区別は,事物の本性に由来する区別で,実在的には同一の二つ以上の形相性の間に生じる.その際,形相性の一方は,知性の作用に先立って,両者は神の力によっても分離不可能ではあるが,他方なしに考察することが可能である.これは,デカルトが精神と身体の間に見出した実在的区別と接近するところがある.ここでの要点は,区別の根拠が,事物の側に由来する(a parte rei),ないし知性の働きに先行する・独立であるということで

ある．形相性相互の区別であるというばかりでなく，存在性(entitas)と置き換えてもよい．ただし，実在性・事象性(realitas)，形相，本質，何性における区別とは表現されないことに留意する必要がある．というのも，形相的区別は，実在的には同一のものが認識主観に与えられる場合に，その与えられ方において生じる区別であり，その区別の根拠が主幹の側に由来するのではないということが枢要なのだが，実在性などの概念は，主観との関係性において成立する側面が弱いために，問題の圏域を表しにくいのである．

「形相的区別」については，存在論として論じるのではなく，認識論として論じた方が楽だという考え方もあるが，事物の側の根拠(a parte rei)を重視するのが，形而上学者の本分である．

形相的述定(praedicatio formalis)

「述定」は13世紀において，同一性による述定(praedicatio per identitatem)と内属による述定(praedicatio per inhaerentiam)とに分けられることが多かった．スコトゥス派において，前者は自同的述定(praedicatio identica)，後者は形相的述定(praedicatio formalis)とされた．自同的述定は，「ペトルスはペトルスである」というような命題であり，形相的述定の方は，「ソクラテスは人間である」というように，個体について類・種・種差などの可述語が述語づけられる場合である．「人間は理性的動物である」というような被定義項と定義との間に成り立つのが，自同的述定なのか，そもそもそれは述定ではないのか，この点は議論の余地があり，明確ではない．

形容述語(praedicatio in quale)

類，種，種差，特有性，偶有性という五つの可述語のうち，類と種が「本体述語」となり，残りがすべて形容述語となる．また，特有性と偶有性は単なる「形容述語」だが，種差は「本質的形容述語(praedicatio in quale essentialis)」と見なされる．

原本的に含む(primo continere)

スコトゥス独自の用語法．訳し方に困る用語であり，primoを「原初的に」と訳したこともあるが，意味が伝わらない畏れがある．花井一典さんは「原本的」という訳語を考案したので，本書でも一部使用した場合がある．知性の働きにも先立ち，事柄の初めからそれ自体で成立していると受け取るしかない事態について語られる用語である，と筆者は感じている．本書では「本来的」という訳語を採用した．定義も理解もできないが，そう感じるというほかはない．含む際に，他のものに依存せず，むしろ他のものが依存するような仕方で含む場合である． → 本来的(primo)

このもの性(haeceitas)

本文第Ⅰ部第四章を参照．一つの種に属するあらゆる個体が共有する性質を限定して，ただ一つの個体を形成する原理．唯一性の原理，個体化の原理であり，ラテン語のhaecを抽象名詞化したものである．スコトゥスでは『形而上学問題集』や『パリ

講義録』には登場するが，『オルディナチオ』や『レクトゥラ』においては欄外注記を除くと登場せず，スコトゥス自身が用いたかどうかが疑われたこともあった．テキストの執筆年代によって，使用されたり，されなかったりしたが，スコトゥス自身の用語であることは確実である．晩年になって用いた用語である．

その具体的内実は，「形相の最終的実在性(realitas ultima formae)」と説明されたりするが，内実は判然としない．さまざまな解釈が提出されてきたが，詳細については本文を参照されたい．アヴィセンナの「フウィーヤ」――これも「フーワ」という，「これ」を意味する代名詞から形成され，アヴィセンナの基本概念――と重ねて考えられたが，フウィーヤは普遍的本質を表す概念で，このもの性との形式的な対応関係はありながら，内実においては対応していない．私自身，この読解に気づくのに10年かかった．スコトゥス哲学には内実が判然としない概念が頻出するが，それは扱っている事柄の性質によるのであり，しかもそういった事態にスコトゥスが立ち向かおうとしたからである．スコトゥスの論述の仕方は丁寧であり，曖昧に語ることを意図したということでは決してない．

サ　行

最高類(genus summum, genus generalissimum)

それより上位の類がないような類．「実体，量，質」など．10個と考えられ，カテゴリーと重なることになる．

最下種(species specialissima sive infima sive ultima)

それより下に下属する種がないような最低の種のことである．実例としては，生物学的な種がモデルとされ，その分析方法としては論理学的な分析がなされていた．現代では，世代を超えて継承される生物学的同一性を有したものと考えられるが，スコラ哲学では，論理学的な視点と生物学的な視点が明確には区別されていなかった．

最終種差(differentia ultima)

概念(「人間」)は通常，限定項(「理性的」)と被限定項(「動物」)から構成される．それらをさらに分解していくと，それ以上は分解不可能な限定項と被限定項に行き当たる．前者が最終種差であり，後者が存在である．

志向(intentio)

ウォルターによれば，スコトゥスは形相性(formalitas)をアヴィセンナの志向と同一視した．内実からいっても外延からいっても，両者はかなり曖昧(渾然)たる概念であり，ほぼ重なることは確かである．しかし，概念の形成過程を考えれば両者は異なっていると思われる．ens-entitas, res-realitas, forma-formalitas というように，スコトゥスが抽象名詞を形成する場合には，彼は事物の側にあるものを，認識主観との関係性にもたらし，そこで構成される規定性を考えているのである．客象的存在

(esse obiectivum)，現象的存在(esse apparens)などを考え合わせても，同じ問題圏域を覆っている．こうした概念は，可知的形象などの場合もそうだが，それ自体として考えるとすぐに正体が見えなくなるが，どういう視点・規準でその問題を考察するかによって変わってくるのであり，それぞれの局面で己れの立つ認識の基盤を再確認する必要がある．現代人がみれば曖昧模糊とした謎の概念の多くは，そういった内的構成を有しているのである． → 「第一志向，第二志向」

事象性(realitas)

これも容易には日本語になってくれない用語である．事象(res)の抽象名詞だが，そのニュアンスは翻訳不可能である．「事象成分」「実在性」などといった訳語もある．「実在性」と捉えると誤解しやすい．実在性やリアリティという含意はあまりなく，そういうものの手前にあるものが realitas である．「事象を構成する規定性」，平たくいえば「性質」のことである．意味合いとしては，人間知性の作用とは独立に存在し，「本性」のように生み出す相においてあるのでもなく，「本質」のように言語的分節化の基盤としてあるのでもなく，「形相」のように自己限定し分節化しながら顕現する源泉としてあるのでもない．人間の認識を担い，まざまざと迫ってくる相において捉えられたものが，事象性であるというように筆者には思われる．言葉を費やして語れば語るほど realitas からどんどん離れていくように感じられるが，近づこうとすればするほど空隙が広がっていく感じは，いつもながら歯がゆいものである．ともかく「形相性」が事象と認識主観との間に現出するあり方を指すのに対し，事象性の方は事象の側でのあり方を指す．

自体的述定(praedicatio per se)

自体的な述語づけは，偶有的な述語づけ(praedicatio per accidens)と対比的に用いられるもので，アリストテレス『分析論後書』に由来する．主語と述語について，一方が他方の定義に含まれている場合が，自体的な述語づけ(＝述定)とされる．「人間は動物である」「牛は偶蹄目である」という場合である．他方，偶有的な述定は，「人間は白い」というように，主語が述語の概念を含まない場合である．前者の自体的な述語づけでも，類が種に述語づけられる場合，第一の仕方の(primo modo)ものとされる(第一自体的述定)．定義または定義の一部が被定義語に述語づけられる場合，上位のものが下位のものに述語づけられると記される場合もあるが，いずれも同じことであり，理解が難しいわけではない．しかし，第二の仕方での自体的述定(praedicatio per se secundo modo)となると理解が困難となる(第二自体的述定)．第二自体的述定は，スコトゥスにおいては，「第二自体的述定の様態は，定義を付加的なものとして(ut additum)有する」という謎めいた説明が与えられるだけである．また，アリストテレスの持ち出す例は，「鼻は獅子鼻である(nasus est simus)」というものであり，これも分かりにくい．確かに「獅子鼻」には顕在的に「鼻」は含まれていないが，

概念においては含まれている．したがって，主語が述語の概念に含まれているのである．ただ，一般的にこのような命題が真となるか否かははっきりしないし，特定の言語に拘束されているようにもみえる．スコトゥスは，存在の一義性を論じる場合に，第二自体的述定にかなりこだわるが，その理由は，アリストテレスの説明だけでは判然としたものにならないからであろう．ここで注目すべきなのは，付加的なものとして(ut additum)ということであり，これは「線は直か曲である」「数は偶か奇である」「存在は無限か有限である」という例で考えるとよい．つまり，離接的様態という二項対立が述語となる場合を考えればよいのである．超越概念の一種である離接的様態は，存在の述語となり，しかも内在的様態として述語づけられる．この離接的様態は，自体的述定であり，しかも述語を付加的なものとして含むから第二自体的述定である．

記号化すればA est(A＋α)となる．ここではαが内包における付加分としてある．αの働きは，最終種差としてあり，それは超越概念への限定や個体化において登場するのである．スコトゥスの存在の一義性は，一義性だけではなく，その限定のメカニズムの説明をも含んでおり，そのメカニズムが第二自体的述定と重なり合うものとなっているのである．この意味で、自体的述定は，存在の一義性理解だけでなく，スコトゥスの存在論全体の理解に関わる．それどころか中世の存在論の基礎となる重要概念である．

さらに徹底的な解明が必要である．

至福者(beati)

本来は「幸福な人」という意味だが，アウグスティヌス『三位一体論』第13巻第5章の「欲するものをすべて所有し，悪しきものは何も欲しないものだけが至福＝幸福である」という箇所が典拠とされて，独自の意味を含むものとなっている．スコトゥスによると，秩序をもって欲することができる(ordinate potest velle)ものを，すべてもっている者が至福とされる．しかし，これは今現在，欲しているものだけでなく，来世(tunc)に望むものをも含んでいるという．至福者はしたがって，天上の至福者(beati in patria)だけを指すのではなく，現世の至福者をも含んでいる．完全な至福とは，身体と精神，両方の栄光を含んでいるが，永遠の生における肉の復活の後に果たされるとされる．ともかくも，スコトゥスによれば，人間は端的かつ無条件に幸福になりうる(beatificabilis simpliciter)のである．ここにも存在の一義性の射程は及んでいる．

なお，この「至福者」は，カトリックでは一般に「福者」と呼ばれ，「聖者(sancti)」に準じる者と認められる信者のことである．「聖人」とは，殉教したか，教皇から列聖された人である．

至福直観(visio beatifica)

現世の幸福とは区別される，天上での幸福を指す．至福(beatitudo)とは人間にとっての最高の善であり，スコトゥスにおいては，欠如と不足を免れた十全たる善(bonum sufficiens excludens defectum et indigentiam)である．定義はともかく，至福なる直観こそ至福直観であり，神と，顔と顔とを合わせて対面することである．人間の最終的な到達地点を，「怒りの日」と考えるか至福直観と考えるかは，世界観の大きな岐かれ目である．

重化(reduplicatio)

定訳はない．アリストテレス『分析論前書』第1巻38章に由来し，ギリシア語では，エパナディプローシス．主語を限定する働きを有し，「である限りの」というように訳される．ラテン語でも実に多様な表現法がある．in eo quod, inquantum, quatenus, ut など多様だが，意味は同じであり，共通の了解事項であった．たとえば，延長するものとしての存在(ens inquantum extensum)を対象とするのが幾何学であり，学問の対象区分論に用いられた．inquantum の後にくるものが「考察様式(modus considerandi)」といわれたが，形而上学の対象は「存在である限りの存在」であって，考察対象と考察様式が同じなのである．この場合，対象をどのように考察していることになるのかが不明であるが，それを説明する道具が第一志向や第二志向ということになる．また，アリストテレスが『分析論後書』において，必然性を説明する際に　その三条件として，1)すべて(de omni)，2)自体的(per se)，3)普遍的(universale)を挙げ，この三番目の「普遍」は，inquantum といった重化子で表現されるものであり，要するに内包的文脈で捉えられるものであった．この必然性の説明に入ることはできないけれども，「重化」とはきわめて重要でありながら，近世以降忘れられていったものであることは強調しておきたい．

照明(illuminatio)

本来，照明は，自己にとって明らかなことを他者に伝えることであるが，特に問題となるのは「神の照明」を人間の知性認識と結びつけて理論を立てる場合である．アウグスティヌスにおいては，神のイデアは光として人間知性を照明する普遍の真理であった．人間知性の自然的認識の過程に，超自然的な仕方で参入し，人間の認識を完成させるものと捉えるのである．それについては，聖霊によって奇蹟的に知を人間に付与するという形式も考えられるが，基本的にはア・プリオリな認識理論が構成された．中世において，照明の形而上学として有名なのが，ガンのヘンリクスである．ヘンリクスにおいては，有限者の認識から神への認識に至ることはできず，両者の間はアナロギアによって媒介されるだけであり，神の照明が必要とされたのである．ただし，ヘンリクスは照明については，生涯の一時期には語りながらも，途中で言及しなくなったとされ，照明説を撤回したという解釈もある．照明の理論はアナロギア説と

も結びつき，また能動知性の光といった霊魂論とも結びつき，かなり複雑な問題を形作っている．確実なのは，人間知性に最後に手助けをしてくれて，認識が完成されるという枠組みではなく，認識の根拠が事実のなかからすべて得られると考えるのか否か，つまり認識における超越の問題であったということは確認しておいてもよいと思われる．

述定(paredicatio)

述語(praedicatum)を付する作用を，述定ないし述語作用(paedicatio)という．「述定」はあまり使わない用語だが，命題を形成する基本的作用であり，きわめて重要であり，スコラ哲学を理解するには，述定の区分と内容と実例について習熟しておく必要がある．

受動知性(intellectus passivus)

感覚的事物から得られた可感的形象が受容され，能動知性によって可知的形象へと変容され，それが人間知性に受容されて知性的認識が成立するという枠組みがあるが，その際，可知的形象を受容する知性が受動知性である．受動知性の周辺概念には，可能知性，質料的知性などさまざまある．これらいくつもの知性を整理するには，アリストテレス『デ・アニマ』，テミスティウス，アレクサンドロス，イスラームでの受容(ファーラービー，アヴィセンナなど)，そしてそれらの翻訳の問題，さらにはトマス・アクィナスの抽象理論など，語るべき論点がきわめて多い．ここではそうした細部に入ることなく，粗い説明にとどめておく．受動知性が，人間知性と重なり，内在的で個別的で，個人の死とともに消滅するもの，すなわち近代的な知性概念と近いことは確認しておいてもよいだろう．

スコトゥスは，能動知性(intellectus agens)と対になるのは可能知性(intellectus possibilis)と考えており，受動知性という言い方はほとんどしない．

縮減的存在(ens diminutum)

アリストテレス『形而上学』第6巻第4章のアラビア語訳に由来する表現で，スコトゥスでは，事物が知性や精神に認識されること，精神の内で獲得する存在様態のことを指す．これは，ペトルス・アウレオリでは現象的存在(esse apparens)といわれたり，ヘンリクスにおいては志向的存在(esse intentionale)とされたりするのと，ほぼ同じものである．事物そのものに宿るのではなく，認識対象との関係において，対象の与えられ方を指すものである．この存在は，ペトルス・アウレオリ以降，中心的な位置を占めるようになっていった．

純粋完全性(perfectio simpliciter)

本文第I部第三章参照．『存在の一義性』を翻訳した花井一典は，これを「純粋完全態」と訳した．抽象名詞を何でも「……性」と訳す安直さと，「……性」という用語の不安定さを花井は嫌っていた．「態」と「性」で迷いながら，今回は「性」を選

んだ．純粋完全性は倫理学に含まれるものだが，存在の一義性を考える場合に基本軸となるものでもある．少なくとも，存在の一義性が論理学的な問題や存在論の問題に終わらないことを知るために重要な概念である．

潜在的に含む(virtualiter continere)

スコトゥス独自の用語法．目に見えるかたちとしてではなく，隠れたかたちにおいて含んでいる場合である．スコトゥス哲学の鍵となる概念．外延において等しいが，内包(概念)において異なりながら，その異なり(区別)が形相的に異なる場合に，この潜在的に含むということが大きな意味をもつことになる．たとえば，「人間」と「笑えるもの」は，相互に独立である．伝統的には，「笑えること」は「人間」の定義に含まれず，「笑えるものは人間である」というのは偶有的な述定となる．アリストテレス論理学は顕在的な概念を考えるが，そこにスコトゥスのように潜在的に含むという論点を入れると話が変わってきてしまう．類・種・種差・特有性・偶有性といった枠組みまで破壊してしまいかねないのである．ここにも，存在の一義性の破壊的効果がうかがえる．

存在(esse, ens)

存在については，本書の全体を貫く課題であるが，なぜ存在を探求しなければならないのか，この疑問を氷解させることは，それでも不可能に近いとも思われる．あまりにも西洋哲学に固有の概念であるので，その近づきがたさ，分からなさに直面すると日本人であることを痛感してしまうほどの壁でもあろう．予想もしないところで，なにがしかのアイデンティティに出会い，自分とは何かに気づき，その分からなさにすらいささかの安堵を覚えてしまう．

存在とは操作概念なのであり，それは分かるというよりは，それを踏まえて他のことが分かってくる，そうしたものなのであろう．未来がその正体を現さないまま，背中の方から押してくれるということはありうると思われるが，存在にも似たようなところがある．中世にあったのは，存在への確信というよりは，存在への不安だったように思われる．確信していたのなら探求する必要はないからだ．不安であり，放っておけないからこそ探求するのである．

タ　行

第一志向(intentio prima)，**第二志向**(intentio secunda)

志向とはアラビア語の maqul または ma'na の翻訳であり，ギリシア語のノエマのアラビア語訳をラテン語訳したものである．ギリシア語から直接訳すと知性概念(intellectus)となる．志向という語は，特にアヴィセンナによって広く用いられることとなった．アヴィセンナは『論理学』において，その他論理学と形而上学との違いを説明する際にこれを用いた．志向は，概念や知性概念とほぼ同義である．

第一志向は，ある事物を記号表示するが，その事物が記号でない限りにおいて事物を記号表示するものである．たとえば，「人間」がソクラテスやプラトンを記号表示していて，そのソクラテスが他の事物を記号表示していない限りといった場合である．つまり，これは「事物の記号」と考えればよい．第二志向は，ある事物を記号表示するが，その事物がさらに他のものの記号となっている場合であるという．「類，種，名詞，動詞」などがその例となる．「人間とは何か」を正確に分析するには，代表(suppositio)の話が不可欠だが，ここでは粗い説明にとどめる．「それは歩くものだ」というとすれば，そこでは「人間」は第一志向であり，「それは名詞だ」というのは第二志向と考えてよいであろう．ともあれ，事物の記号が第一志向であり，記号の記号が第二志向であるというのが要点となる．詳細については，拙著『普遍論争』(平凡社ライブラリー，2002)第三章を参照．

単純概念(conceptus simplex)

単純ということを，より多数の他の概念には分解されないことと説明しても何の説明にもならない．近世においてライプニッツも単純概念を探求したが，単純性の規準を提出することはできなかった．スコトゥスにおいては，単純概念を見かけは単一だが，意味分解可能な単純概念と，語としても単一で意味においても単純である「端的に単純な概念(conceptus simpliciter simplex)」とに分類され，後者がより重要な役割を果たす．端的に単純な概念とはそれ以上に分解不可能な概念であり，存在や最終種差がそれにあたる．存在(ens)は端的に単純な概念であり，超越概念と最終種差は端的に単純である．定義はできないが，議論における前提となるもので，形而上学の基礎となる概念の多くは，端的に単純な概念である．

超越概念(transcendens, transcendentalia)

最高類を超越する名辞．日本語では「超越概念」とされるが，概念ではない．そのような誤解を避けるために，「超越名辞」という訳もあったが，定着しなかった．概念としてあるのではなく，事物のなかに(in re)にある．形而上学の主題(subiectum metaphysicae)であり，他のいかなる学問の主題となることもないものである．超越概念は，存在の様態(passio entis)である．存在は第一の印象(prima impressio)によって精神に刻まれるものだが，超越概念，たとえば「真」「善」などは，存在の様態のようなものとしてあり，様態は基体よりも後のものなので，存在よりも後にくる．しかし，この「後」とは時間的な意味ではない．「第一」ということにも当てはまるが，先行性・一次性を説明するのに，スコトゥスは共通性の先行性と潜在性の先行性という分類を呈示する．そして，存在の一義性とは，存在が二つの先行性の両者を併せもっていることだとし，それぞれについてどのように先行性が成り立っているのかを説明するのである．

共通性の先行性は，より一般的なものが，特殊なものに先行することであるから，

分かりやすい．潜在性の先行性とは，アヴィセンナの馬性の格律に示されているものであり，何性の外部にあり，そしてその外部ということが，何性に先行し，何性を予想，いや先行的に措定(praesupponere)することだというのである．そして，何性を構成するさまざまな規定性は．馬性のなかに渾然一体として含まれているが，しかしながらそれらはお互いに形相的に区別される(distinguuntur ab invicem formaliter)とスコトゥスは整理する．超越概念も，相互に形相的に区別されるのである．

直観的認識(cognitio intuitiva)

本文第Ⅰ部第一章を参照されたい．対象を，今ここに現前するものとして認識することである．その場合，対象となるのは普遍および個体である．直観的認識は，完全と不完全に分かれ，完全直観的認識とは現在・現前するものについて成り立ち，不完全直観的認識は，未来か過去に現前するものについて成立する認識である．このような意味での直観的認識は，感覚によるだけでなく，知性によっても可能である．

なお,「直観」と「直感」はまったく異なる概念だが，混同する人が多い．直観はひらめきとはまったく異なる．「直」という字が非哲学的で紛らわしいのも，混同の一因であろう．直観は，ラッセルが述べた見知りによる知識(knowledge by acquaintance)に近い．

抽象的認識(cognitio abstractiva)

抽象的認識は，対象が非現前＝不在である場合の対象の認識である．カントにおいては，直観的認識の対立概念は論弁的認識であったが，中世では抽象的認識であり，しかもこの「抽象」とは対象の不在を契機にしていることは十分に了解しておくべきことである．抽象的認識は，何も抽象していないのである．これは，ラッセルが述べた記述による知識(knowledge by description)に近い．

同一性(identitas)，**形相的同一性，実在的同一性**(identitas formalis et identitas realis)

スコトゥスの哲学では,「実在的には一つだが，形相的には異なる(unum realiter, distinctum formaliter)」といった表現がよく用いられる．実在的に一つ・同じということは，事物として同じということである．さまざまな規定性を有した事物があって，考察様式の違いによって，事物はいろいろな与えられ方をするが，その与えられ方が形相性である.「ハイデガー」と「『存在と時間』の著者」は，実在的には一つだが，形相的には異なるというように用いられる．形相的に同じということは，規定性において同じということであるから，命題化すれば「音楽家は音楽家である」といった同語反復になり，哲学的な問題を引き起こすことはあまりないし，スコトゥスでは論じられることもない．重要なのは，形相的区別の方である．

ナ　行

内包的無限性(infinitas intensiva)

スコトゥス哲学の中心的な概念である．純粋完全性の内在的様態であり，たとえば「知識」に関して知識の限界をもたない場合には内包的に無限であるとされる．対象の領域や数において無限なのではなく(その場合には外延的無限になってしまう)，内包的無限であるというのは，力として無限なのだが，どのようにして計測すべきかは難しい，という場合である．後にライプニッツは，無限を論理的場面のみならず，数学的に処理しようとして，カテゴリー的無限，共カテゴリー的無限，超カテゴリー的無限に分けた．ライプニッツの無限論が外延的ではない無限を目指したことと関連して，内包的無限にはライプニッツの力概念の先駆としての姿はあるのだが，やはり微かな萌芽にとどまっているというべきであろう．

内在的様態(modus intrinsecus)

スコトゥス哲学の枢軸な位置にある概念だが，きわめて理解しにくい．対比的に考えるべきなのは，差異(differentia)である．差異は，類に対して，概念規定(quiditas)においての異なる規定を付加することで限定する．類を外部から限定するのである．類は外部を有するものなのである．ところが，存在や超越概念においては，外部が存在せず，類というあり方をもたない．それらの限定は，差異のように外部から限定するのではなく，概念規定における限定でもない．それらの概念規定による限定は，内包による限定と言い換えてもよいが，存在や超越概念はそうした概念規定による限定によって生じるのではない．個体化の場合も，個体化の原理は概念規定による限定によって生じるのではないという点において，これと類似性を有している．

内在的様態は，たとえば白さ(albedo)の場合，白さの程度・強度(gradus)として見出される．強度は，概念規定において何も付加しないが，限定を行うからである．辛さ，甘さなど内包量はすべてそうである．つまり，白さという程度の内部において，その程度を限定するのが内在的様態である．これが存在や超越概念に適用される場合，量的な限定だけを指して用いられているのではなく，概念規定における付加を含まないという点が重要なのである．

何性(quiditas)

「なにせい」と読む．中世哲学の基本用語．「何であるか」という問いへの答えとなるもの．ギリシア語では「ト・ティ・エーン・エイナイ」で，アラビア語では疑問代名詞を抽象名詞化した「マーヒーヤ」と訳され，このアラビア語の方がラテン語に直訳されて，「何性」となった．本質(essentia)，形相(forma)，本性(natura)，何であるか(quod quid est)，そもそも何であるか(quod quid erat esse)などと同義語である．

これらが事物の側にあるとすれば，主観と事物との間の関係的存在を示すものがあ

り，それらとの対比で考えることが重要である，形相性(formalitas)，現象的存在(esse apparens)，志向的存在(esse intentionale)，客象的存在(esse obiectivum)，仮想的存在(eese ficticium)などはほぼ同義語であり，あくまで主観と客観の間にある客観的な存在であることが重要な論点をなすということである．近世に入ると，こういったものは反省的概念(notio reflexa)などとして，別の枠組みで考察されていくようになるが，14 世紀では反省作用への考察はいまだ本格的に始まってはいない．

能動知性(intellectus agens)

アリストテレス『デ・アニマ』に由来する概念．アリストテレスは，知性の働きを能動的な側面と受動的な側面に割り振ったが，『デ・アニマ』第 3 巻第 5 章はこの点においてきわめて曖昧であり，その後さまざまな解釈を受けた．アリストテレス自身は「能動知性」という語をも用いることはなく，知性の一つのあり方を「光」に準えたまでである．アフロディシアスのアレクサンドロスは能動知性を神と捉え，ファーラービーとアヴィセンナは能動知性を天使と対応させ，月との関連を重視した．トマス・アクィナスは能動知性を可能知性とは実在的に区別される精神の能力と考えた．スコトゥスは，能動知性は可能知性と実在的には同一で形相的に区別されると考えた．

近世においては，「質料から抽象された可知的形象を受動知性に提示し，刻印づけるもの」といった説明が見られる．

ハ　行

発出(processio)

processus も processio と同義に用いられる．本来は単に「進むこと」であり，進み出ることにも進み入ることにも用いられる．ここで，特に注意しておきたいのは，知性の発出(processio intellectus, processio per modum intellectus)である．これは意志の発出(processio voluntatis, processio per modum voluntatis)と対比的な用語であり，これらの違いを知ることは，主意主義の問題や三位一体を考える場合に重要になる．発出が起源からどのように生じるのか，が問題となるのである．

神においては，子は父から発出し，聖霊は父と子から発出するのであるが，神における発出を，結果が原因からの発出のように捉えると，アリウス派のような異端に陥る，とトマス・アクィナスは主張する．発出を外なるものへの進行と捉えてはならず，内なるものへの進行として，つまり内在的作用と捉えるべきだというのである．知性の作用は内的発出である．神の内には，御言葉(Verbum)の発出，つまり知性的発出以外に，聖霊の発出，つまり意志的な発出があるという．知性の発出において得られるのは，知性認識されている事物についての概念，心の言葉(verbum mentis)なのであり，その際の発出は「類似」という特徴を有する．ところが，意志の発出の場合は霊として発出する，つまり一種の生命的な原動・衝動であり，換言すれば愛によって，

ある行動にまで動かされ駆り立てられる，そのようなあり方をとりつつ，発出するのである．スコトゥスの主意主義を考える場合，意志の働きとしては，神における意志の発出が基本的モデルになっていることは確認されるべきことである．

ハビトゥス(habitus)

本書では「ハビトゥス」は主題化されない．しかし，筆者にとってハビトゥスは哲学の中心概念である．哲学は，知識でも技術でも科学でもなく，ハビトゥスだと考えている．ここでハビトゥスについて若干の説明を加えておく．溺れている人に，「泳ぐことは何だと思いますか」と泳ぎの本質について訊ねる人はいない．泳ぐことを頭で理解していることと，体に習得していることとは異なっている．泳ぐことを考えることと泳ぐこと，つまり何かを考えることとハビトゥスとの間にはそれくらいの違いがある．しかし，考えることを考えることが，単に心のなかでの反省的作用ではなく，ハビトゥスなのだとしたらそれはどういうことなのか．ハビトゥスとは考えることを超越しながら，なおかつ下から支えていることだと考えられる．

表象像(phantasma sive species phantastica)

「感覚表象」とも訳される．感覚によって心のなかに浮かぶ心像で，大きさ，形，色，重さなど，感覚的な規定を含んでいる．個体的条件のもとで内的感覚に対象を提示するもの．

評定力(aestimativa)

内的感覚の一つで，外的感覚によって与えられたものが，自分にとって有益であるか有害であるかを判定する能力．形容詞の女性名詞形で能力の意を含んでいる．評定力(vis aestimativa)と記すと多少「畳長」である．これはあくまでも感覚なので，動物にも与えられている．内的感覚としては，共通感覚，記憶，評定力，想像力の四つが挙げられるのが通例である．評定力はアヴィセンナにおいてはじめて定式化され，トマス・アクィナスに受容され，中世哲学では広く普及した概念である．この概念は，近世に入り，マールブランシュの自然的判断の概念に流れ込んでいる．知性による判断以前に，感覚の次元で知的判断がなされているということであり，身体論や情念論を考える場合に重要なものとなる．

比例類比(analogia proportionis)

本文第II部第一章第3節参照．プラトンの『国家』において線分の比喩として登場する．スピノザの『知性改善論』にも，同じ枠組みが登場する．A:B=C:Dでは，比例類比が数において成立し，比喩としてもそのモデルが用いられもするが，それはあくまで比喩である．比喩としての使用を越えて，存在の問題に適用するのは避けるべきである．

不等性の類比(analogia inaequalitatis)

本文第II部第一章第3節参照．類比といえば，帰属類比と比例性の類比がよく論

じられる．近代に入っても，不等性の類比と存在の一義性とは対立しないために，不等性の類比が詳しく論じられることはあまりない．アナロギア(類比)と存在の一義性を対立させて捉えようとする場合には，不等性の類比は面白さに欠けるが，スコトゥスの影響下にある人々が論じたように，双方を対立的に考えるべきではなかった．存在の一義性それ自体も，ガザーリー的な厳格さにおいてではなく，緩やかな一義性を考えるとすれば，一義性とアナロギアは対立させるのではなく，両者が重なる局面の内的機構をいかに捉え理解するかが問題なのである．スコトゥス派の弟子たちは「一義性」という名称にこだわり，彼らの反対派もまたこだわった．そんななかでも，一義性の意味を見抜いた人々は，名辞の問題の背後にある一義性の意味を考えていたのだ．アウレオリ，オッカムといった人々は，党派的対立に荷担するよりも，問題そのものに向かっていたと思われる．

分有(participatio)

13世紀の哲学において，「分有」という語が登場しても，必ずしもプラトンのメテクシスや，プラトン主義の影響を考えるには及ばないと思われる．きわめて一般的な用語なのである．重要になるのは，本質による善(bonitas per essentiam)と分有による善(bonitas per participationem)とが対比される場合である．本質による善は，純粋な善であるが，分有による善は，それ自体では善ではなく，他から分け与えられた善によって善であるにすぎないので，「分有された善(bonitas participata)」といわれることになる．

ペルソナ(persona)

人間に関しては「人格」と訳され，神にかかわっては「位格」と訳される．中世の三位一体論においてはアウグスティヌス『三位一体論』が第一の基本文献であるが，この問題をめぐるスコトゥスの説に関してはサン＝ヴィクトルのリカルドゥス『三位一体論』の影響が大きい．

実体の類における個体・個別者(singulare)であるばかりでなく，理性的存在者として自ら行為する自主性を有してもいる存在者は，個体であるにとどまらず，ペルソナ(人格)と呼ばれる．神においてはペルソナ(位格)と呼ばれ，父・子・聖霊がその具体的な名前となる．

本性(natura)

本質，形相，何性と同義である．近世に入ると「自然本性」と訳される場合が多いが，中世の文脈では「本性」と訳しておいて問題はない．スコトゥスにおいては，同一種に属する諸個体の共通規定を指す場合に使用されることが多く，「共通本性(natura communis)」と捉えられることが多い．共通本性は，ソクラテスやプラトンに関しては，「人間」や「動物」という共通性を表現するものと考えられがちだが，実はアヴィセンナの「馬性は馬性でしかない」という場合の「馬性」を表現するものと

して用いられていた．これは，トマス・アクィナスにおける「単独で考察された本性(natura absolute considerata)」と対応する．注意すべき点はいくつかある．まず，共通本性は「共通」なものではなく，一でも多でも，特殊でも普遍でもなく，中立的なものであるということである．第二に，共通本性は普遍論争において，事物のなかの普遍(universale in re)と捉えられ，スコトゥスを実在論者と捉える指標と見なすのに用いられたが，これは誤りだということである．第三に，共通本性という言い方は，スコトゥス自身はほとんど使わず(用いても稀であった)，弟子たちが広く使用して広まったということである．

本体述語(in quid praedicatio)

形容述語(praedicatio in quale)と対比的に用いられる．本体述語とは，たとえば「人間とは何か(Quid est homo?)」という問いに対して「人間とは動物である」「人間とは理性的動物である」というように答える場合に見出される述語である．また，形容述語とは，「人間とはいかなる動物か(Quale anima est homo?)」という問いに対して，「人間は二本足である(Homo est bipes.)」と答える際に見出される述語である．つまり，個体に対して，類と種が述語になる場合が，本体述語であり，種差が述語となる場合が，本体形容述語(praedicatio in quid quale)であり，特有性と偶有性が述語となる場合が，形容述語(praedicatio in quale)となる．本体述語はこのように本質を構成し，名詞で表現されるのに対して，種差は本質を構成するが，形容詞で表現され，特有性と偶有性は本質の外部にあるが，形容詞で表現される．ドゥンス・スコトゥスが，存在は最終種差には本体的な述語とはならないというとき，名詞や形容詞という文法的な問題ではなく，概念が本質に含まれるかどうかという形而上学的な次元で問題が考えられていたことは指摘しておく必要がある．ペトルス・アウレオリが見抜いたように，もし概念にのみ着目するのであれば，半ば文法的な考察に拘束された「一義性」という用語にこだわる必要はなかったのである．何についても，はじめてそれを宣明し，宣言する者の苦労がそこにはある．アウレオリの主張は，スコトゥス批判というよりも，スコトゥスの狙いを押し進めたものと考えられる

本質存在(esse essentiae)

〈本質存在〉とは誤解されやすい用語である．ラテン語では esse essentiae でそのまま訳すと「本質の存在」となり，またヘンリクスも「現実存在(esse existentiae)」と対比的にこれを使っているから，「である」と「がある」という理解に対比させて受け取ってしまいがちである．それで大過はないのだが，ヘンリクスが本質と〈本質存在〉をあえて区別して使っているのをみても，そこには悩ましい問題が横たわっているし，またヘンリクス自身が微妙な違いだといっているのを考慮すれば，ますます悩みは深まろう．ヘンリクスがどう説明しようと，それがアヴィセンナの「馬性」を踏まえている以上，本質や何性と峻別される次元に，ヘンリクスもまた〈本質存在〉を

置いていたことは確かである．〈本質存在〉という語をはじめて使ったのはヘンリクスではなく，1250年前後に先行用例はあるのだが，テクニカルタームとして使ったのはヘンリクスがほぼ最初である．しかもそのヘンリクスが，基本用語としてこれに重要な意義を与え，多用しているのである．にもかかからわず曖昧にしか説明していないというのには，存在論の拙さというよりも，アヴィセンナ存在論を理解することへの抵抗と惰性を表現するものとして，とても面白い現象である．なかなか理解されないことに，重要な真理が宿っているのは珍しいことではない．

〈本質存在〉とは，本質の存在ということではなく，テンタティヴに，馬性を表現したというのが穏当な理解だと思われる．res a reor, reris dicta もそうだが，13世紀は80年代になっても，基本用語のラテン語への翻訳で苦労していたということは，再確認しておいてよいことである．本質と本質存在が区別される場合，本質がとどまるものであるのに対し，存在・エッセ(esse)は現実作用(actus)はいしは発出(processio)を表す．本質から発出したあり方が，エッセであるといえる．エッセは，さまざまなものを包み込みながら流れていくものと感得しうる．スコトゥスの語る存在(ens)に，そうした発出の相は感受しにくいのだが，意志の発出と，意志が覆う対象の広がりは受け取ることができる．

本来的(primo)

primoとは，副詞だから「本来的に＝原本的に含む」，あるいは「本来的に異なる(primo diversa)」というように用いられる．「本来的に」は，アリストテレスに由来するが，スコトゥスもアリストテレスの用法を継承している．スコトゥス自身が，「本来的」という語の多義性を認めているが，いずれも重要な場面でこの語を用いている．

スコトゥスの説明によれば，「本来的」には二つの意味があり，1)全体に即して(secundum totum)，2)専一十全たる原因性(causalitas praecisa et adaequata)を指す場合があるとされる．1)の方は「ある時間に変化するものは，本来的に，いかなる時間においても変化する」というように，部分において当てはまることが全体にも当てはまるということであり，こちらは比較的理解しやすい．重要なのは，2)の方である．こちらは，述語の主語への内在の仕方に関わり，主語の内にあるものはすべて述語の原因になっており，また述語の内にあるものがすべて主語に由来すると解説される場合もある(ロバート・グロステート)．この解釈は，アリストテレス『分析論後書』の普遍(普遍論争の普遍とは異なる)の条件としてある a)すべてについて，b)自体的に(per se)，c)そのものである限りにおいて(secundum quod ipsum est)という三つの条件を満たす場合である．条件 b)に当てはまるのは「炎は本来的に熱である」という場合である．また，「四角形は四辺形である」というのも含まれるであろう．c)の「そのものである限り」は，「である限りの(inquantum, quatenus)」と同義であり，

これまた重化(reduplicatio)として分析が必要であり，循環的な説明にならざるをえない.「本来的に」ということを簡潔に考えるためには「本質的に」と同義であると考えた方がよい.

マ　行

名詞派生語(denominativus)

この概念を正確に理解するには，denominans-denominativum-denominatum という三者の関係を捉える必要がある．日本語に訳しにくいのだが，意味をとれば「名詞派生の源泉」「名詞派生語」「名詞派生の対象」となる．具体例を挙げると denominans は論理学(Logica)で抽象的なもの，denominativum は「論理学者(Logicus)」で具体的名詞である．そして，denominatum は「アリストテレス」というように論理学者と考えられる個体を指す．denominatum は作用が適用された結果だが，それ以前の姿は denominabile といわれる.「無限」などの最終種差が，存在に対して名詞派生語的に限定するといわれるのは，こういう例が背後にある．論理学(Logica)と論理学者(Logicus)の関係と，存在と無限の関係とは対応している．概念規定(quiditas)において，この両者に相違はないのだが，存在と無限との関係においては限定しているという働きをみてとる必要がある．ここには，「内在的様態」と対応するものがある.

ヤ　行

様態(passio)

passio は，中世哲学では「受動，情念，受難」など意味で用いられることが多いが，スコトゥスにおいては「存在の様態(passio entis)」というように，限定された状態を指すものとして用いられることが多い．様態という意味で passio を用いるのは，スコトゥスとスコトゥス派の特徴であり，他ではそれほど顕著ではない．特有性(proprium)もほぼ同義であって，たとえば「笑えるもの」は「人間」と外延においては同じだが，内包においては異なっている，という場合に「笑える」ことは「様態」といわれる．存在の様態となるのは超越概念であるが，ここで超越概念が特有性に近いことは大事な論点である．スコトゥスが独自の論点をそこに込めるために意図的に使用したとも考えられるが，この点は判然としない.

ラ　行

離接的様態(passio disiuncta)

本文第Ⅱ部第五章第２節参照.「無限-有限」「必然-偶然」「現実態-可能態」「独立-依存」「絶対-相対」「単純-複合」「一-多」などの排反関係にある諸様態のこと．この離接的様態に関して注目すべきことは，いかなる存在者もいずれか一方が必然的に該

当することである．存在の一義性を構成する概念は多数あるが，そのなかでも一義性の論理構造を構成するものとしては最重要の概念である．ガンのヘンリクスにおいては，離接的様態という枠組みが登場していないとしても，それに類する構造は，被造物から神へのアナロギア的な進行のなかで，欠如と否定として登場していた．スコトゥスは，ヘンリクスにある飛躍に対して，離接的様態という独自の概念装置，従来からあったとしてもそこに新たな意義が付与された概念装置を組み入れるのである．しかしこれは，超越概念の大幅な組み替え，内在的様態，論理的可能，内包的無限，形相的区別などの考案と並行して進めなければならないことであった．スコトゥス哲学におけるさまざまな改革は，存在の一義性に向かって秩序づけられている．

中世哲学・人名解説

＊ 中世哲学に登場するさまざまな人物のうち，ここでは「存在の一義性」をめぐって逸することのできない思想家に絞って記述する．拙著『普遍論争』(平凡社ライブラリー，2008)版に収録した項目に加筆した．なお，本文でもこの小辞典解説でも，個々の思想家の全体像について十分に展開できているとはいえないが，どのような論点で本文の記述と関わってくるのかに重点を置き，その概略を示すこととする．

ア 行

アヴィセンナ → イブン・シーナー

アヴェロエス → イブン・ルシュド

アレクサンダー(ヘールズの) Alexander of Hales(1170 以前-1245)

ラテン名アレクサンデル・ハレシウス Alexander Halesius．不可抗博士(Doctor irrefragabilis)と呼ばれる．フランシスコ学派の哲学および神学の祖であるばかりでなく，スコラ哲学の祖ともいうべき神学者，哲学者．イングランドのグロスターシャーのヘールズに 1170 年以前に生まれる．1210 年には，パリ大学学芸学部で正教授(Magister Regens)であったという．1220 年，神学部で講じるようになり，まもなくパリ大学全体のなかでも最も有名な教授の一人となった．その死まで，同学部で教えている．公認されたばかりのフランシスコ会に好意を持ち，1236 年にフランシスコ会に入会した．当時，最も学識ある者との評判が高かったアレクサンダーの入会によって，フランシスコ会にパリ大学神学教授のポストが付与されることとなり，修道会にとって大きな力となった．教え子には，ボナヴェントゥラやルペラのヨハネスがいる．アレクサンダーは 1241 年，神学教授職をルペラのヨハネスに譲っている．神学講義の教科書として，聖書の代わりにペトルス・ロンバルドゥスの『命題集』を初めて用い，その注解を著した．1245 年，パリで死去．

また，『神学大全(*Summa Theologiae*)』を著したとされるが，1231 年に着手され，未完のままに終わった．残されたものは，死後弟子たちの手で編集されたものである．アリストテレスばかりでなく，アウグスティヌスをも典拠とし，両者を結びつけた点にアレクサンダーの名声の一因があるとされる．著作としては，『命題集注解』『討論問題集』『任意討論集』『神学大全』などがある．『神学大全』の一部が邦訳されている(中世思想原典集成第 12 巻，『フランシスコ会学派』平凡社，2001)．

超越概念について基本的枠組みを呈示した最初の人であり，ロンバルドゥス『命題集』注解を研究の基本に据え，神学の研究スタイルを確立した点でも重要な存在である．

アレクサンドロス(アフロディシアスの)　Alexander of Aphrodisias(2, 3世紀頃活躍)

2, 3世紀に活躍したペリパトス学派の哲学者.「注釈者」といえばアヴェロエスとなるが, アヴェロエス以前に「注釈者」と称されていたのがアレクサンドロスである. アレクサンドロスの注釈は, プロティノスが援用したこともあって, 後にネオプラトニズムにおけるアリストテレス注解の基礎となった. 注釈者としての活躍が目立つが, 彼独自の思想においても影響力を持っていた. アレクサンドロスの思想の中でも, 最も影響力があり論争を巻き起こしたのは, アリストテレスの霊魂論と知性論の解釈をめぐるものである. アレクサンドロスは, アリストテレスの「能動知性」を, 個々人における不死不滅の側面としてではなく, 人間知性によって把握される神, 不動の動者として理解した.

また, 1990年代以降, 注目を浴びているのが, その普遍論である. アレクサンドロスによれば, 普遍は偶有性である. つまり, 普遍とは, 実在世界における個物に内在している形相の偶有性であり, この形相は精神によって抽象されるものであり, 多くの個物の内にあるものとして捉えられれば個別的であり, またその形相が, その個物の属する種・類を構成する複数の個物の全体に該当するものとして捉えられる場合には, 共通なものになると解された. 普遍論争は, その発端においてポルピュリオスとボエティウスが注目されがちであるが, ポルピュリオスに先立つアレクサンドロスの重要性が近年ようやく認識されるようになってきた.

アレクサンドロスの普遍＝偶有性説は, アヴィセンナ(980–1037)に継承される. そして, この系譜に属するのがドゥンス・スコトゥスだったのである. アレクサンドロスの普遍論は,『アリストテレス形而上学注解』(英訳 Alexander of Aphrodisias, *On Aristotle's Metaphysics*, 1, 2 & 3, 4, 5, tr. by W. E. Dooley et al., Ithaca: Cornell UP., 1989–)にも一部見られるが, 圧倒的に重要なのは『問題集』(英訳 Alexander of Aphrodisias, *Quaestiones*, 2 vols., tr. by R. W. Sharples, Ithaca: Cornell UP., 1992 & 1994)である. これらの著作は, 普遍の実在性, 存在の偶有性の結びつきを知る上で重要である. その意味でアレクサンドロスは, 偶有性概念のどんでん返しを準備した思想家とも考えられる.

アントニウス・アンドレアス　Antonius Andreas(c. 1280–1333)

スペインのフランシスコ会士, 哲学者, 神学者. 1280年頃, アラゴンに生まれる. 1304/07年, パリにおいてドゥンス・スコトゥスの下で学び, スコトゥスの主張を精力的に擁護した. アントニウスは, スコトゥスの存在一義性を弁護するために一義性を三種類に分けている. 自然的一義性, 論理的一義性, 形而上学的一義性というように. このうち, 自然的一義性は, 自然種(natural kind)に見られる. たとえば, ソメイヨシノとかチョウセンルリシジミといった場合のように, 人間知性の働きとは独立に存在している性質に見出されるものである. 論理的一義性は, 第二志向の下で捉え

られた第一志向に特有な統一である．たとえば，「翼を持つもの」という類によって捉えられた集合に見られる統一である．形而上学的一義性は，実在的に異なる複数の事物から知性によって抽象されることで得られる第一志向の統一性である．論理的一義性は，概念の概念の統一だが，形而上学的概念は，事物の概念の統一であるということになる．

イブン・シーナー　Ibn Sīnā, Abū ’Alī al-Husayn(980–1037)

ラテン語世界では，アヴィセンナ Avicenna として知られる．アヴェロエスとともに最も重要なアラビアの哲学者，医学者．博物学，自然学，化学，天文学，数学，音楽，政治学，経済学，倫理学，クルアーン注釈など，当時のほとんどすべての学問において，業績を残した．多くの著作を著し，講義や医療実践にいそしむ一方，宮廷の宰相としても活躍した．980 年，ウズベキスタンのブハーラー近くのアフシャナで生まれ，ブハーラーで教育を受ける．子供の頃から驚異的な記憶力と理解力を示し，論理学の師であったナーティリーに，逆に論理学を教えることもあったという．自然科学と医学においては，特に師を持たず，むしろ 16 歳の時には，著名な医師がシーナーのもとで働いていたとされる．18 歳で，アリストテレスの『形而上学』にとりかかったが，40 回も読み直し，暗記してしまうほどだったのに，まったく理解できなかったという．ホラーサーンのアミール(徴税官・行政官，実際には国王)の重病を治し，サーマーン朝の図書館の利用を許されるようになった．その結果，18 歳までにコーラン，初等数学，幾何学，論理学，医学を究めたといわれている．21 歳で，最初の哲学論文を著す(『霊魂論綱要』)．翌年，父の死去によって，行政職に就く．何度か大臣となったが，政敵も多く，しばしば迫害を受け，身を隠さねばならぬこともあった．投獄されるも，後に脱獄し，イスファハーンの宮廷で，14 年間ほど，比較的落ち着いた生活を送る．1037 年，ハマダーンで死去．墓地もハマダーンにある．

イブン・シーナーは膨大な著作を残した．242(一説では 276)の著作があるとされており，現在まで多くの著作が伝えられているが，残念ながらそのすべてではない．主要著作とされるのは『医学典範』と『治癒の書』．前者については邦訳(部分訳)がある．後者の『治癒の書』は，論理学，自然学，心理学，数学，形而上学を包括する著作で，ラテン語訳された．なかでも，中世ヨーロッパにおいて広く読まれたのは，心理学と形而上学に関する部分であり，それぞれ『デ・アニマ(*De Anima*)』と『形而上学(*Metaphysica* または *Liber de Philosophia Prima sive Scientia Divina*)』と呼ばれている．哲学上の著作としては，『救済の書』『指示と勧告の書』(この二つはアラビア語)，『知識の書』(ペルシア語)がある．邦訳としては，他にイブン・シーナー『救済の書』(霊魂論の箇所の部分訳，小林春夫訳，中世思想原典集成第 11 巻所収)がある．

イブン・シーナーは，存在の一義性の思想的源泉であり，重要な思想家である．

イブン・ルシュド　Ibn Rushd, Abu'l Walīd Muhammad (1126-1198)

ラテン名はアヴェロエス Averroes. スペインのコルドバで生まれ，同地で法律，医学，天文学，神学，哲学など百科全書的な研究をした．ついで裁判官となったが，まもなくカリフ(アブー・ヤアクーブ)の侍医に推され，その後，アリストテレス研究に専心した．次代のカリフ(アル＝マンスール)治下の晩年は不遇であり，監禁状態のまま没した．最大のイスラーム哲学者であり，その影響力はイスラーム世界よりも，むしろ中世ヨーロッパにおいて大であり，その著作はヘブライ語，ラテン語に訳された．西欧では13世紀から近世初頭に至るまで広範な影響を与え，いわゆるラテン・アヴェロエス派が形成された．

アヴェロエスの著作には，各種のアリストテレス注解のほか，ガザーリーによる哲学批判に対してアリストテレス哲学を擁護した『自己矛盾の自己矛盾』，イスラームの教義と哲学の調和を論じた『宗教と哲学の調和のための決定の書』などがある．ただし，原著で残るものは一部であり，ほとんどはヘブライ語訳かラテン語訳で残っているにすぎない．

西欧中世においては，もっぱらアリストテレスの注釈家として知られ，「哲学者」といえばアリストテレスを指し，「注釈者(Commentator)」といえば，アヴェロエスを指すほどであった．彼のアリストテレス注解は三種類存在する．それらは，原典の要約である小注解，原典の言い換えや説明である中注解，そしてアリストテレスのテキストを逐語的に分析した大注解である．その際，アリストテレスのテキストが複雑にして難解であるため，この注解はけっして機械的な作業ではなかったこと，これは念頭におかれるべきことである．

日本でのアヴェロエス研究は，あまり進んでいるとはいえない．翻訳としては，イブン・ルシュド『矛盾の矛盾』(竹下政孝訳)，『霊魂論註解』(花井＋中澤訳)が中世思想原典集成第11巻(平凡社，2000)に収められている．

ウィリアム(アニックの)　William of Alnwick (c. 1275-1333)

イギリスのフランシスコ会神学者，哲学者．ノーサンブリアのアニックに生まれ，パリ大学，オックスフォード大学でドゥンス・スコトゥスに師事．モンペリエ，ボローニャ，ナポリで教える．1316年頃，オックスフォードのフランシスコ会カレッジ学長．1322年，ペルージャの総会で，教皇に反対する清貧宣言に署名．翌年罰せられ，ボローニャを去る．1333年，アヴィニョンにて死去．

スコトゥスの『命題集注解』の一部を編集．スコトゥスの死後「大増補(Additiones magnae)」を書き加えるなど，加筆を行うほか，スコトゥス解釈にとって重要な『可知的存在に関する討論集(*Quaestiones disputatae de esse intelligibili*)』『任意討論集(*Quodlibet*)』を残す．存在の一義性やこのもの性には異を唱えた．『命題集注解』のうち，一義性に関する部分は刊行されている．また，アニックのウィリアムによる

一義性理解については，本書第Ⅱ部第五章第3節を参照されたい．

アヴィセンナの馬性の格率について綿密な検討を加えており，アヴィセンナのスコトゥス派における高い位置づけを知る上でも重要．

ウィリアム・オッカム　William of Ockham（c. 1285–1347）

ラテン名 Guillelmus de Ockham．尊敬すべき準教師（Venerabilis inceptor）または常勝博士（Doctor invincibilis）と呼ばれる．ロンドン近郊サリーのオッカムに生まれたと推定される．若くしてフランシスコ会に入り（1300頃），やがてオックスフォードに学び，そこで教えた．1317–19年には，『命題集』の講義をその地で行っている．但し，正教授（Magister）になったことはなく，準教師（Inceptor）のままであった．なお，Inceptorには「創始者」の意味があるため，Venerabilis Inceptorの呼称は，「尊敬すべき，唯名論の創始者」の意味で解されることもあるが，それは誤解である．

オッカムの生涯は波乱に富んでいた．1323年には，オックスフォード大学の前大学総長ジョン・ルッテレル（John Lutterell）によって告訴される．ルッテレルはこの年，アヴィニョンに赴き，オッカムが異端説を主張しているとして，教皇庁に告訴した．1324年，オッカムはアヴィニョンの教皇庁の査問を受けるために召喚される．51の命題が調べられたが，有罪判決はくだされなかった．オッカムはその後もアヴィニョンに留まり，そこでまたしても事件に巻き込まれる．1327年，フランシスコ会総長のチェゼーナのミカエルは，フランシスコ会のモットーであった使徒的清貧をめぐって，アヴィニョンに召喚された．そのときミカエルは，「スピリトゥアル（Spirituales）」（厳格主義，厳しく清貧を守り，財産の所有を認めない立場）に立っていたオッカムに，教皇庁が使徒的清貧と合致しているか否かを吟味させたのである．オッカムは，教皇ヨハネス22世の方が異端的立場に立っているとして批判する．教皇とバイエルンのルートヴィッヒ4世は当時，教皇権の継承をめぐって対立していたが，オッカムとミカエルはルートヴィッヒ4世と連携したため，オッカム，ミカエル，ルートヴィッヒ4世は教皇から破門されることとなった．オッカムとルートヴィッヒ4世は，財産所有に関して教皇に反対したのみならず，教会と世俗権力の分離を主張した．オッカムは，1328年にアヴィニョンを逃れ，イタリアに赴き，その後バイエルンのミュンヘンに逃亡し，ルートヴィッヒ4世の庇護のもとで教皇批判を続けたが，1328年にはフランシスコ会からも破門される．1347年，ミュンヘンで死去．

思想的には，真に実在するものは個物であり，普遍は概念でしかないとする唯名論の立場を展開したほか，神の存在や属性は，論証によってではなく，信仰によって知られるとした．このような信仰と理性，神学と哲学の分離は，一方ではガブリエル・ビールを介して宗教改革者ルターに，他方では近世の哲学者に大きな影響を与えた．また，教皇の世俗的権威の剝奪を意図した政治的見解は，パリ大学のアイィーのペトルスやジャン・ジェルソンに受け継がれ，教会再統一を目的とした15世紀の公会議

運動の指導理念となった．神学と哲学の分離は，「新しい道，近代的方法(via moderna)」と呼ばれ，トマス主義やスコトゥス主義の「古い道(via antiqua)」と対立するものとされた．

その論理学的・神学的著作は，ほとんどがオックスフォードとアヴィニョン時代に書かれた．『論理学大全(*Summa logicae*)』『命題集注解』が主著．バイエルンでは，『ヨハネス22世の教義について(*De dogmatibus papae Johannis XXII*)』など教皇批判文書を次々と発表した．

日本語で読める翻訳と研究書には，稲垣良典『抽象と直観』(創文社，1990)，清水哲郎『オッカムの言語哲学』(勁草書房，1990)の他，渋谷克美さんの一連の刊行物がある．『オッカム「大論理学」の研究』(創文社，1997)，『オッカム哲学の基底』(知泉書館，2006年)，『オッカム『大論理学』注解』(全5冊，創文社，1999-2005)，オッカム『7巻本自由討論集』(渋谷克美他訳，知泉書館，全7巻の予定，2007-，未完結)．

なお，オッカムの剃刀は，唯名論の名刀として，不必要な存在者を容赦なくそり落とすといわれているが，その切れ味はかなり悪いと思われる．オッカムは，意図して切れ味を悪くしたのである．唯名論が，不必要な存在者の削減を意味するのだとしたら，それはとてもつまらない理論というしかない．オッカムは，スコトゥスの革命をさらに推し進めたのであって，それを切り捨てようとしたのではなく，新しい次元を拓いたのだと考えるべきであろう．

エギディウス・ロマヌス　Aegidius Romanus(c. 1243/7-1316)

エジディウス・コロンナ Egidius Colonna(伊)，ローマのジャイルズ Giles of Rome(英)とも称される．イタリアのアウグスティヌス会士，スコラ哲学者，神学者．堅牢博士(Doctor fundatissimus)と呼ばれる．1243/7年頃，ローマに生まれる．14歳でアウグスティヌス修道会に入り，1260年よりパリ大学に留学．1266年，自由学芸を修了し，1269-72年にはトマス・アクィナスの講義を聴講したといわれる．1276年，『命題集注解』を著す．1277年にはタンピエによる弾圧があったが，その翌年，形相多数説に反対して，パリ大学を追放される．85年，教皇のとりなしでパリ大学に復帰．91年まで，神学を教えて一派を形成する．92年，アウグスティヌス会の総長，95年にはブルージュの大司教に任命され，1316年にアヴィニョンで没した．

かつてトマス主義者とされたこともあったが，トマスの講義に参加した可能性があるといった程度で，トマス主義者ではなく，アウグスティヌスの影響も強く，独自の思想家である．情念論においては，トマス・アクィナスと明確に異なる枠組みを提示しており，トマスへの強い対抗意識がうかがえる．13世紀後半の思想状況を知る上では重要な思想家であるが，その研究はそれほど蓄積があるわけではない．

1285年頃，フランス王フィリップ4世のために著した『君主論(*De Regimine Principum*)』が有名であるが，他方では1301年に著した『教会の権能について(*De*

ecclesiastica potestate)』も重要である．当時，ボニファティウス8世とフィリップ4世は支配権をめぐって対立していたのだが，エギディウスの著作のうちでも『教会の権能について』は教皇権の至上性を述べたものであり，1302年の教皇回勅『ウナム・サンクタム(一にして聖なる教会)(*Unam Sanctam*)』の基礎となった．

他の著作としては，『哲学者たちの誤謬(*Errores philosophorum*)』があり，その中では，アリストテレス，アヴェロエス，アヴィセンナ，ガザーリー，アルキンディ，マイモニデスの誤謬が列挙されている．また，この他にも『存在と本質について(*Theoremata de esse et essentia*)』など多数の著作を残している．この書では，存在と本質の実在的区別の説明が展開されているが，それは問題を解明するというより，むしろ問題を引き起こすものであった．13世紀後半の存在論の展開を知る上では，きわめて重要な著作である．

邦訳には，『哲学者たちの誤謬』(箕輪秀二訳，中世思想原典集成第13巻『盛期スコラ学』平凡社，1993)，『エッセと本質に関する諸定理』(箕輪秀二・八木雄二・大野晃徳・松山英麿訳，中央学院大学社会科学研究所，1997)がある．

存在と本質の実在的区別を考える上で，中心となる哲学者．

オッカム → ウィリアム・オッカム

オリヴィ，ペトルス・ヨハネス Petrus Johannes Olivi(1247/8-1298)

フランスのフランシスコ会士，神学者．1247/8年，南フランスのベジエ近くのセリニャンに生まれる．12歳の頃，フランシスコ会に入り，その後パリ大学で学び，ボナヴェントゥラの講義を聴く．1270年代後半，ナルボンヌとモンペリエにおいて教育と司牧活動を始めた．

オリヴィは，フランシスコの清貧の教えを厳格に解し，そのためにスピリトゥアル派(厳格主義)の熱狂的支持を受けるとともに，他からは強い批判を浴びた．1282年，ストラスブール教会会議で異端として告発され，その批判に対して弁明書を著す．87年のモンペリエの教会会議では正統性を確立し，92年にはパリにおいて正統性が確認された．オリヴィの清貧に対する考えは，ヨアキム主義的な傾向を持ち，フランシスコ会厳格派に大きな影響を与えたばかりでない．とりわけ，その出身地が南フランスであったということもあり，南フランスの聖霊派(スピリトゥアル派)の思想的基盤ともなった．この精霊派は福音的清貧を理想主義的に貫こうとする少数派で，フランシスコ会内部にあって多数派の「修院派」と対立するようになった．オリヴィは，「この世に50年，宗教のうちに38年(50 annis in mundo, in religione 38)」生き，1298年に死去．

本書第I部第一章第2節で触れたが，中世的抑制をはみ出す激しい文体，アリストテレスへの敵対，都会の浮薄な風潮への軽蔑など，近代を先駆ける激しい人物であった．オリヴィの思想にあってよく知られているのは，「知性的・理性的魂は，それ自

体で，本質的に肉体の形相ではない」というものである．しかし，1311年のウィーン公会議では，この命題は非難された．利子の徴収を認め，商業活動を是認することによって，後の経済学を基礎づけた先駆者としても有名である．また1326年，ヨハネス22世によって，『黙示録説教集(*Postilla super Apocalypsim*)』がヨアキム主義的であったために批判された．なお，オッカムがアヴィニョンに召喚されたのは1323年，フランシスコ会厳格主義者，チェゼーナのミカエル(ミケーレ・ダ・チェゼーナ)がアヴィニョンに召喚されたのが1327年，両者がともに破門されたのが1328年，これらを考え合わせると時代の状況が浮かび上がってくるであろう．

著作の校訂と発刊は遅れており，数多く未完のまま残されている．著書としては，『命題集注解』『命題集大全』『ディオニュシウス天上位階論注解』などがあり，そのうちの『命題集注解』の一部が残存しており，『命題集第2巻問題集(*Quaestiones in secundum librum Sententiarum*)』として刊行されている．邦訳は，『命題集大全』の一部にあたる，「受肉と贖罪についての問題集」(神崎忠明訳，中世思想原典集成第12巻『フランシスコ会学派』平凡社，2001)がある．

オリヴィの個体の直観的認識，主意主義，可知的形象の否定など，スコトゥスの哲学に直結する論点を数多く含んでいるが，スコトゥスへの影響についてはあまり解明されていない．

カ　行

カウトン，ロバート　Robert Cowton(1300-15盛期)

ヨークシャーのカウトンに生まれる．現存するテキストは，1309-11年頃に行われた『命題集注解』のみである．スコトゥスの同時代人であり，スコトゥスとともに批判の俎上に上せられることも多いが，思想的にはヘンリクスに負うところの方が大きい．カウトンは，スコトゥスの講義に参加し，スコトゥスの講義をその注解のテキストに反映したと考えられている．カウトンはスコトゥスを批判し，存在はアナロギア的でも一義的でもなく，多義的なものであるとした．アヴィセンナとスコトゥスとをともに一義性の立場と整理しており，その諸説は一義性についての当初の理解のあり方について重要な知見を与えてくれる

ゲラルドゥス(ボローニャの)　Gerard of Bologna(1240年代-1317)

カルメル会の神学者．1240年代，ボローニャに生まれる．1295年頃，パリ大学でカルメル会の最初の神学教授となる．1297年にカルメル会の修道会長となり，以後修道会の運営に忙殺される．1305-11年に『任意討論問題集』，1313-17年に『神学大全』を著す．『神学大全』はほんの一部の校訂版が出されているにとどまる．アウレオリにおいて，ヘルウェウスとともに，当時の一般的見解を代表する人物として挙げられている．存在の概念は，現実的には複数の概念規定(rationes plures)を表し，実

体の規定とそれに帰属する規定においては異なるというように整理されている．簡単に記号化すれば，F(a)とR(a, b)において，前者と後者の存在様式は異なると考えられるが，その研究はほとんど進んでいないのが実情である．

ゲラルドゥス・オドン　Gearaldus Odonis(c. 1285-1349)

Gerardus Odonisとも綴られる．フランシスコ会の神学者で，アリストテレス『ニコマコス倫理学』の注解で有名．1316年，トゥルーズで神学の学位をとり，命題集を講義した．1327-28年，ついでパリにおいて再び命題集を講義した．1329年，パリで神学の正教授となった．1342年にはフランシスコ会の総長となり，1342年にはアンティオキアの総大司教となった．

著作は，デ・レイクによって，ようやく最近刊行されるようになった『哲学著作集(*Opera Philosophica*)』がある．それ以外にも，『命題集注解』があるが未刊行．他にも著名な『ニコマコス倫理学論集』があり，これは二度初期刊行本で刊行された(Brescia, 1482; Venice, 1500)．この書では，人間の自由と意志の役割が強調されている．

ゴドフレイ(フォンテーヌの)　Godfrey of Fontaines(1250？-1306/09)

フランス名ではフォンテーヌのゴドフロワ，ラテン名ではゴデフレドゥス・デ・フォンタニス(Godefredus de Fontanis)．ベルギーのスコラ学者．ベルギーのリエージュに生まれる．1270年代の初めに，パリ大学で自由七学科を学び，そこでブラバンのシゲルスに師事し，ソルボンヌではガンのヘンリクスの教えを受けた．1285-1304年，パリ大学神学部で在俗教師を務める．この後，1287-95年にはリエージュやトゥルネーで聖堂参事会員，1300年にはトゥルネーの司教に選ばれるが，辞退している．1306年か09年に死去．

ガンのヘンリクスとともに，パリ大学における托鉢修道会(ドミニコ会とフランシスコ会)の活動に反対する．主著は『任意問題集(*Quodlibeta*)』15巻である．従来のアウグスティヌス主義には批判的であり，概してトマス説に好意的であるが，しばしばトマス以上にアリストテレス的である．

20世紀の前半に『任意問題集』の批判校訂版が出され，研究の条件は整っているが，日本での研究はまだ進んでいない．スコラ哲学盛期の思想的構図を探る上では，重要な位置を占めると思われる．パリ大学における学芸学部と神学部との思想的対立，学問的方法の相違などが明確にされ，その上で13世紀後半以降の思想の系譜が理解されるのは，今後の研究に俟たれるところ大である．

研究書としては，J. F. Wippel, *The Metaphysical Thought of Godfrey of Fontaines*, Washington, D. C., 1981がある．邦訳には，『任意討論集』(部分訳，加藤雅人訳，中世思想原典集成第13巻『後期スコラ学』平凡社，1998)がある．

スコトゥスは，ゴドフレイにしばしば言及し，その立場を主知主義の典型としてし

きりに批判している.

ゴンサルヴス・ヒスパヌス　Gonsalvus Hispanus(c. 1255-1313)

ドゥンス・スコトゥスの師. 1303年, 教皇ボニファティウス8世と対立していたフランス国王フィリップ4世の擁護を拒絶し, スコトゥスとともにパリを追放される. 1303年にはスペインに戻り, フランシスコ会総長に選ばれ, その死までその地位を務めた. スコトゥスをケルンに派遣し, スコトゥスの早すぎる死を準備した人物. 本書第I部第一章第1節参照.

タ　行

チャットン, ウォルター　Walter Chatton(1285/90-1343/4)

イングランドのダーラム近郊のチャットンに生まれたフランシスコ会士, 神学者. 少年のときにフランシスコ会に入会. 1317-19年頃, オックスフォードでオッカムの講義を聴き, それ以降, オッカムに対する綿密な批判を行った. 生涯については不明な点が多い. 但し, 両者ともフランシスコ会士であった. チャットンは1321-24年に『命題集』を講義し, オッカムとさまざまな論点で争った. チャットンの批判を, さほど時期を移さないうちにオッカムが取り入れていることなどから推察されるように, 両者はある程度の友好関係にあったと考えられる. 1329-30年には神学の正教授を務める.

チャットンの立場は実在論であり, 14世紀初頭のイングランドにおける唯名論的傾向と, オッカムとに対して精力的な批判を加えた. その論は, 普遍論争, 存在の一義性, 抽象認識と直観の認識の論点などで, ドゥンス・スコトゥスの見解を基本的に擁護するものであり, スコトゥスに対する批判者としてのペトルス・アウレオリとオッカムの立場を攻撃した.

スコトゥスの『形而上学問題集』第4巻の議論を踏まえ, 一義性と多義性の間に論理学者においては中間はないが, 形而上学者にとってはそれとは異なるという議論を援用し, また存在は最終種差においては本体述語とはならないなど, スコトゥスの立場を忠実に擁護している. かなり保守的な反論の型といえよう.

14世紀におけるスコトゥス主義者の一人として重要であるばかりでなく, オッカムが普遍の問題に関して, いわゆるfictum理論からintellectio理論に転換した際のintellectio理論とは, チャットンに由来するものに他ならなかったことを見ても, 重要な人物であった. スコトゥスの議論の内部にあっては, 必ずしもその意図がつかめない存在の一義性についても, きわめて明解な解釈を提示している.

ドゥンス・スコトゥス　→　ヨハネス(ドゥンス・スコトゥス)

トマス・アクィナス　Thomas Aquinas(1225?-1274)

イタリアの生まれのスコラ哲学者. 盛期スコラ哲学における最大の神学者, 哲学者.

イタリア名 Thomas d'Aquino. 天使博士(Doctor Angelicus)と呼ばれる. 著書には,『神学大全(*Summa Theologiae*)』『異教徒大全(*Summa contra Gentiles*)』『命題集注解(*Scriptum super libros Sententiarum*)』『存在と本質について(*De ente et essentia*)』『真理論(*De veritate*)』『能力論(*Quaestiones disputatae de potentia*)』など多数ある.

1225年頃, ローマとナポリの間のアクィーノ近郊ロッカセッカ城主の子として生まれる. 1231年から, モンテ・カシーノのベネディクト修道院で初等教育を学び, 1239-44年, ナポリ大学でアリストテレス哲学に触れる. 1244年, ドミニコ会に入り, 1245-48年, パリに学ぶ. 1248-52年, ケルンでアルベルトゥス・マグヌスに師事. 1256年, パリ大学神学のマギステルを取得し, 教授に就任. 新しい大胆な問題提起や方法で学生を魅了したが, 保守的な神学者からは〈革新者〉として危険視された. 1259年まで, パリで教えた後, イタリアで10年を過ごし, そこで『神学大全』の第1部を完成する. 1269年, 命じられてパリに戻り, そこで『神学大全』の第2部およびアリストテレス注釈の多くを著した.

1273年12月6日, ミサを捧げているとき, 突然心境の大変化が起こり, その後いっさい筆をとらなくなった. 友人が彼に著述を勧めると「私はもうできない」と繰り返すばかりであった. さらに勧めると,「兄弟よ, 私はもうできない. 大変なものを見てしまった. それに較べると, これまでやってきた仕事は藁屑のように思われる. 私は自分の仕事を終えて, ただ終わりの日を待つばかりだ」と答えたという. 1274年の初頭, リヨン公会議へ向かう途上, 故郷に近いフォッサノーヴァの修道院で「私はあなたを受け奉ります. 私は夜を徹して学び, 労し, 説き, 教えました. それはすべて, あなたへの愛のためでした」という言葉を残した後,『神学大全』の第3部を未完成のままに残し, 3日後の3月7日に病没.

トマスとスコトゥスはライバルであるかのように対比して語られるが, 時代も問題意識も神学の発展段階も異なり, 特に2世代も異なっていることは十分に考慮されてよい.

トマス(サットンの)　Thomas of Sutton (c. 1250-after 1315)

イングランドのドミニコ会神学者. 1250年頃, ヨークシャーに生まれる. 最も初期のトミストと考えられる. 1274年に助祭となり, その後, ドミニコ会に入り, 1282年頃, 修道士となる. スコトゥスの存在の一義性に対して, 正面から批判を加えた. またロバート・カウトンへの批判も行った. しかしこの批判が, 内在的な批判であったか否かは慎重に検討する必要がある.「スコトゥスは存在が一義的であると述べたが, これは他の人がアナロギアと呼ぶものを一義的と呼んでいるにすぎない」と述べている. 著作としては,『任意問題集(*Quodlibeta*)』などがある. 名前がトマスであり, トミストでもあるので, トマス・アクィナスの著作とされるものに紛れ込

んでいる断片が少なくない.

スコトゥスの存在の一義性が，必ずしもアナロギアと対立するものではなく，アナロギアの内の「不等性の類比」に含まれるというのが，後の哲学史上の理解であった.近世初頭における哲学辞典や教科書によれば，かなりのものがそのような整理を行っている．存在の一義性の独自性を主張するのは，スコトゥス派に限られるといった状況である．しかしこれは，スコトゥスが「一義性」の意味を改編しながらもそれにとどまらず，同時に存在論の体系の大規模な改革を行ったことを評価しないために生じた誤解である，と筆者は判断する．ともかく，サットンのトマスによる一義性批判は，一義性受容史の中で極めて重要である.

ハ　行

ハークレイ　→　ヘンリクス(ハークレイの)

フランシスクス(メロンヌの)　Franciscus Mayronis(c. 1288-c. 1328)

フランスのフランシスコ会神学者．プロヴァンス地方のメロンヌに生まれ，パリに学び，1304-07年の間にドゥンス・スコトゥスを聴講して．その影響を受けている．23年，神学教師となり，24年にはプロヴァンスの管区長となる．その哲学的思想は，ドゥンス・スコトゥスの思想を発展させたものといわれている．トリエント公会議以前における，偉大なマリア論者の一人.

中世の3大学者として，トマス・アクィナス，ボナヴェントゥラ，ドゥンス・スコトゥスが挙げられるが，これに継ぐ2番目の3人組の一人に挙げられる存在である．すなわち，メロンヌのフランシスクス，ガンのヘンリクス，エギディウス・ロマヌス.

著書には，『命題集注解』『形相性に関する論考(*Tractatus formalitatum*)』『存在の一義性について(*De univocatione entis*)』などがある.

フランシスクスにおける一義性の擁護が，その後の一義性批判の進展に対して，同時代的に対応しているものであるのか否かは不明な点が多い．ハークレイのヘンリクスやペトルス・アウレオリは時代の変化に対応しているといえるが，フランシスクスについてはこの点が微妙である．その議論は保守的に見えるが，今後の詳しい検討が必要であろう.

ペトルス・アウレオリ　Petrus Aureoli(c. 1280-1322)

ペトルス・アウレオルス(Petrus Aureolus)とも称される．雄弁博士(Doctor facundus)と呼ばれる，フランスのフランシスコ会神学者，哲学者．1280年頃，アキテーヌに生まれたと推測されている．1300年までトゥルーズ大学に学んだ．1304年頃にはパリで学んでいたことが知られている．そのとき，ドゥンス・スコトゥスがパリ大学で講義し，アウレオリはスコトゥスの弟子であったと推察されもするが，疑問視されている．1312年，ボローニャのフランシスコ会神学校で講師を務め，1314-16年に

はトゥルーズで講師を務めていた．16年にパリに戻り，18-20年はパリ大学で神学部の正教授であった．1320年，アキテーヌ管区長となり，1321年にはエクス(Aix)の大司教に叙任される．聖母マリアの無原罪説に関する教義を擁護して，有名になる(*Tractatus de conceptione Beatae Mariae Virginis*)．1322年に没．

主著としては，『命題集注解(*Scriptum super primum Sententiarum*)』があり，フランシスコ会協会(The Franciscan Institute)から校訂版が出されている(1956)．まだ途中までしか刊行されていないが，完結すればこの書には13世紀スコラ学者の諸見解が網羅的に紹介されているため，かなり諸説とその相互の関係についての見通しがよくなるはずである．学説史的な記述を行った思想家としては，最初期に属すると思われる．そしてこれ以降，学説史的な命題集注解が多くなっていく．現在，認識論を中心に研究が進められているが，存在論の面においても重要な存在である．研究の進展が極めて強く俟たれる．独自な枠組みを有する俊才であり，若くして没したことが惜しまれる．

邦訳には，『命題集注解第1巻』(部分訳，川添信介訳，中世思想原典集成第13巻『後期スコラ学』平凡社，1998)がある．

ペトルス・トマエ　Petrus Thomae(1280-1350)

スペイン出身のフランシスコ会神学者，哲学者．ペトルス・トマス(Petrus Thomas)と記される場合もある．生没年を含めて，生涯については未詳の点がきわめて多い．カタロニアに生まれ，1300年頃，フランシスコ会に入り，1316-32年頃，バルセロナのフランシスコ会神学校で教える．後に魔術の嫌疑で審問を受け，1340年に投獄される．その後，死去した．「偉大なるスコトゥス主義者(Magnus Scotista)」「卓抜博士(Eximius Doctor)」「不屈，不敗，練達，明澄博士(Doctor strenuus, invincibilis, proficuus, serenus)」などとも呼ばれたが，いずれも定着していない．スコトゥスの忠実な弟子であって，アリストテレスを哲学者(Philosophus)，アヴェロエスを注釈者(Commentator)と呼ぶ点では伝統を継承しているが，スコトゥスに対しては博士(Doctor)と呼び，崇敬の念を捧げている．

著書には，『命題集第1巻注解』などがあるが，現在手にはいる刊本としては，『任意問題集(*Quodlibet*)』があるくらいである．

スコトゥスとの関係では，存在はいかなるものにも本体述語とはならないと主張した．これもスコトゥス批判というよりは，スコトゥス批判に答えるために，スコトゥスの理論を修正したものと考えた方がよいであろう．

ヘルウェウス・ナタリス　Hervaeus Natalis(1250/60-1323)

フランスのドミニコ会神学者．Harvey of Nedellecとも記される．トマス・アクィナスの擁護者．1276年，ドミニコ会に入り，1302-03年にパリ大学で命題集講師，1307-09年と1316-18年に神学の正教授を務める．1309年，フランス管区長，1318

年にはドミニコ会総会長となる．総会長としてトマス・アクィナス列聖に努力して成功を収め(1323)，同年死去．ガンのヘンリクス，メッツのヤコブス，ドゥンス・スコトゥス，ドゥランドゥス，ペトルス・アウレオリなどの説に反対して，トマス説を擁護したといわれる．

著書には，『命題集註解』『任意問題集(*Quaestiones Quodlibetales*)』などがあるが，その研究は進捗してはいない．

アウレオリは，存在の一義性を論じる際に，ヘルウェウスの立場をアナロギア説として批判している．アウレオリにおいて，当時の一般的見解を代表する人物として挙げられている．存在の概念は，現実的には複数の概念規定(rationes plures)を表し，実体の規定(absolutum)とそれに帰属する規定(relativum)において異なるというように整理されている．簡単に記号化すれば，F(a)とR(a, b)において，前者と後者の存在様式は異なると整理できる．

ヘンリクス(ガンの)　Henry of Ghent(c. 1217-1293)

ラテン名ヘンリクス・デ・ガンダウォ Henricus de Gandavo，またはヘンリクス・ガンダウェンシス Henricus Gandavensis．ドイツ名ではガンのハインリヒ Heinrich von Gent．フランス名ではガンのアンリ Henri de Gant．荘厳博士(Doctor solemnis)と呼ばれる．ガンに生まれ，トゥルネーの聖堂参事会員(1267-)，のちパリ大学神学教授となる(1276-92)．1277年，教皇ヨハネス21世はパリ大学における異端的な教育内容の調査を，パリの司祭エティエンヌ・タンピエに命じるが，タンピエはヘンリクスを含む16人の神学者で構成される諮問委員会を招集し，219の命題を収集させた．ヘンリクスは，この委員会のメンバーであった．ヘンリクスの委員会における役割と位置は不明だが，乱雑拙速に出された禁令に，彼が本気で携わったとは考えにくい．周到で真率な学者が，調査に対して材料を提供することはあっても，愚劣な禁圧に真剣に関わったと思えない．むしろ，まっとうな学者が途中で手を引いたために，支離滅裂な寄せ集めができたのであろう．

主著は『定期討論大全(*Summa Quaestionum ordinarium*)』と『任意討論集(*Quodlibeta*)』である．ドゥンス・スコトゥスとオッカムは，ヘンリクスの説を批判しているが，それでもこの両者に与えたヘンリクスの影響はきわめて大きい．またその説のうちでも，可知的形象(species intelligibilis)の否定が中世後期の認識論に与えた影響は多大なものがある．形象をめぐる理論をさぐる上でも，逸するわけにはいかない思想家である．校訂版全集が1979年から刊行されている．

ヘンリクスの存在論については，本書中でも触れたがアヴィセンナの影響をいち早く取り入れ，独自の存在論を形成したことは特筆すべきであり，またヘンリクスの思想は若きスコトゥスの大きな思想的基盤となった．スコトゥスの哲学を研究するには，ヘンリクス思想の理解が不可欠である．スコトゥスは，ヘンリクス思想の批判的超克

を大きな課題としており，そこに存在の一義性という思想が登場したのである．

邦訳としては『任意討論集』(部分訳，八木雄二・矢玉俊彦訳，中世思想原典集成第13巻『後期スコラ哲学』平凡社，1993)がある．日本語で読める研究書としては，加藤雅人『ガンのヘンリクスの哲学』(創文社，1993)がある．

ヘンリクス(ハークレイの)　Henricus de Harclay (c. 1270-1317)

イングランドのスコラ哲学者．生涯については未詳の部分が多い．1296年までには，オックスフォードで自由学芸のマギステルとなっている．1297年に叙階を受ける．1300年頃，パリで『命題集』を講読．同じ時期にドゥンス・スコトゥスもパリで講義しており，ヘンリクスの『命題集注解』第1巻にはスコトゥスの影響が見られる．この点では，最初のスコトゥス主義者(Scotist)ともいえるが，後にはスコトゥスの影響を脱して，独自の思想を確立した．1312年から17年まで，オックスフォード大学総長．学内のドミニコ会士との神学上の論争に決着をつけるために，アヴィニョンの教皇庁に赴き，その地で没した．ドミニコ会士でもフランシスコ会士でもなく，思想の上では，トマス・アクィナスの考えを批判したばかりでなく，スコトゥスの思想も批判する存在であった．

著書には，『命題集注解』『教会階職論(*Quaestiones Ordinariae*)』などがある．後期の思想には，オッカム説との親近性が見られ，唯名論，オッカム主義の先駆者といわれる場合もあり，ドゥンス・スコトゥスの実在論，特に，「共通本性(natura communis)」の説に反対した．ヘンリクスは，個体化の原理が必要であるとは考えなかった．共通本性は存在せず，ただ さまざまな個体的本性のみが存在し，それらはそのもの自体によって存在するという事実だけによって個体なのである．しかしながら，ヘンリクスの教説はアリストテレス『デ・アニマ』に登場する「普遍は無であるか，または(個体より)後のものである」という，かねてからある見解を繰り返したにすぎないという解釈もあり，その場合，唯名論の先駆とはいえなくなる．

ボナヴェントゥラ　Bonaventura (c. 1217-1274)

本名ジョヴァンニ・フィダンツァ(Giovanni Fidanza)．熾天使的博士(Doctor Seraphicus)と呼ばれた．フランシスコ会士．イタリア・トスカーナのバニョレージョの医者の家庭に生まれた．1235年頃，パリ大学学芸学部に進む．1243年，パリ大学での自由七学科のマギステルを取得した後，神学部に入る．1243年，フランシスコ会に入会し，ボナヴェントゥラの名前を授かる．学芸教師になったあと，1248年には教壇に立つようになる．1250-52年，『命題集』の講義を行い，1253/54年に神学博士となる．1257年まで教壇にとどまっていたが，この年フランシスコ会の第8代総長に選ばれ，74年に没するまでその地位にとどまった．1259年，フランシスコが聖痕を受けたアルヴェルナ山にこもり，代表作『魂の神への道程(*Itinerarium Mentis in Deum*)』を著す．1271年，ボナヴェントゥラの意見が容れられて，新教皇にグレ

ゴリウス10世が選ばれた．この教皇職は，枢機卿たちによる3年間の努力によっても決められなかった事案であった．1273年，アルバノの司教枢機卿に選ばれたが，1274年にはトマス・アクィナスも参加していたリヨンの公会議に参加し，7月14日にリヨンで死去した．なお，トマス・アクィナスは同年の3月7日に没している．

邦訳のある著書には，『魂の神への道程』(長倉久子訳注，創文社，1993)のほか，『命題集注解』(部分訳，中世思想原典集成第12巻『フランシスコ会学派』平凡社，2001)などがある．

マ　行

ムッラー・サドラー　Mulla Sadra(1571/2-1640)

サドル・ディーン・シーラージー(Sadr al-Din al-Shirazi)とも呼ばれ，略してシーラージーとも称される．16世紀以降のイスラーム世界において，最も重要で影響力のあった思想家．古来ペルシアの詩人の都としてよく知られたシーラーズに生まれる．イスファハーン学派の師ミール・ダーマード，アーミリーに学んだ．聖地メッカへの7回目の巡礼の途上，バスラの都で死す．アリストテレス学派，照明学派，グノーシス派，シーア派などの神学を統合し，彼の造語になる「超越的哲学(ヒクマ・ムタアーリア)」のもとに壮大なる哲学・神学体系を描き出そうとした．ムッラー・サドラーの著作は，サファヴィー朝に開花したイラン・ルネサンスの記念碑的作品ともいわれる．彼の思想は，一方においてアヴィセンナとスフラワルディーの思想，他方ではイブン・アラビーとシーア派グノーシスの思想という二つの側面を総合したものである．また，ムッラー・サドラーの独自な概念である「超越的哲学」は，存在をリアリティの唯一の構成要素と見ることを基礎としていた．存在は，彼にとっては個体であり，内的に分節化された力動的プロセスであって，同一性と差異性の唯一の源泉なのであった．主著は『四つの旅』(正式には『知性の四つの旅に関する超越的哲学』)．邦訳には，『存在認識の道』(井筒俊彦訳，岩波書店)がある．イスラーム哲学における存在と本質の問題に関する，簡潔にして深淵なる著作である．

2001年以降，ムッラー・サドラー研究については多くの書物が刊行されている．ムッラー・サドラーの思想は，イスラーム哲学の中核をなす存在論についての，簡にして要をえた解明であり，今後さらに研究の進展が予想される．またその思想は，イブン・シーナーの思想の理解にも不可欠であるばかりでなく，現代に至るイスラーム哲学の流れを辿る際にも枢要な結節点をなす人物であると思われる．

モッラー・サドラー　→　ムッラー・サドラー

ヤ　行

ヨハネス・ドゥンス・スコトゥス　Johannes Duns Scotus(1265/66-1308)

スコトゥスについては本文を参照されたい．その生涯と思想の概要については，第Ⅰ部の「まえがき」を参照．精妙博士(Doctor subtilis)と呼びならわされることが多いが，マリア的博士(Doctor Marianus)とも称される．カトリック神学においては，マリアの汚れなき御宿り(conceptio immaculata)の説を擁護したためである．

スコトゥス哲学の本質を煩瑣な概念装置と捉えることは誤りである．少なくとも，本書の叙述はその確信のもとになされている．

ラ　行

リュケトゥス，フランシスクス　Franciscus Lychetus(？-1520)

近世初頭のスコトゥス主義者．ベルガモ近くのロヴァリオに生まれ，ブタペストで死去．ナポリで神学を教える．ドゥンス・スコトゥスの『命題集注解』第1,2,3巻への注解によってよく知られている．その他にも，ドゥンス・スコトゥスの『任意討論集』『形而上学問題集』への注解はヴィヴェス版，ウォディング版のスコトゥス全集に収められている．

参考文献

＊　使用した文献は多数あるが，とりわけ大きく依拠したものを挙げておく．

原典翻訳

アンセルムス「モノロギオン」(古田暁訳)，『前期スコラ学』上智大学中世思想研究所編訳・監修，中世思想原典集成第7巻，平凡社，1996年所収．

オッカム『大論理学註解』全五巻，渋谷克美他訳，創文社，1999-2005年．

ドゥンス・スコトゥス『存在の一義性』花井一典・山内志朗訳，哲学書房，989年．

『後期スコラ学』稲垣良典編集，中世思想原典集成第18巻，平凡社，1998年．

＊　なお，翻訳を明示したものは既訳を使用している．ただし，訳語や表現を変更して引用した場合もある．ゴンサルヴス，オリヴィ，ヘンリクスの著作の多く，スコトゥス『形而上学問題集』などについては，原典から直接翻訳した．また，第Ⅱ部最終章については，煩瑣を避けるために詳細な情報は避けたが，原典から直接翻訳した．

中世哲学史

アラン・ド・リベラ『中世哲学史』阿部一智・永野潤・永野拓也訳，新評論，1999年．

井筒俊彦『意識と本質』岩波文庫，1991年．

坂部恵『ヨーロッパ精神史入門——カロリング・ルネサンス残光』岩波書店，1997年．

ジルソン，E.『中世哲学の精神』上下，服部英次郎訳，筑摩書房，1974年．

マレンボン，J.『後期中世の哲学 1150-1350』加藤雅人訳，勁草書房，1989年．

モッラー・サドラー『存在認識の道』井筒俊彦訳・解説，岩波書店，1978年．

八木雄二『天使はなぜ堕落したか』春秋社，2010年．

八木雄二『中世哲学への招待』平凡社新書，2000年．

八木雄二『スコトゥスの存在理解』創文社，1992年．

山内志朗『普遍論争——近代の源流としての』平凡社ライブラリー，2008年．

リーゼンフーバー，K.『西洋古代・中世哲学史』平凡社ライブラリー，2000年．

＊　山田晶先生，今道友信先生の御本からも大きな影響を受けた．坂部恵先生の本については，そのすべての著書を挙げるべきだろうし，さらに講筵の末席に列した身としては，声の名残をも参考文献に挙げたいほどである．それが叶わないことを恨まずにはいられない．

参考文献

スコトゥス哲学関連

アーレント，H.『精神の生活』上下，佐藤和夫訳，岩波書店，1994 年.

稲垣良典『抽象と直観』創文社，1990 年.

加藤雅人『ガンのヘンリクスの哲学』創文社，1998 年.

清水哲郎『オッカムの言語哲学』勁草書房，1990 年.

福田誠二『ヨハネス・ドゥンス・スコトゥスのペルソナ神学』サンパウロ，2002 年.

欧文参考文献

Avicenna, *The Metaphysics of the Healing*, tr. by M. E. Marmura, Brigham Young UP, 2005.

Duns Scotus, Ioannis, *Opera Philosophica* 5 vols, ed. by Girard J. Etzkorn, Franciscan Institute, 1997-2006.

Duns Scotus, Ioannis, *Opera Omnia*, ed. by Commisio Scotistica, Civitas Vaticana, 1950-.

Duns Scotus, *Duns Scotus on the Will and Morality*, selected and translated by A.B.Wolter, CUA Press, 1986.

Duns Scotus, John, *God and Creatures: The Quodlibetal Questions*, tr. by F. Alluntis & A. B. Wolter, CUA Press, 1975.

Duns Scotus, *Duns Scotus on Divine Love: Texts and Commentary on Goodness and Freedom, God and Humans*, ed. by A. Vos, H. Veldhuis, E. Dekker, N. W. den Bok and A. J. Beck, Ashgate Publishing Company, 2003.

Henry of Ghent, *Summa; The Questions on God's Existence and Essence*(articles 21-24), tr. by Roland J. Teske, Peeters, 2005.

Henry of Ghent, *Summa; The Questions on God's Unity and Simplicity*(article 25-30), tr. by Roland J. Teske, Peeters, 2006.

Henry of Ghent, *Henrici de Gandavo Opera Omnia*, De Wulf-Mansion Centre, 1979-.

Cross, Richrad, *Duns Scotus on God*, Ashgate, 2005.

Honnefelder, L. & Wood, R. & Dreyer, M., *John Duns Sotus: Metaphysics & Ethics*, E. J. Brill, 1996.

Izutsu Toshihiko, *The Concept and Reality of Existence*, Keio Institute of Cultural & Linguistic Studies, 1971.

Olivi, Petrus Iohannis, *Quaestiones in secundum librum Sententiarum*, 3 vols. ed. B. Jansen, Quaracchi, 1922-26.

Sharpe, Johannes, *Quaestio super universalia*, ed. by A, D, Conti, Olschki editore, 1990.

Tachau, Katherine H., *Vision and certitude in the age of Ockham; Optics, epistemology*

and the foundations of semantics 1250–1345, E. J. Brill, 1988.
Williams, Thomas (ed.), *The Cambridge Companion to Duns Scotus*, Cambridge UP, 2002.
Wolter, A. B., *The Philosophical Theology of John Duns Scotus*, Cornell University Press, 1990.
Wolter, A. B., *The Transcendentals and their function in the metaphysics of Duns Scotus*, Franciscan Institute, 1946.